JN059191

【増補】

新移民時代

外国人労働者と共に生きる社会へ

西日本新聞社 編

明石書店

はじめに

始まりは2016年9月、社会部の塩入雄一郎記者が聞き込んできた小さな情報だった。

「福岡市の一角に、ネパール人の若者たちが身を寄せ合って暮らす『国際通り』があるらしい」

確かに、九州の街角で中国語や韓国語とは異なるアジアの言葉を耳にしたり、旅行者風ではない褐色の肌の人々を見掛けたりすることが、ここ数年で急に増えた。法務省入国管理局に取材すると、日本で暮らすネパール人の増加率は福岡県が全国でも突出して高く、過去10年間で約20倍に激増していた。社会部遊軍の記者たちが取材を本格化させた。

この年、日本国内の外国人労働者が初めて100万人を突破した。その2割は、実は留学生だ。発展途上国から来た彼らの多くは、アルバイトなしでは学費や生活費が賄えない。入管難民法に基づく留学生の就労制限（原則週28時間以内）を守れば生活が困窮し、破れば摘発対象となる。一方で、深夜の食品工場や運送会社の配送センター、コンビニエンスストアや居酒屋など、日本の若者が敬遠する人手不足の職場で、時に不法就労で働く留学生たちが貴重な労働力となっている。24時間営業のコンビニでいつでも弁当が買え、オンラインショッピングですぐに商品が届く便利な暮らし。外国人受け入れに反対の人々も含め、多くの日本人が恩恵を受けていると分かった。

なぜ留学生が急増しているのか。ネパールに飛んだ記者は、留学ビジネスの過熱ぶりを目の当たりにした。「日本に行けば楽に稼げる」という業者の甘言に誘われて、多額の借金を抱えて来日。苦学に耐えきれず、「出稼ぎ留学生」「偽装難民」と化す若者もいる。彼らを食いものにする「名ばかり学校」も現地や日本国内に存在する。政府の留学生30万人計画を背景に乱立した日本語学校は玉石混交で、留学生を指導する日本語教師の待遇は厳しい。「日本と世界の架け橋に、アジアの若者たちの夢を応援したい、と日本語教師になった人々を『やりがいのある仕事だから』と低賃金で長時間働かせている。やりがい搾取だ」。そんな嘆きも耳にした。

１００万人超の外国人労働者のうち、別の２割は、技術習得を目的に来日した外国人技能実習生だ。日本人の担い手の減少が止まらない農漁業や製造業、建設業などの現場で、不可欠な戦力となっている。例えば、かつお節。宮崎県沖の日向灘でインドネシア人実習生が釣ったカツオを、鹿児島県枕崎市の工場で中国人実習生が加工している。アジアの若者たちが和食文化を支えていた。「現代の奴隷労働」とも指摘される人権侵害も見聞きした。目を凝らさなければ見えない真相が、国内外の取材で浮き彫りになった。

日本は長年、建前上は労働移民を認めない「移民鎖国」を続けてきた。安倍晋三首相も国会で「いわゆる移民政策は取らない」と繰り返してきた。ただ、国際的な尺度では「移民」とカウントされる「国内に1年以上滞在する外国人」は増加の一途。取材班で経済協力開発機構（ＯＥＣＤ）加盟35カ国の外国人流入者数（２０１４年）を分析してみると、日本は世界第5位の移民流入国であることが分かった。国籍や文化の異なる民が同じ地域で共に暮らし、働く、新たな「移民時代」を日本は迎えているのだ。欧米を揺るがす移民問題は、対岸の火事ではない。

留学生30万人計画も実習制度も、政府の建前は先進国日本の国際貢献。だが、人口減と少子高齢化で人手不足が深刻化する日本社会を支えるため、「発展途上国の安価な労働力で穴埋めしたい」という本音が透けて見える。そんな建前と本音のひずみが、留学生の不法就労や実習生の過酷労働の温床となっている。外国人を労働力としか見ず、生活者と捉える視点を欠いているため、日本語教育などの社会統合政策や生活支援策は立ち遅れ、地域に溝が生まれている。外国にルーツを持つ子どもたちが孤立し、夢を持って来日する若者たちが搾取されている。移民がいるのにいないふりをする。いわば「移民ネグレクト」が日本の国策ではないかと気付いた。

＊

日本で暮らす外国人の実像や、彼らなしには成り立たない日本社会の現実をアジアの玄関口・九州から見つめ、共生の道を探ろう――。九州のブロック紙・西日本新聞は２０１６年12月から、キャンペーン報道「新移民時代」を展開してきた。

留学生や実習生をめぐる問題、移民が交差するアジアや米国の現状、「外国人材」参入で変わる仕事場、外国人との共生を模索する地域のルポ……。報道を受けて入管当局が留学生の入国審査を厳格化したり、九州の自治体や経済界が留学生の就労制限の緩和策を検討し、国家戦略特区を政府に共同提案したりと、新たな動きも出てきた。

単純労働の外国人の受け入れ解禁を巡っては、日本人の雇用や社会保障制度への影響もあり、国民的議論が欠かせない。事実上の単純労働者を表玄関ではなく勝手口から招き入れている現実を直視し、移民政策を真正面から論じる時が来ている。その議論は合わせ鏡のように、これからの日本社会の在り方を考えることにつながる。海外からも人材を呼び込んでさらなる経済発展を目指す「成長」か、人口減少を見据えて営業時間やサービスを持続可能な形態に縮小させる「成熟」か。それとも……。

日本で暮らす外国人の数は２００８年のリーマン・ショック以降減少したが、２０１３年以降はアベノミクスを下支えする存在として増加に転じ、２０１６年末には２３８万人と過去最多を記録した。住民のうち60人に１人が外国籍という計算になる。

２０１６年５月、自民党の労働力確保に関する特命委員会が「単純労働者」の受け入れ解禁を政府に提言。委員長の木村義雄元厚生労働副大臣は、従来の国策について「表向きは鎖国だが、裏木戸からそっと入れて人手不足を補う。黒いカラスを白いという政策だ」と指摘した。ただ、政府関係者によると、1カ月半後に迫る参院選で争点化を避けたい官邸中枢の指示で、提言を受けた議論は選挙後に先送りされた。右派が移民に消極的なためだ。さらに欧州でテロが発生し「議論は凍結されたまま」（与党議員）となった。

欧州でも第2次大戦後、出稼ぎ労働者を国外から受け入れた国で排斥運動が社会問題化した。「労働力を呼び寄せたつもりが、やって来たのは人間だった」（劇作家マックス・フリッシュ）。このうちドイツは、国民的議論を経て1990年代後半から政策を転換。公費によるドイツ語学習や法律、文化講習など社会統合政策を推進している。

日本はどうか。留学生や実習生の名の下に安価な労働力を受け入れ、社会保障や教育のコストを生まないよう数年で帰国させる。そんなわが国の対応を「理想的」と評価しているのが、欧米の移民排斥主義者だという。

世界各国で人材の争奪戦が過熱している。日本にアジアの若者たちが集まる理由は先進国だから、だけではない。働ける国だからだ。このままでは、そう遠くない将来、外国人を受け入れるかどうかではなく、日本に来てくれるかどうかが焦点になるだろう。日本各地と8カ国・地域で取材に当たってきた記者たちの実感だ。本書は「新 移民時代」の連載や特集記事の一部表現や構成を変えて、データなどを加筆したものである。移民ネグレクトに終止符を打ち、具体策へ踏み出すためのヒントがちりばめられていると確信する。なお文中に登場する人々の肩書き、年齢は新聞掲載時のままとした。

＊

古代の渡来人、中世の南蛮貿易、そして現代。歴史的にも地理的にも文化的にも、九州はアジアから新しい風を受け入れ、地域を活性化させる力を日本中に波及させてきた。外国人に優しい社会は他者に寛容な社会につながる。本書が「他人の不幸の上に自分の幸福を築くことはしない」という共生の社会を考えるきっかけになれば、何よりの喜びである。

２０１７年11月

西日本新聞「新移民時代」取材班キャップ　坂本信博

増補版　はじめに

ヒマラヤ山脈の麓の国、ネパール。２０１９年2月、土ぼこりが舞う首都カトマンズを約2年ぶりに訪れた西日本新聞社会部の古川努記者は、郊外の雑居ビルの壁に日本語と現地語でこう書かれた真新しい看板を見つけた。「日本の黄金の仕事の機会」――。前年12月に日本で入管難民法が改正されたのを受けて、現地の介護人材仲介業者が掲げた広告だった。

現地紙は、この法改正について「日本がネパール人労働者にブルーカラービザ（現場作業労働ビザ）を与える」「留学は費用が最低１２０万ルピー（約１２０万円）かかったが、ワーキングビザはお金を払わずに行けるようになるよう願う」「月給は15万ルピー（約15万円）以上になりそうだ」などと報道。アジアの最貧国の一つである現地では、期待を膨らませて日本語を学ぶ貧困層が急増し、日本語学校が「特需」に沸いていた。

＊

２０１９年４月、日本を名実ともに「外国人が働ける国」へ転換し、「労働開国」にかじを切る改正入管難民法が施行された。その約１年前の２０１８年５月初旬、政府関係者から西日本新聞の記者に連絡が入った。２０１７年11月に出版された初刊版『新 移民時代――外国人労働者と共に生きる社会へ』を読んだ菅義偉官房長官が「取材現場で感じたことを詳しく聞かせてほしい」と話しているという。

外国人労働者との共生を訴えてきた取材班の願いが制度改善につながれば。そんな思いを抱いて同僚記者たちと上京し、菅氏の勉強会に出席した。事実上の単純労働者を、表玄関ではなく留学生や外国人技能実習生として勝手口から招き入れている実態を報告した。

「今の日本の国策は、労働移民がいるのにいないふりをして共生施策を怠る『移民ネグレクト（放置）』」。そう指摘し、他人の不幸の上に自分の幸福を築くような現状に終止符を打ち、真正面から外国人労働者問題を論じるべきだと訴えた。

そして、①外国人政策を一元的に担う「外国人庁」の創設、②地方自治体にも担当部署と相談窓口を整備、③日本語教育の充実、④専門学校卒業を含む留学生に就職・永住の道を開くビザの創設、⑤技能実習制度を抜本的に改め、職場移転の自由や家族帯同を認める――などを提言した。

菅氏は「外国人をどれだけ受け入れるかではなく、どうすれば来てもらえるかという時代になってきた。みなさんの問題意識は私が危惧していたことと非常に近い」とうなずいた。

政府は2018年6月に閣議決定した骨太方針に、単純労働の分野も含む外国人労働者の受け入れ拡大を盛り込んだ。そして同年秋の臨時国会に入管難民法改正案を提出した。菅氏は講演で「『新 移民時代』を読んでいなかったら、法改正はなかった」と述べている。だが、取材班としては喜びより、残念さの方が大きい。

法案の国会審議は、既に存在する労働移民を直視し、50年、100年先の国の在り方を見据えて労働開国を正面から論じる好機のはずだった。しかし、安倍晋三首相はまたも「いわゆる移民政策ではない」と繰り返し、骨太の議論を封じてしまった。移民政策ではないと言明してしまえば外国人労働者を生活者として受け入れ、支援する施策に背骨が入らない。

人手不足が待ったなしであることは、九州の現場を歩いた取材班の肌感覚と重なるが、人材確保を急ぐあまり、制度設計は生煮え。十分な審議を尽くせないまま改正法が成立し、施行されてしまった。アジア諸国の若者たちに単身で来てもらい、働いて、お金を稼いだら帰ってもらう――。政府の〝ご都合主義〟が透けて見えた国会審議だった。

外国人労働者は都合よく動かせる駒ではない。いつまでも日本の都合ばかり考えた仕組みを続ければ、手痛いしっぺ返しを食らうだろう。

「会社を（ママ）いじめられましたので、今は思い（ママ）病気になりました。でもも直ぐ（ママ）くびになるかもしれません」。誤字交じりのメッセージが、ＳＮＳなどで読者の調査依頼を受け付ける西日本新聞「あなたの特命取材班」に無料通信アプリＬＩＮＥで届いた。長崎県内で暮らすベトナム人技能実習生の女性からのＳＯＳだった。有給休暇も取らせてくれず、労働基準監督署に相談したが、職員はベトナム語が話せず十分な対応が受けられなかったこと。通報が上司にばれて帰国を迫られていることも記されていた。

　外国人労働者は受け入れたら終わりではない。５年、10年という限定的な期間かもしれないが、日本で暮らす住民になる。理不尽な目に遭っていないか見守り、生活者として支援する体制が欠かせない。ただ、地域や自治体の努力だけでは限界がある。

　政府は１９９０年に日系人を受け入れた後も、生活支援を事実上、自治体任せにしてきた。今回の法改正に伴う総合的対応策でも、国の責任は曖昧だ。同じ過ちを繰り返さないか。人口減にあえぐ地方ほど自治体の体力は細っている。具体的な制度設計を欠いたしわ寄せは、九州などの地方に共生施策の格差を生む。ベトナム人の彼女のように、夢を抱いて来日する若者たちがまた犠牲になりかねない。

　日本で働き、暮らしたアジアの若者たちが日本を嫌いになるか、ファンになってくれるか。それは、日本の未来にも大きく影響する。

我々のキャンペーン報道が政府を動かした、とは思わない。労働開国には政財界のさまざまな思惑があっただろう。ただ、取材班として、扉を開けた責任の一端を感じた。

外国人労働者を巡る課題の取材・報道と並行して、地域に根ざす報道機関として共生社会への使命を果たせないか――。そんな思いから2018年11月、日本語が苦手な人にも伝わりやすい「やさしい日本語」でのニュース発信「やさしい西日本新聞」を始めた。新聞業界では初の取り組みだ。「やさしい日本語」によるニュースは、日本人の子どもや障害のある人々にも役立つとされる。外国人労働者との共生を考える報道を息長く続けつつ、自分たちに何ができるか悩み、挑戦していきたい。

＊

増補版『新 移民時代――外国人労働者と共に生きる社会へ』は、2017年11月の初刊後に、取材班が入管難民法改正や新型コロナウイルス禍に向き合いながら展開した連載や記事、新たに書き下ろした法改正の解説などを収録している。労働開国で、国籍や文化の異なる人々が同じ地域で暮らし、働く、新たな「移民時代」が、いよいよ本格化するのか。本書が、私たちの社会の歩みと現在地を見つめ直し、進むべき針路を考える手助けになれば、取材に協力してくださった多くの方々にも喜んでいただけると信じている。なお文中に登場する人々の肩書き、年齢は新聞掲載時のままとした。紙面掲載時期については、第1章から「フクオカ円卓会議」までが連載開始の２０１６年12月から２０１７年７月頃に該当し、第９章から第10章までが改正入管難民法施行直前の２０１９年３月から２０２０年６月に該当する。

キャンペーン報道「新 移民時代」がスタートした２０１６年に史上初めて１００万人を突破した外国人労働者は、２０１７年には約１２８万人、２０１８年に約１４６万人と毎年約20万人ずつのペースで増え続け、２０１９年には１６５万８千人に達した。初刊の「はじめに」に「外国人に優しい社会は他者に寛容な社会につながる」と書いた。世界が不安や恐怖に覆われたコロナ禍で、その確信を深めた。見えにくいものに眼を凝らし、小さな声に耳を澄まして社会に伝える新聞ジャーナリズムの役割を果たし続けたい。

２０２０年８月

西日本新聞「新 移民時代」取材班キャップ　坂本信博

【増補】新 移民時代　外国人労働者と共に生きる社会へ◉目 次

第1章 出稼ぎ留学生

100万人を超える外国人労働者の約2割は留学生だ。「移民政策」を否定する政府の建前と、不可欠な労働力となっている現実――。そのひずみが、法の網をかいくぐる「出稼ぎ留学生」を生み出している。

JR吉塚駅前で迎えのバスに乗り込む外国人留学生ら（福岡市博多区）
（写真の一部を加工しています）［本章20〜24頁］

1　働く留学生たち

福岡県庁に近い福岡市博多区のＪＲ吉塚駅前。２０１６年11月下旬の薄暮が迫る午後５時すぎ。比較的人通りが少ない東口のロータリーを囲むように、肌の色が違う外国人の若者がぽつぽつと集まってきた。

たばこを吸いながら談笑したり、おにぎりやパン、バナナを頬張ったり、エナジードリンクを飲む姿も見られる。数はどんどん増え、いくつかのグループに分かれた。

落ち葉が散る近くの公園からは、ボール遊びを楽しむ子どもたちの歓声が聞こえる。駅を利用するサラリーマンも客を待つタクシー運転手も、気に留める様子はない。「最初は気味悪かったけど、４、５年前からどんどん増えてきて、もう慣れたよ」。毎日、買い物で駅に来るという近くの男性（73）は、彼らを横目に通り過ぎた。

薄暗くなってきた午後５時20分ごろ。１台目のマイクロバスが到着。「オハヨウ」。片言の日本語が聞こえてきた。若者たちは、吸い込まれるように乗り込み、約40席のバスはすぐ満席になっ

バスが着き、仕事に向かう外国人留学生ら

た。

２台目、３台目……。同６時半ごろまでに次々と到着したバスは８台。乗り込んだ外国人はざっと数えても２００人を超えた。彼らの大半は、ネパールやベトナムから来た日本語学校に通う留学生たちだ。

業者が用意したバスで、全員が24時間稼働している宅配便の仕分けや、コンビニ弁当、総菜の製造工場などのアルバイトに向かう。

１台のバスにはこんな注意書きがあった。「バスの中では静かに。ルールが守れない人は契約しません」。車中、留学生たちは仮眠を取ったり、外を眺めたり、スマートフォンを触ったりして、バスに揺られた。

渋滞の国道を抜け30分が過ぎたころ、九州自動車道の福岡インターチェンジ（ＩＣ）近くに着いた。バスのドアがゆっくりと開いた。身を

多くの留学生たちが仕分け作業に就く運送会社の集荷場

かがめ、押し黙ったままの留学生たちが列をなして降りていった。

マイクロバスが着いたのは、福岡市郊外にある大手運送会社の仕分け作業の拠点。24時間稼働の「ベース」と呼ばれている。

タイムカードを押して、黒い安全靴を履き、ヘルメットをかぶったネパール人留学生のビカシュさん（23）＝仮名＝が、ベルトコンベヤーに宅配便を流し始めた。「全部知っている僕がいないと、工場は回らないから」。4千円のリーダー手当をもらい、日本人パートにも指示を出す。月に12万円を稼ぐ。

荷物には配達地域を示す番号が振られ、その番号に沿って荷物を集積させるため、日本語が分からなくても作業ができる。「数字は世界共通語だから」。関係者はこう漏らす。

ベースの荷物量は夜間が特に多く、日付を越えた勤務時間帯は外国人労働者が８割程度を占めるという。ネパール人が最も多く、全員が留学生だ。冷蔵庫、テレビ、自転車などが入った段ボール箱は20キロを超え、１時間に約２千個をさばく。夏場はＴシャツが汗びっしょりになり、トイレで絞ってから着直す。

深夜から翌日未明にかけ、勤務を終えた若者たちは再びバスに乗り、ＪＲ吉塚駅で降りると、福岡市中央区や南区にある自宅アパートまで自転車をこぐ。午前９時からは日本語学校が始まる。居眠りすることもあるが、ビカシュさんは「今、すごく楽しい」とはにかんだ。

別のバスが向かった先は、福岡県内でコンビニ弁当の製造を請け負う工場だった。おかず、漬物、ご飯を盛りつけるベルトコンベヤーのラインには、白いマスク、帽子、作業着姿の約40人が並ぶ。全員がネパール人という。従業員約８００人のうち６割が外国人労働者で、ネパール語のバイト規則もあるという。

リーダーを任されているネパール人のラムさん（25）＝仮名＝は２０１６年４月の熊本地震後、日勤にもかかわらず朝まで働く日々が続いた。政府の要請を受け、コンビニ各社が被災地に届ける弁当を増やしたため、工場はフル稼働した。大量の支援物資の陰には外国人労働者の存在があった。

ラムさんの勤務は、留学生が働ける時間「週28時間以内」を超えていた。福岡市にある日本語学校の中には、入国管理局に目を付けられることを恐れ、弁当工場からの応援要請を断った所もある。

ラムさんが働くラインには、高齢女性の日本人パートもいる。「日本のお母さんね、楽させたい」。できるだけ業務量が少ない担当を割り振っているという。

政府は「留学生30万人計画」を掲げ、九州7県の日本語学校は10年前の倍の68校（２０１７年10月、全国６４３校）に上る。２０１６年1月には、違法な長時間労働を助長したとして、福岡県警が入管難民法違反容疑で同県直方（のおがた）市の日本語学校「ＪＡＰＡＮ国際教育学院」を摘発。学校は3月に閉鎖され、１００人近い留学生が東京や福岡に移った。

福岡名菓の一つで、直方市に本社があるせんべい製造会社「もち吉」。同社幹部は「貴重な戦力だった留学生がごっそりいなくなり、製造ラインの一部を止めている」とため息をつく。

慢性的な人手不足で、５年前から繁忙期に留学生30〜40人を雇っていたが、事件後は〝穴埋め〟ができなくなったという。

留学生の大半は複数のアルバイトを掛け持ちし、筑豊地区の製造業を中心に約50社が受け入れてきた。５人の留学生を雇っていた直方市のあるコンビニ経営者は言う。「募集しても日本人が来ない深夜帯に、留学生たちはまじめに働いてくれた。店長を任せたいくらいだった」

週28時間を超える労働は「犯罪」。だが、彼らが地方の貴重な労働力となっていたこともまた、現実だ。

２　都会の隅のアジア村

真新しいマンションや古びたアパートが混在する福岡市南区の住宅街。一角にある約３００メートルの細い路地を夕暮れ時に歩くと、褐色の肌をした外国人と頻繁にすれ違う。

ネパール人やベトナム人が多い。彼らが主に暮らす３棟のアパートは、住人の大半が外国人。中廊下を歩くと香辛料の香りが漂い、聞き慣れない音楽が漏れ聞こえる。日本人の住民たちは、いつしかこの通りを「国際通り」と呼ぶ。

築39年の２階建てアパートの１階には、「ＫＹＯＤＡＩ」と書かれた看板がある。ネパール人向けの食材調達からアパートの紹介まで、何でもこなす「よろず相談所」だ。

別の築33年の３階建てアパートは、44部屋に60人以上の外国人が住む。一室を訪ねると、洋室6畳とキッチン３畳の間取りに、ベトナム人の男性留学生２人が暮らしていた。洋室は布団２枚を敷くとほとんどスペースはなく、ベランダにぎっしりと干された洗濯物がカーテン代わり。２０１５年４月に先輩の紹介で入居したベトアンさん（24）は「古くて汚れているけど、安いのが魅力」。家賃の２万３千円を折半している。

管理会社によると、このアパートは当初、日本人の学生や若い会社員が入居した。２０００年ごろから空室が目立ち、外国人を入居させ始めた。連帯保証人も必要なく、敷金や礼金もゼロ。

入居者の8割以上が日本語学校の留学生という。

同様の現象は、福岡市東区や博多区にも広がっている。都会の片隅に、小さな異国の村ができている。

福岡市南区に住む外国人は2016年8月現在4658人で、2009年に比べ1・5倍。中国人が減る一方、ベトナム人やネパール人が増え、それぞれ千人を超えた。近くに日本語学校があるためとみられ、外国人留学生は約1400人に上る。

急激な変化に戸惑いを隠せない日本人の住民も多い。70代の女性は「差別はいけないけど、ぞろぞろと歩いていると気味が悪い」。

地域との摩擦も生まれている。「毎年外国人がどんどん増え、正直なところ住民からの苦情が絶えない」と地元の自治協議会の山口英則会長（75）は明かす。

トラブルは文化や生活の違いが原因となるケースが多い。ネパールにはごみ分別の習慣がなく、清掃車が回収しないいため、カラスが食い散らかしてしまう。アパートには、ネパール語でごみ分別の方法を書いた看板がある。

共存を目指す動きもある。福岡市南区は2015年から「縁むすび事業」として、日本人住民と留学生の交流会を各地域で開いている。

2016年10月、ある公民館で住民約20人がベトナム人留学生16人とちらしずしやベトナム料理の揚げ春巻きを作り、食卓を囲んだ。グエンさん（23）は「これまで住民との交流はなかった。

仲良くしていきたい」とほほ笑んだ。

実は「国際通り」周辺は経済的に厳しい１人暮らしの高齢者も多い。９月には、通り沿いの共同住宅で80代の男性が孤独死した。「互いが寄り添える関係になれば、地域にとってもプラスだ」と南区役所の副島信次企画振興課長は言う。

１人暮らしの池田トキ子さん（70）は４～５年前から毎日、国際通りに近いネパール食材店に通う。ネパール人店主の１歳の子どもをあやし、店番に立つ時もある。代わりにネパール料理を教えてもらう。

「持ちつ持たれつで、この店が私の憩いの場。近くで暮らす住民同士、話せば理解し合える」。池田さんとネパール人親子の草の根の共生が続く。

３　過疎の島に日本語学校

鹿児島市から南に約３８０キロ離れた鹿児島県奄美大島。人口約４万４千人の奄美市に２０１５年10月、外国人向けの日本語学校「カケハシインターナショナルスクール奄美校」が開校した。

教室は市の中心部、８階建てビルの２階にあり、ベトナム、カンボジア、フィリピンの留学生27人が学ぶ。繁華街「屋仁川通り」は働く留学生の姿が目立つようになった。

手島郁雄さんが見守る中、焼き鳥を焼くブーズッケ・マインさん（左）

焼き鳥店「てっちゃん」に入ると、ベトナム人留学生、ブーズッケ・マインさん（19）が炭火で焼き鳥を焼いていた。調理場に立つのは週4回で計16時間。留学生の法定就労時間「週28時間」の範囲内だ。

「勉強？　大丈夫。分からない日本語は店の人が教えてくれる」。島料理のゴーヤーみそも作れるようになった。店主の手島郁雄さん（62）も「人手が足りないから、とても助かっている。しかも、留学生は真面目だ」と喜ぶ。

離島で大学生の就労体験事業に取り組む東京の企業が学校設立を呼び掛け、奄美市で税理士事務所を構える浜崎幸生さんがビル提供などで応じ、「共同運営者」となった。

島は過疎化が進み、若者の人口は年間２００人前後減り続けている。観光客も多い屋仁川通りの飲食店数は県内で鹿児島市の「天文館」に次ぐ規模だが、多くは人手不足という。

一方、留学生にとっては東京の日本語学校と比べ学費は5～6割、家賃は3割前後で、安さが魅力。過疎に悩む島と留学生のニーズが一致したとも言える。浜崎さんは、留学生が幅広い職種に就けるよう、ビジネススクールの併設も計画している。

九州ではここ数年、人口減が進む地方で日本語学校の設立が相次ぎ、自治体が誘致するケースもある。

佐賀県は、専門学校を手がけるヒューマンアカデミー（東京）を誘致。２０１５年４月、佐賀市に全国初となる産学官連携の日本語学校が開校し、約90人が学ぶ。県は本年度の同校に対する補助事業に１４００万円を計上。日本語教師の給与の半分を助成し、留学生にも成績上位25％に月２万円の奨学金を支給する。教室は佐賀市が所有物件を格安で貸与している。１期生のベトナム人、ブウ・トゥイ・チャンさん（27）は「奨学金をもらえるので助かる。物価も安い佐賀は大好き」。卒業後は県内の短大進学を目指す。

「海外の活力を取り入れないと佐賀の発展は見込めない。高度な留学生を集めるための必要な投資だ」。県国際課の山津善直参事は強調する。

同じ佐賀県では鳥栖市に２０１５年４月、福岡県小郡（おごおり）市では同年10月、長崎県島原市は２０１６年10月、宮崎県都城市は２０１３年４月、それぞれ日本語学校が開校した。

ただ、留学生と地域との摩擦も起きている。鳥栖市で２０１４年５月、帰宅中のネパール人留学生が生卵をぶつけられた。佐賀県警は少年３人を逮捕。この留学生が通う日本語学校は15年前に設立された老舗だが、２０１３年12月ごろから留学生19人が同様の被害を受けていた。

鳥栖市の外国人の人口比率は１・３％超と九州で４番目の高さ。市は、住民の外国人に対する理解を深めるため、２０１５年２月から外国人と市民との交流事業を開催し、防災訓練や文化祭に留学生が参加するなど市民と触れ合う機会を増やす。だが、「無関心だったり、外国人を敬遠したりする人々の理解がもっと必要」と同市市民協働推進課の下川有美係長は言う。

留学生に活性化の担い手を期待する地方。だが、昔ながらの共同体意識も強いだけに、「異民」を受け入れるハードルもまた、高い。

4 夢追いバイト掛け持ち

カウンター内で白い湯気が上がる器に手際よくタレを注ぎ、声を張る。「はい！ ラーメンセット、バリカタね」。ネパール人男子留学生のチャンドさん（28）＝仮名＝は週4日、福岡市のラーメン店で働く。日本人に似た風貌から、店では「サトウ君」と呼ばれ、人気者だ。

この日は午前9時から昼まで市内の日本語学校で授業を受け、午後1時半～8時半はこの店で勤務。午後10時から翌朝まではコンビニエンスストアでアルバイトをこなした。ダブルワークの月収は約20万円。母国の農村部なら平均年収の5倍に匹敵する。

美容室で短くそろえた髪に革ジャン、最新式ｉＰｈｏｎｅ（アイフォーン）。普段着の彼に「苦学生」の印象はない。週末は留学生同士で集まり、飲み会を楽しんでいるという。

「留学」ビザで認められる就労時間は週28時間までが原則だが、「いっぱいお金ためて、カトマンズにビル建てるね。お金がたまるまで日本にいたい」とチャンドさん。ビザ更新時の入国管理局のチェックを警戒し、三つの銀行の通帳を使い分けていると明かした。学校のクラス分けは成績順で「ちゃんと勉強する人のクラスと、働く人ばかりのクラスがあるよ」。彼は成績上位のクラスだという。

「留学生の9割は28時間ルールを守れていない」。元留学生で、福岡県のネパール人団体幹部のマハトさん＝仮名＝は断言する。居酒屋と弁当工場、コンビニなど3カ所を掛け持ちするトリプルワークも珍しくないという。

勉強より就労が目的とも言える「出稼ぎ留学生」が増えた一因には、現地ブローカーの存在と日本の入管の人手不足がある。

留学仲介業者が留学希望者になり済まして日本の入国管理局の語学力チェックを受けるための携帯電話（ベトナム）

ネパールと同様に福岡への留学者が増加するベトナム。関係者によると、現地の留学仲介業者事務所の机には、数字を書いたシール付きの携帯電話18台が並べられていた。

数字は、分厚いファイルに個人情報をまとめた留学ビザ申請者ごとの番号と符合する。来日前、日本の入管当局が現地の申請者に直接電話をかけ、留学ビザの取得に必要な日本語能力があるか確かめてくるための対策という。

「入管が留学希望者に電話をかけると、この携帯電話が鳴り、日本語ができる業者のスタッフが申請者に成り済まして応答する」と関係者。本格的な留学ができるほどの日本語能力がない若者が、こうした手口で入管のチェックをすり抜ける。

入管側も、チェック態勢が十分に取れていない。法務省のある職員は、福岡入管局に着任して審査業務の忙しさに驚いた。「入管の職員数に比べて、とんでもない数の旅行客や留学生がいて審査が追いついていない」。チェックは書類審査だけのため、記入に虚偽があっても、見抜くのは容易ではないという。

さらに、マハトさんは「日本の入管も日本語学校も雇用主も、分かった上で28時間以上の就労に目をつぶっている」と答え、言葉を継いだ。「日本人が嫌がる仕事をわれわれがやっている。厳密に28時間しか働かせなかったら、人手が足りなくなるでしょ」

ラーメン店で働くチャンドさんは、日本への留学を決めるまで「フクオカ」の地名を聞いたことはなかった。「（留学仲介業者に）『トーキョーはビザが難しい。フクオカがいい』と勧められたよ」

２０１６年10月末現在、福岡県内で働くネパール人留学生は４４１６人、ベトナム人留学生は３８９０人。いずれも、この２年で約４倍に増えた。

5　突然の「退学」　失意の帰国

ネパール人留学生のネパリさん（27）＝仮名＝は２０１６年10月17日、失意のまま福岡空港から帰国した。

通っていた福岡市内の専門学校から自主退学を迫られ、ネパール行きの片道航空券を渡された。旅費の９万２３１０円は、10月25日に振り込まれるアルバイト代から学校が差し引くとして、同意書に署名し、キャッシュカードを学校に預けさせられた。

「とにかくびっくりして、訳が分からない。いきなりの自主退学はあまりにも厳しい」。自宅のあるネパール南部チトワン郡に向かう途中のネパリさんは、納得できない口調で語った。

自主退学の理由は、10月上旬、同じ学校の友人と夜中に酒を飲み、住民からの騒音の苦情が警察を通して学校に寄せられたためだ。ネパリさんについて、知人はみな「授業の出席率も高く、真面目な留学生だった」と口をそろえる。

学校側は「警察に通報されただけで退学にはならないが、今回は夜間に騒がないように再三注意したばかりにもかかわらず約束を破った。本人も親も納得し、自主退学した」と説明する。

だが、同校の別の関係者は「こんなに軽微なケースで自主退学を迫るのはやり過ぎだ」と指摘する。実は同校の系列の日本語学校では夏から秋にかけ、留学生による器物損壊や強姦（ごうかん）致傷など事件が相次いでいた。関係者はこの点を挙げ、「警察や入国管理局から目を付けられないための見せしめではないか」と漏らした。

外国人向けの日本語学校や専門学校は、失踪者や事件が相次ぐと入管当局から管理能力が低い「非適正校」と見なされ、ビザの審査が一層厳しくなる。

「適正校から非適正校に格下げされると、ビザの交付率が6〜7割から3〜4割に半減する。生徒が減るとビジネスが成り立たなくなるので、常に意識している」と福岡市のある日本語学校職員は言う。

きめ細かな指導をするため、生徒数を一定の数にとどめる学校も多いが、利益優先で留学生を増やす学校もある。留学生が支払う1人当たりの費用は、日本語学校の2年間で百数十万円に上る。

ネパリさんが通っていた学校が経営する日本語学校・専門学校の生徒数は、2014年の約1140人からこの年は約1620人まで急増した。関係者は「もはや器があふれ、コントロールできない状態だ」と告発する。

学校の中には「学級崩壊」状態も少なくない。机に突っ伏して寝る。イヤホンを使ってスマートフォンで映画観賞する。試験はカンニングが横行し、日本語が上達していない学生が満点を取ることもある――。留学生数百人が在籍する福岡市の専門学校の風景だ。

出席数が足りないと学籍を剝奪され留学ビザを失うため、学校には出てくる。教壇に立つ教師

ネパリさんが住んでいた福岡市のアパート。当時のまま持ち物が残る。

は「彼らも勉強しに来ているわけじゃないからね」と苦笑いした。

九州の外国人向け日本語教育機関は、2007年の33校から2017年は68校と、倍増した。その中身は玉石混交。真面目に勉強するため来日する留学生がいる一方、留学ビザを取るため学校に籍を置き、就労がメインの「出稼ぎ留学生」が増える原因となっている。

ネパリさんは学校ビジネスの犠牲者なのか――。「日本の大学に進学して、日本の会社に就職したかった。悔しい」。慌てて荷物をまとめたアパートには今も、漢字学習のプリントや日本語能力試験の問題集、パソコンの参考書などの勉強道具のほかに、学費を稼ぐために働いたバイト先の制服が残ったままだ。

6　フルタイム就労の魅力

２０１４年秋、ネパール人留学生のサントスさん（29）＝仮名＝は、福岡市の日本語学校を無断でやめ、新幹線で東京へ向かった。

３カ月後、たどり着いたのは群馬県東部。ネパール人元留学生のアパートに転がり込み、半年後、同じく精密部品工場の作業員となった。職場からワンルームのアパートまで10分。街路灯もまばらな農村地帯を徒歩で通勤する。あれから2年。今は福岡県内の日本語学校出身のネパール人、ケーシーさん（28）＝同＝と共同生活する。「このまま、できるだけ長く日本で働きたい」。日本語はたどたどしいままだ。

サントスさんはネパールの国立大を卒業し、２０１４年春に来日。現地の留学仲介業者に初期費用として約１３０万ルピー（１３０万円相当）を払った。業者は日本語学校と提携しており、内訳は学校の授業料や寮費で１００万ルピー、業者の取り分が10万ルピー、残る20万ルピーは日本での当面の生活費としていったん業者が集めた。

首都カトマンズの公務員の平均月給は約3万ルピー。１３０万ルピーは相当な大金で、半分は借金で工面した。「日本ではアルバイトで月30万ルピーは稼げる」という業者の言葉を信じた。「本当は米国に行きたかった。でも、日本の方が手続きが簡単だった」。本人はこれ以上言葉を濁すが、日本行きの目的は勉強より就労。いわゆる「出稼ぎ留学」と言える。

だが、当時は日本語をほとんど話せず、福岡ではなかなか仕事が見つからなかった。生活は行き詰まり、半年足らずで上京した。

＊

「トーキョーに行く」。実は、一部留学生にとってこの言葉は別の意味を持つ隠語だ。

サントスさんは上京するとすぐ、入国管理局に難民申請の手続きを取った。理由は「政治対立に巻き込まれる」と書いた。人種、宗教、国籍、特定の社会的集団の構成員、政治的意見のいずれかの理由で迫害を受ける恐れがある――。これが、難民認定の条件だ。

日本での難民申請は10年を境に急増し、６年連続で過去最多を更新した。２０１６年は79カ国１万９０１人。このうち１４５１人を占めたのがネパール人だ。ただしこの年、難民認定されたのは全国籍で28人にすぎない。

入管難民法上、留学ビザでは原則「週28時間」しか働けないが、難民申請すれば、半年後からフルタイムで働ける特定活動ビザに変更できる。この仕組みが、こぼれ落ちた

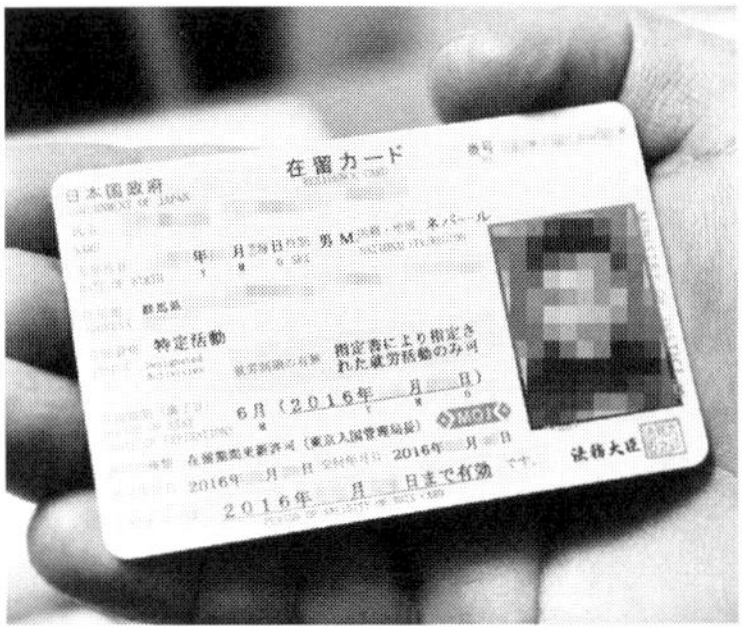

難民申請中の元留学生のカード。在留資格が「特定活動」に変更されている。

留学生を引き寄せる。

難民申請の審査結果が出るのは半年から1年後。そこで不認定となっても不服申し立てが可能で、再審査は2~3年かかる。明らかに「正当な理由がない」と判断されるまで、異議申し立ては何度でも可能。再審査中に就職先が見つかれば就労ビザの取得もできる。

難民申請やビザ切り替えの手続きを請け負う日本の行政書士もいる。北関東の男性行政書士は「申請はほぼ偽装。彼らにとって特定活動は『就活ビザ』感覚だ」と明かす。工場が多い北関東で、アジア系難民申請者は、日本人労働者が避ける「3K職場」の貴重な戦力。サントスさんとケーシーさんは借金を完済し、それぞれ100万円の蓄えもできた。

移民政策の議論を避ける政治。難民制度の隙間を利用し、「偽装難民」としてしたたかに生きる元留学生。彼らで労働力不足を穴埋めする企業。3者の関係は、日本社会のひずみを映し出す。

2015年、難民不認定への不服申し立ては5197人。抜け道が温存されたまま、過去最多を更新した。

7 「28時間の壁」とジレンマ 孤立と転落の果てに

「ネパール人は自殺しない」。2015年春、そんな題名の映画が完成し、山形国際ドキュメンタリー映画祭に出品された。監督は名古屋の大学で映画制作を学ぶネパール人ラズクマルさん（33）。自身と同時期にネパールから東京に来た男子留学生が母国に婚約者を残して命を絶ったことを知り、死の真相に迫った作品だ。

「留学生の自殺に衝撃を受けた」とラズクマルさん。日本に行けば楽に稼げる――。男子留学生はそんな仲介業者の誘い文句を信じて２０１０年に来日したが、稼ぎは生活費や学費に消えた。婚約者を日本に呼んで一緒に暮らすことを目指し、学校は１日も休まず、睡眠時間を削って１日８時間、早朝と深夜のアルバイトに追われる中、次第に孤独を深め、心を病んでいった様を浮き彫りにした。

福岡市東区の海岸でも２０１４年６月、20歳前後のネパール人男性ラマさんが遺体で見つかった。ホテル経営を夢見て市内の日本語学校に通っていた。友人と暮らすアパートに財布と携帯電話を残し、数日前から行方不明になっていた。

奨学金で母国の高校を卒業した苦学生。「頭が良くて、３カ月で日本語の日常会話ができるようになった。アルバイトの面接のコツを教えてくれた」と友人は振り返る。ラマさんの様子がおかしくなったのは亡くなる半年ほど前。元気がなくなり、言葉も少なくなった。心配した日本語学校の職員が病院に連れて行き、うつ病と診断された。

「どっちを優先すればいいか分からなくなった……」。週28時間以内の就労制限を守り、生活を切り詰めて勉学に励む中で周囲に漏らしていた。友人の一人は「彼はルール守って勉強頑張った。

ネパール人留学生ラマさんの遺体が見つかった福岡市東区の博多湾

でも、お金なくて生活厳しい。真面目な子ほど病気になる」と悼んだ。

＊

「おとうさん、ビョーキだったから、クシュリ（薬）ほしかった」。ガラス越しで面会室に響く片言の日本語が痛々しかった。2016年10月末、窃盗罪などで有罪判決を受けたベトナム人の元留学生チャンさん（22）が福岡拘置所で取材に応じた。

父親が現地通貨で150万円相当を借金してくれて来日。2013年に福岡市の短大に入学したが、「28時間」を守って弁当工場で働いた結果、半年で学費が払えなくなり、退学を余儀なくされた。留学ビザが切れ、不法残留状態で市内の建設会社で働いた。時給800円。月10万～15万円は借金返済のため母国に送金し、生活は困窮。仕事仲間から「手伝えば（父親用に）良い薬をあげる」と誘われ、ドラッグストアを狙う窃盗団に加わってしまったという。

政府の「留学生30万人計画」に乗じ、ネパールやベトナムなどの発展途上国では、「28時間の壁」を十分に説明せず若者を勧誘し、手数料で儲ける留学仲介業者が急増する。日本国内でも日本語学校ビジネスが活況だ。

ただ、途上国から来た私費留学生の多くはバイトなしで勉強できる環境にない。28時間を守れば困窮し、破れば摘発対象となるリスクを負わされている。

国会では、勉強に専念させるため就労制限を「20時間以内」に引き下げる案も出る。だが、そうなれば留学生は生活費や学費が賄えず、増加にブレーキがかかるのは確実。留学生を貴重な戦力と頼む企業にも大きな影響が出る。

逆に制限を緩和すれば、「出稼ぎ留学生」の増加を誘因し、政府が目をそむける「移民」の容認にも限りなく近づく。新たな「移民時代」を迎える中、そのジレンマは広がるばかりだ。

外国人労働者　１００万人突破
全都道府県で増加傾向

日本で働く外国人労働者が初めて１００万人を突破し、２０１６年10月末時点で前年比19・４％増の１０８万３７６９人になったことが、厚生労働省の調査で分かった。08年の集計開始以来最大の増加率で、全都道府県で前年を上回った。政府が事実上、単純労働に従事する技能実習生の受け入れを拡大してきたことなどが背景にあり、国民的議論がないまま外国人労働者受け入れが進んでいる。

厚労省は留学生の就職支援強化や、高度な技術を持つ人材の受け入れが増えたことが要因としているが、働き先は製造業が31・２％、卸売・小売業が12・９％で、人手不足感の強い業種を中心に、外国人労働者が増えている。全国の労働者の２％程度を占め、雇用する事業所数も最多の17万２７９８カ所に達した。

在留資格別でみると、高度で専門的な知識のある人材が20・１％増の20万９９４人なのに対し、日本の技術を学ぶ技能実習が25・４％増の21万１１０８人、留学生が25・０％増の20万９６５７人となっている。

国籍別での最多は中国の34万４６５８人で、前年比６・９％増。ベトナムが56・４％増の17万２０１８人、フィリピンが12万７５１８人で続いた。増加率では、ネパールも35・１％と大幅に伸びた。

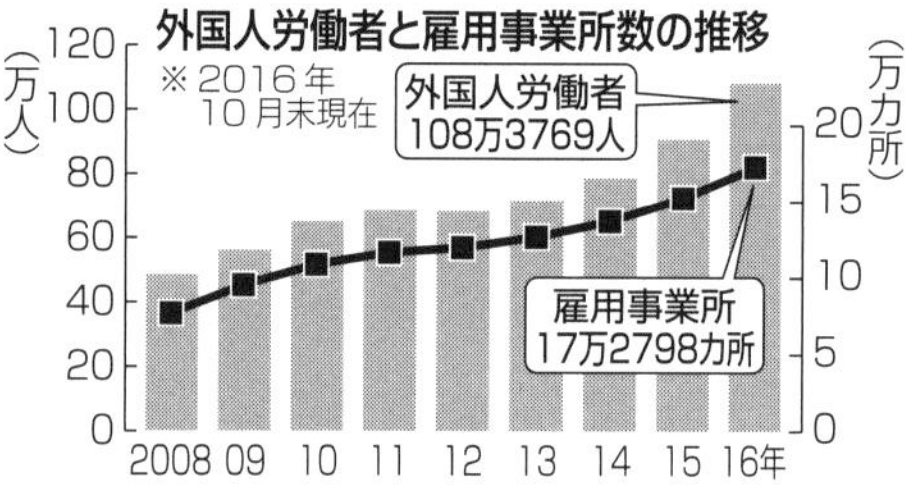

都道府県別では、東京が最多の33万３１４１人で、２番目に多い愛知の11万７６５人と合わせ２都県で全体の４割が集中。九州では福岡が全国で８番目に多い３万１５４１人で、留学生アルバイトの比率は

外国人労働者と雇用事業所数の推移

Column

全国最多の42・7%だった。

政府は介護現場での技能実習生受け入れの解禁を既に決め、2017年の国会では国家戦略特区を活用して農業分野で外国人が働けるよう法改正され、今後も受け入れを拡大する。

外国人の労働相談急増
言葉の壁厚く　ネパール語など未対応

人口減や少子高齢化を背景に、日本で働く外国人労働者が初めて100万人を突破した。九州でも欠かせない労働力となる一方、福岡、長崎両労働局の専用窓口では、日本語が不得意な外国人から賃金不払いやパワーハラスメントなどの労働相談がこの2年で1・6倍に増えている。九州7県の労働局で外国人労働者の相談コーナーがあるのは両局だけ。対応言語も英語や中国語に限られており、ベトナム人やネパール人が急増する中で支援体制が追いついていないのが現状だ。

＊

「ミンナ、シャチョウ（社長）ニ、タタカレタ」。2017年1月上旬、長崎県内の造船所で働くベトナム人技能実習生の20代男性4人が労働基準監督署などに電話をかけて苦境を訴えた。

経営者から暴力を受けるなどしているというが、全員、日本語は片言しか話せない。労基署の質問を聞き取れなかったり、状況をうまく説明できなかったり。日本語が一番上手な男性でも「ワカリマセン」と繰り返した。彼らは現在も相談を重ねている。

福岡、長崎両局によると、外国人労働者相談コーナーでは、電話や対面での外国人からの労働相談が2014年の計67件から2016年は計104件に増えた。「解雇や労働契約に関するトラブル、給与未払い、長時間労働などの相談が多い」（福岡労働局）という。

福岡局では英語、長崎局では中国語に対応しているが、過去5年の九州7県での労働者数が10倍に増えたベトナム人とネパール人の母国語には対応できない。熊本地震の被災地でも、全国的な職人不足や人件費高騰の中、外国人労働者が復興を支えるものの、熊本局に同様の相談コーナーはない。同局は「外国人労働者の窓口があっていいとは思うが、通訳の確保など予算的な問題があるのではないか」（監督課）としている。

厚生労働省は２０１５年6月、英語、中国語、ポルトガル語、スペイン語、タガログ語の5カ国語で全国から労働条件などの相談を受ける電話サービスを始めた。２０１７年4月からは、新たにベトナム語にも対応できるようになった。

外国人技能実習生を支援する佐賀市のボランティア団体「国際コミュニケーションネットワークかけはし」の越田舞子代表は「言語の壁に加え、文化や考え方の違いも大きな問題。不当な扱いをされないよう、彼らの考えを理解して寄り添うサポート体制の整備を急ぐべきだ」と話した。

失踪する留学・実習生　生活苦など背景

人手不足を背景に留学生や技能実習生を含む外国人労働者が増える中、２０１５年に九州7県で少なくとも４８０人を超す留学生や実習生が学校や職場から行方不明になっていたことが、九州の各県警への取材で分かった。２０１６年も11月末現在で４５０人以上が失踪。ネパール人とベトナム人が増えている。生活苦で日本語学校の学費が払えなくなったり、賃金の安さや人間関係のトラブルから実習先を逃げ出したりして難民申請をする事例が多いとみられ、原因の解明や対策が急務となっている。

警察庁は留学生や実習生の行方不明者数を公表しておらず、九州7県別の実態が明らかになるのは初めて。警察署に行方不明の届けが出たものにとどまるため、実際の失踪者はもっと多い可能性がある。

福岡入国管理局によると、7県の在留外国人（２０１５年12月現在）のうち、留学生は２万４４６４

Column

人、実習生は1万7897人に上る。

九州7県警が把握している留学生と実習生の失踪者数（熊本、宮崎、鹿児島は実習生のみ）は2015年の1年間で福岡157人▽佐賀14人▽長崎65人▽熊本89人▽大分61人▽宮崎34人▽鹿児島63人――の計483人。このうち80人程度が留学生とみられる。

九州7県で失踪した留学生・技能実習生

県	2015年	2016年
福岡	157	160
佐賀	14	29
長崎	65	42
熊本	89	90
大分	61	49
宮崎	34	30
鹿児島	63	59
九州	483	459

※九州7県警の把握分（熊本、宮崎、鹿児島は技能実習生のみ）。16年は1月～11月末現在　単位は人

2016年1月～11月末の失踪者数は、福岡160人▽佐賀29人▽長崎42人▽熊本90人▽大分49人▽宮崎30人▽鹿児島59人――の計459人。国籍別は多い順に、ベトナム約200人▽中国約150人▽ネパール約50人――となっており、前年と比べると中国人は約60人少ない一方、ネパール人は留学生を中心に約10人、ベトナム人は実習生を中心に約20人失踪が増えている。その他の国籍はミャンマー、カンボジア、インドネシア、フィリピン、タイなどが挙がっている。

福岡入国管理局によると、留学生の失踪者数について の統計はないが、実習生の失踪者数は九州7県で2010年が41人、2015年が409人で、5年間で10倍に増えた。法務省入国在留課や厚生労働省外国人研修推進室は共に「なぜ失踪者が増えているのか、政府として分析していない」としている。

Interview

平田オリザ氏

劇作家

▶ひらた・おりざ　劇作家・演出家。大阪大学特任教授。異文化理解を促すため演劇を用いたコミュニケーション教育を手掛ける。近著に『下り坂をそろそろと下る』（講談社現代新書）。

外国人留学生の不法就労や技能実習生の過酷労働の問題は、政府の本音と建前のはざまで生み出されたひずみだ。

安倍晋三首相の支持基盤は財界と保守層。財界の求めに応じて「安上がりな労働力」として外国人をどんどん入れつつ、純血主義の保守層に配慮して「移民ではない」と建前を押し通してきた。移民政策の真っすぐな議論を避け続けた結果、各地で受け入れ態勢が整わず、異文化理解も進まないままトラブルが生じてきた。

自民党の一部や九州知事会が留学生の就労制限（週28時間）の緩和を求めているが、場当たり的な発想だ。本来、留学生は知日派や親日派になったり、海外から新しい知識や文化をもたらしたりする大切な存在。それを労働者としか見ていない。短期的には企業利益は上が

衰退期直視し戦略を

るかもしれないが、長期的には国益を損なっていることに気付くべきだ。

僕は、移民を「適切にゆっくり受け入れていこう」という立場。そのために、政府や自治体は「どんな人材をどれくらい求めるのか」というビジョンを明確に打ち出さなくてはいけない。日本は海に囲まれ、日本語という高い障壁もあり、移民が急に大量に入ってくることはない。受け入れ計画を立てやすい。

大分県や同県別府市は、立命館アジア太平洋大学を誘致し、求める留学生像を明確にし、定住してもらうことで地域再興につなげた成功例。大いに参考になる。

高度人材だけを入れろと言っているのではない。単純労働でもいいが、日本は欧米と比べてユニオン（労組）が極端に弱く、パートなど非正規労働者の賃金が低く据え置かれたままだ。きついのに低賃金だから日本人が集まらないのは当たり前なのに、外国人に置き換えるだけでは経済界の思うつぼで、雇用環境は一層悪化する。最低賃金を時給1500円くらいまで上げるべきで、外国人受け入れはそれからの話だ。

一番大切なのは、私たちが「日本はもはやアジア唯一の先進国ではないし、成長社会でもない」という現実を受け止め、緩やかな衰退期に入った国としてどう振る舞うべきか考えることだ。24時間営業のコンビニやファミレス、すぐに着く宅配便が本当に必要なのか。少しの利便性を維持するために、私たちが嫌がる労働を外国人に肩代わりさせたままでいいのか。一人一人が向き合ってほしい。

第2章 留学ビジネスI
ネパールからの報告

第1章では、九州で暮らす外国人留学生の実像と、貴重な労働力となっている日本社会の現実を描いた。第2章では、特に急増するネパールから、日本を目指す若者の姿と留学ビジネスの過熱ぶりを報告する。

「JAPAN」の看板がひしめく「バグバザール」(ネパールの首都カトマンズ)
[本章50〜54頁]

1　混とんの都　「ジャパン」乱立

南はインド、北はチベット自治区に挟まれた内陸国ネパールの首都カトマンズ。訪れた2016年12月は乾期に当たり、砂ぼこりが巻き上がる。朝は10度を下回るが、日中は20度近くまで上がり、汗ばむ。

服飾店や土産物店が集まる最大の繁華街タメル地区から歩いて20分。高校や大学が点在する学生街「バグバザール」は制服姿の学生や商人が行き交い、香辛料と油のにおいが漂う。物乞いの親子の姿もある。

全長1キロ足らずの通りの両側は、れんが造りの5、6階建てビルが立ち並ぶ。壁面は語学学校のカラフルな看板で埋め尽くされ、「JAPAN」の文字がひしめいていた。語学学校はメインストリートに収まりきれず、路地裏や近くの通りにも密集地がある。

欧米や韓国向けもあるが、圧倒的に多いのは日本。校名は「侍」「ようこそ」「FUJIYAMA」「CANON」など。看板には満開の桜を背景に和服姿でほほ笑む若い日本人女性や、教室の机に肘をついたアイドル風の女性のイメージ写真が添えられている。

東京、大阪、名古屋、福岡、鹿児島……。日本語学校の所在都市を列挙し、「好きなところを選べる」と記された看板もある。「授業料無料」「留学費用ローン完備」「100％仕事保証」「成績が悪くてもノー・プロブレム」――。過熱する留学ビジネスの一端が垣間見える。

実際に授業料は大半が無料。提携する日本の学校から、留学生を送れば1人当たり日本円で10万円前後の「紹介料」が入るからだ。

日本語学校に通うダウンジャケット姿のサライさん（19）は「日本は世界から期待されている国なので、良い大学に行って良い会社に就職したい」と、にっこり笑った。

一つのビルに複数の学校が同居し、日本語専門もあれば、英語や韓国語と一緒に日本語を教える学校もある。多くのビルは1階には飲食店や服飾店などが入り、脇の通用口から奥の階段を上って2階から上に学校がある。その一つに記者が入ってみた。

＊

カトマンズの学生街「バグバザール」にある5階建て雑居ビル。薄暗い階段を4階まで上がると、たどたどしい日本語が聞こえてきた。漢字と英語で「新日本語学校」と書かれた立て看板がある。

「お元気ですか」「はい、久しぶりです」「日本の料理は好きですか」「はい、天ぷらとすしで

赤い和傘着物姿――。日本への留学ビジネスに沸くバグバザールではこんな看板があちこちにあった（カトマンズ）

す」……。8畳ほどの教室で6人の学生が2人一組になり、会話のレッスンを行っていた。

ここは、留学で日本に5年間滞在していたネパール人のスレスさん（28）ら3人が2013年に設立。18～20歳の男女15人が通う。

校長でもあるスレスさんが、「質問する時の語尾はアクセントを上げて」と指導すると、生徒たちは何度も「デスカ、デスカ」と発音を繰り返していた。

教室には、五十音のひらがなとカタカナの一覧表があり、廊下には東京や千葉など提携先の日本語学校のポスターが張られる。福岡は「ようこそ福岡～世界に開かれた住みやすい国際都市」と紹介されていた。

授業ではバスや電車の乗り方、ごみ出しのルールも教える。動画サイトを使って歌舞伎を見せることもある。校長室には侍がデザインされた掛け軸も。福岡や鹿児島などに50人の留学生を送り出しているスレスさんは「私は日本が好きだ。彼らの夢をかなえてあげたい」と話す。

ネパールはアジア最貧国の一つ。アジア開発銀行の2011年のデータによると、1日2ドル

（約２３４円）未満で暮らす貧困層が国民の６割を占める。農業とヒマラヤ観光以外に目立った産業もなく、高校を卒業した若者は活路を求めインドや中東などに渡っていくケースが多い。

留学先として日本を選ぶのは、欧米に比べ留学費が半分以下の１００万円程度で済み、「原則週28時間」とはいえ働きながら学べることが大きい。

欧米と日本では、留学に必要な成績にも差があるという。ネパールで２校を運営する「こころ日本語学校」のラムさん（33）は「米国は80点、オーストラリアは70点、日本は40点でも大丈夫」と明かす。日本は中流家庭でも手が届く国になっている。

２００８年から日本政府が取り組む「留学生30万人計画」も追い風になり、５年ほど前からネパールの日本語学校は急増する。ネパール教育省によると、国内の語学学校は登録校５６０校、未登録は１５００校に上り、日本語学校が最も多い。

担当のゴウリさんの部屋は、棚や机、床にまで学校の開設申請書類が山積みだった。「僕のコレクション」と両手を挙げて笑った。

＊

現地の学校には、日本への留学ビザが取れると、提携する日本側の学校から１人当たり10万円の紹介料が入る。留学生を増やして利益を得る日本側とも利害が一致したこの「成功報酬方式」が、留学ビジネスの過熱を後押しする。

日本への留学生は過去10年間で10倍超。過当競争の結果、紹介料の相場は「東京5万、九州7万」と値崩れを起こしているほどだ。

記者は滞在中、ネパールにある40超の日本語学校を訪ねた。実態は玉石混交。もちろん、きちんと日本語を教える学校もあった。だが、ある学校では受付の女性が英語ではにかんだ。「ジャパニーズ　ティーチャー　ノーワン」（日本語の先生はいない）。学校のパンフレットには、日本に留学した若者たちが顔写真付きで紹介されていた。

日本語を話せず、日本に行ったこともない人が社長や先生となっている学校も数多かった。ビザ申請の書類を偽造したとして、ここ数年、生徒や先生らが身柄拘束される事件も相次ぐ。

だが、若者の日本への憧れが冷める気配はない。「ＪＡＰＡＮ」の看板がひしめくバグバザールで記者が出会った若者の一人。ネパール西部の農家で生まれたマヘンドラさん（20）は、２０１７年４月から鹿児島県に留学する予定という。

「ここにいてもチャンスはない。日本に行って何かをつかんで帰りたい」と、目を輝かせた。

2　「身分の壁」　日本に活路

昼すぎ、ネパールの首都カトマンズの学生街「バグバザール」は解放感に包まれる。数ある語学学校や高校の授業は午前中で終わり、菓子を買い食いしたり、おしゃべりを楽しんだりする学生であふれる。

だが、路地裏に目を向けると、母親と５、６歳ほどの男の子がボロボロの衣服で道端に座り込んでいた。工事現場では重たいれんがを袋にいくつも詰め、黙々と運ぶ中学生くらいの少年の姿もあった。

１００メートルほど離れた寺院近くを歩いていると、30代くらいの男性が追いすがってきた。「家族が腹ぺこだ。千ルピー（約千円）くれ。50ルピーでいい」。近くには息子や妹もおり、家族全員が物乞い。断り切れずに50ルピーを渡すと、別の家族の幼い男の子が小さな手のひらを記者に向けた。

ネパールには、インドと同様に職業や婚姻を制限するヒンズー教のカースト制度が残る。僧侶の子は僧侶、大工の子は大工、物乞いの子は物乞い……。法制度上のカースト制度は廃止されているが、現在も月給３万ルピー（約３万円）と高給取りの公務員は上級カーストが多く、下級カーストの中には最低限の教育すら受けられない人々が少なくない。

「物乞いにチャンスは訪れない」。バグバザールで日本語学校を経営するオムさん＝仮名＝は断言した。「だが、うちの学生たちには未来がある」

語学学校には低いカーストの若者も多い。留学で日本語力を手に入れれば、カーストの壁を越

日本留学を誘う看板がひしめく学生街バグバザールには、工事現場でれんが運びの仕事に就く少年の姿もあった（カトマンズ）

え、成功するチャンスも広がる。そんな若者を「ＪＡＰＡＮ」の看板が吸い寄せる。

カトマンズに隣接し、17、18世紀の伝統的な街並みが広がる古都パタン。

東京に住むミナさん（37）が一人息子のリエン君（8）と里帰りすると、１人暮らしの義母は孫を抱きしめた。「寂しい。でも仕方ない」。義母の生活は、ミナさん夫婦から届く年20万円の仕送りが支えている。

ミナさんは宝飾品を製造するカースト。夫は大工のカースト。ミナさんは自分で学費を稼いで02年に大学を卒業した。

ネパールでは１９９０年代に民主化運動や内戦が始まり、２００１年には国王一家が殺害された。ミナさんは混迷する祖国を逃れるように、卒業後すぐ福岡市の日本語学校に留学した。

２００５年に帰国した。長い政治混乱は経済を停滞させ、貧しい国は貧しさを増していた。「仕事もなく、再び日本に行くしかないと思った」。九州大学大学院で修士号を取得し、留学中に夫とも結婚した。

２００8年に王制から議会制に移行し、社会が安定し始めた10年ごろから留学熱が高まった。富裕層は欧米へ、中流から下流家庭は「働ける留学先」を目指す。その代表格が日本。ミナさんは今、人材派遣会社でネパール人留学生らの仕事の管理を担う。将来帰国し、ビルを新築したいと考えている。「それまでに3千万円ためたい」

日本留学で得た成功。ミナさんの親戚も来春、日本へ留学する予定だ。

３　カタコト教師が教壇に

首都カトマンズから西へ約２００キロ。人口約30万人でネパール第2の都市ポカラは、ヒマラヤ山脈を一望できることから外国人観光客にも人気の街だ。

この地方都市のバザール通りでも、語学学校の看板がひしめき、「ＪＡＰＡＮ」がひときわ目立つ。

福岡市に留学後、日本語学校を設立したモティさん（35）によると、ポカラの日本語学校はこの5年間で10倍の約80校に急増。カトマンズの学校が次々に分校を構えているためで、生徒獲得の競争も激しい。

当然ながら日本語を教える教師は不足している。

インド国境近くにあるチトワン郡にある日本語学校で勉強する学生たち（ネパール）

「センセイ（記者のこと）、それなんのいみ？」。どんな質問をしてもこんな答えが返ってくるニルさん（23）は、日本語のパート教師になって3カ月。学校に1年通っただけで、教える側になった。

小学校低学年レベルの漢字200字を教える基本コースの担当だが、記者との会話はほとんど成立しなかった。ほかに教師は2人いるが、同じレベルという。

ポカラで15の日本語学校を回ったが、基準とされる「2年間の日本語学習」を満たさない教師ばかりの学校も少なくない。4校を掛け持ちして教えるロスニさん（27）は、関西弁なまりで「オーナーも話せず、誰も日本語が分からない学校もある」と明かした。

*

インド国境に近い南部チトワン郡。メイン通りにはごみが散乱し、牛が眠り込む。その一角にある雑居ビル2階の日本語学校「アルマイティ国際教育サービスセンター」を訪ねた。社長のプリさん（30）はあいさつ程度の日本語しかできない。3年前の設立時に日本語学校は4校しかなかったが、今は5倍の約20校に増えたという。

もともと英語圏への留学仲介業を担っていたが、ブームに乗って日本語学校に参入し、一気にトップ校に躍り出た。年間60~90人の学生を日本に送り出す。日本側からの「紹介料」が中心となる売り上げは2015年、日本円換算で500万円。公務員の月収が3万円の国だ。

成長の秘訣（ひけつ）を聞くと、「生徒確保の鍵は口コミ」と即答した。生徒たちは会員制交流サイト（SNS）を使って、ビザ発給率や教え方を日本にいる先輩から聞き出すため、実績と評判が決め手というわけだ。プリさんは「ここは南部の教育拠点。まだまだいける」と目を輝かせる。

「国に帰っても仕事がない」。そう考えた元留学生たちが学校を立ち上げ、日本語学校ビジネスは一大産業へと成長している。その一つ、カトマンズ中心部から少し離れた通りにある「魁（さきがけ）」。東京に留学していた社長のラマさん（28）は2年前に学校を設立したばかりだが、既に50人を送り出した。

「日本語能力があれば食っていける。学校運営は誰でもできる」というラマさんに日本への留学ブームは続くか、聞いた。「あと4年、東京五輪までだ」。次の〝金の卵〟は介護技能実習生とみて、ターゲットを広げつつある。

4　はびこる偽造書類

ネパール第2の都市ポカラの大通りに面した日本語学校「ＥＡＳＴ　ＷＥＳＴ」。12年前に学校を設立した社長のラムさん（35）の経営スタイルは強気だ。

ネパールでは授業料無料の学校も多いが、ここは授業料1万5千円に加え、ビザ申請の手数料などで1人10万円を取る。値崩れが起きている日本側からの紹介料も10万円を維持する。

ビジネスを支えるのは、提携する東京、千葉、名古屋など12の日本語学校と結ぶ学生募集の委託契約。「うちはビザ取得率が１００％。日本側の学校と顔の見える関係もある」

「ノーリスク、ハイリターン」とも言われ、ネパールで過熱する留学ビジネス。日本側の学校には毎年、ネパールの委託契約先の学校にスタッフを派遣し、学生の面接や経営に目を光らせるところもある。

だが、契約締結時すら電話やメールの連絡だけで、一度も顔を合わせたことがないという日本側の学校もある。チェックの甘さは不正の温床でもある。

ネパールでは、留学ビザ取得に必要な卒業証明書や日本語能力の証明書、銀行預金の残高証明書まで、あらゆる書類が偽造されてきた、とされる。

２０１４～15年には、留学書類を偽造した疑いで30～40人が当局に身柄を拘束された。授業も行わず、留学書類の偽造を繰り返していた学校もあった。

＊

カトマンズに隣接する街パタン。日本語学校経営者のタマンさん＝仮名＝は「不正は昔の話。今はない」と言い切った。不正の頻発を受け、ネパールでは学校関係の証明書をネットで照会できるなど改善が進む。

だが、記者が取材した複数の業者は「残高証明は今もほとんど偽物」と証言した。その点を問うと、「残高証明は学生が持ってくるから、信用するしかない」と答えるだけ。表情からほほ笑みが消えた。

日本の入国管理当局が求める残高は最低でも「１５０万ルピー（約１５０万円）」。公務員の月給が３万ルピーのネパールでは大金で、留学生はこれとは別に留学実費で１００万ルピー以上がかかり、大半は借金で工面している。１５０万ルピーもの残高を持つのは現実的ではない。

ネパールの銀行は通常、留学の証明用に使われるような長期の残高証明を出さない。複数の仲介業者によると、残高証明の発行は、大半が「コーポレーティブ」（コープ）と呼ばれる金融機関が請け負う。

コープは仲間内で資金を出し、融通する「協同組合」で、ネパール全土に大小３万５千程度が存在。ある仲介業者は「コープは残高がなくても手数料次第で『本物』を作ってくれる」と明かし、実際に学生が持ち込んだ残高証明を示した。「これは偽造だが、『本物』だ」「残高証明のようにネパールに存在しない書類を日本の入管当局が求める限り、偽造はなくならない」との声を何度も聞いた。「JAPAN」に沸くビジネスの浄化は、ネパール側だけの課題ではない。

5　玉石混交　日本人の影も

ネパールで過熱する留学ビジネス。玉石混交の日本語学校には、日本人の存在もある。

首都カトマンズの学生街「バグバザール」の雑居ビル3階にある日本語学校。日本人女性のケイコさん（35）＝仮名＝は4畳半ほどの事務スペースで書類に囲まれていた。自称「電話番」。ネパールの語学学校は経営者や従業員数、学生数などを政府に登録する必要があるが、ケイコさんは登録外。

学校のオーナーで夫のジョンさん（33）＝同＝と日本留学中に知り合い、結婚。ネパールに移住したケイコさんは配偶者ビザがあるだけだ。「単なるお手伝いってことになっていまして……」と苦笑いをした。

だが、実際は、日本側の日本語学校の評判を分析し、見極める交渉人。時には日本語教師もこなす。「難民申請が出たり、教育の質が悪かったりする学校とは関係を切る。ちゃんと選ばないと学生がかわいそうだし、こっちも危ない」

同じく、カトマンズで10年ほど前から日本語学校の運営に携わる日本人女性タエさん＝同＝は、旅行でネパールを度々訪れるうちに、留学ビジネスに参入した。「語学学校とは名ばかりの、人材派遣会社みたいなもの」と言い切る。

日本語教育文化センターの教室で学生に声をかけると、日本語で一斉に「コンニチハ」と返ってきた（ネパール・バタン）

留学前、現地で日本語能力試験があり、結果を日本の入国管理当局に提出する必要があるが、「カンニングだらけ。平仮名だけ教えて日本に送り込んできた。入管が許可する書類を作るのが私たちの仕事」と明かす。

留学ビジネスの暗部がのぞく。

「彼女のレッスンを受けた学生は必ず日本で成功する」。そんな評判の日本人女性もいる。カトマンズ郊外の3階建ての古い民家。ルミさん（68）＝同＝は57歳の時にネパールに移住し、日本語学校の経営に乗り出した先駆者の一人だ。

一度に受け持つ学生は2、3人程度。少数精鋭の寺子屋式を貫いている。看板はなく、生粋の日本人教師を頼る学生や留学仲介業者からのレッスン希望者が舞い込むという。

言葉が「壁」となり、日本で仕事を見つけられずに悩むネパール人留学生が多いことから、目標はアルバイトの即戦力レベル。「もうけ主義で、日本語を教える能力すらない無責任な業者も多い。いずれ淘汰されるでしょうけど」

教育の質を高める目的で、1998年にはネパールの在日本大使館が協力し、日本語学校で組織する「ジャルタン」が設立された。現在20の学校が加盟。その一つが、カトマンズ郊外のパタンで2001年に設立された「日本語教育文化センター」だ。

日本の新聞社とタイアップし、新聞配達に従事すれば学費や寮費を負担。中級程度の日本語能力とオートバイの免許保有が条件だ。アルナ校長は「本来は留学する資格がない学生を日本の入管がいつまでも見逃すはずはない」と語る。

「JAPAN」ブームを、冷ややかに見つめる目もある。

6　過熱の行方　若者たちの未来

ネパールの南部チトワン郡。福岡市の日本語学校を卒業後、進学した専門学校から自主退学となったネパリさん（27）＝仮名＝を訪ねた。

日本での留学生の実態を伝えた第1章（33〜35頁）で取り上げた若者だ。２０１６年10月上旬、夜中に酒を飲み騒いだとして退学となった。不祥事が相次いだ学校側の「見せしめ退学」との見方もある。

ネパリさんは「久しぶりに日本語が話せる」と喜んだ。元軍人で警備員の父親（50）の貯金を切り崩し、日本留学を果たした。大学まで進学し、日本の企業に就職することが夢だった。

来日3年半。運送会社のアルバイトではグループリーダーを任され、博多弁も覚え、とんこつラーメンが大好きだった。

人生は一変した。帰国後、失意から体調を崩し、薬を常用している。体重は落ち、仕事を探す気にもなれず、家事を手伝う日々を送る。日本の学校側は「親も納得の上の自主退学」と説明するが、母親（46）は「息子は何も悪くない」と今も憤る。

この10年間、急増したネパールの学校の受け皿として、日本の学校も約1・5倍の５４７校に増えた。留学ビジネスは両者にとって、ウィンウィン（相互利益）の関係と言えた。

最近まで日本側の学校は何とか生徒を集めようと、20人の留学生をまとめて送れば1人にプラス3万円の特典を付けたり、紹介料をつり上げたりした。

だがいま、留学ビジネスの構図に変化が生まれている。ネパール側に紹介料が入る「売り手市場」から、日本側が紹介料を切り下げる「買い手市場」になりつつあるという。「日本側の態度が明らかに変わってきている」。ネパールの日本語学校協会関係者は言う。

福岡市内の専門学校を自主退学となり、日本のビザがあるパスポートを母と一緒に見つめるネパリさん（手前）（ネパール）

背景には、留学生の急増に伴い、留学生が日本に難民申請するケースが相次いでいることがある。２０１５年に難民申請したネパール人は１７６８人で、５年前の16倍。69カ国の中で最多だ。

ネパールの複数の日本語学校経営者は「最近は日本の学校から『ペナルティー』を科せられる」と不満を口にする。留学生が難民申請したり不法滞在になったりした場合、日本側から責任を問われ学生の残りの授業料が請求されるほか、紹介料を没収されることがあるという。

ネパリさんは、こうした日本側の変化の犠牲者とも言える。今も日本のアルバイト先から「社員にするから戻ってきて」と言われる。毎朝1時間、日本語の読み書きを続ける。「チャンスがあれば、日本に戻りたい」と願う。

留学生の数は25万人を超え、政府が進める「30万人計画」の達成は確実視されている（増補注―２０１９年に達成）。政府は今後、どんな留学生政策を描くのか。そのかじ取りは、過熱する留学ビジネスの行方と日本を目指すアジアの若者たちの未来を左右する。

Column

ネパール帰国者調査 半数以上「日本再訪したくない」

留学や就労で日本に滞在したネパール人を対象にした上智大学の田中雅子准教授（国際協力論）と福岡県立大学の佐野麻由子准教授（国際社会学）の調査で、帰国者の半数以上が再訪を望んでいないことが分かった。日本語教育や定住外国人受け入れ体制の不十分さが背景にあるとみられ、田中准教授は「理想と現実との落差に失望する人が少なくない」と指摘する。

調査は公益財団法人アジア女性交流・研究フォーラム（北九州市）の助成事業で、滞日者１３３人と帰国者１２１人を対象に２０１４年11月〜２０１５年９月、聞き取りで実施した。

帰国者に日本を選んだ理由を聞いたところ、（１）技能を身に付ける（24％）（２）お金を稼ぐ（18％）（３）家族による呼び寄せ（17％）――の順。帰国した理由は、（１）ネパールでビジネスを始めるため（26％）（２）配偶者や子どもの面倒を見るため（20％）（３）ビザを延長できなかった（12％）――だった。

日本での生活に「満足していた」のは61％だった一方、「再び日本に行きたいか」の問いには50％が「いいえ」、27％が「分からない」と回答。生活満足度が低い人の傾向として「日本語能力が低い」「低学歴」などが挙げられるという。

滞日ネパール人は２０１６年12月末現在で６万７４７０人。過去10年で10倍以上、国籍・地域別在留外国人で最速ペースで増えている。中でも福岡県の増加率が突出して高く、２００６年の２４２人から２０１６年12月末で５０５１人と約20倍に急増した。

田中准教授は「就労や留学へのハードルが低い日本に夢を抱いて来たものの、就職や日本の大学への進学は難しい。外国人に対するセーフティーネットも不十分で孤独に陥りがち。彼らから『日本は扉を閉じて、窓は開けっ放しの国』と呼ばれている」として対策を急ぐよう求めている。

Interview

新宿日本語学校校長
江副隆秀氏

▶えぞえ・たかひで　1975年、東京に新宿日本語学校設立。日本語教育学会代議員。日本語教育の教授法の開発に力を入れ、著書多数。

「2万人の中国人就学生が蜜を求めて来日した。迎えたのは『商売として成り立つ』と踏んだ人たち。一時、高田馬場には100メートルおきに日本語学校があると言われた」——。これは1988年ごろの東京・新宿の様子を回想し、1993年の学内誌に書いた文章だ。「中国」を「アジア諸国」に置き換えてみてほしい。現状とよく似た「出稼ぎ就学生」と「留学ビジネス」は30年前に経験済みなのだ。

中国は1981年、改革・開放政策で私費留学を解禁し、日本政府は1983年に「留学生10万人計画」を打ち出した。両国の国策を背景に、中国人就学生の新規入国は1982～84年の100～250人から1987年は7千人、ピークの1988年は2万8千人超へと爆発的に増えた。「もうかる」とみて日本語学校の新規参入が相次ぎ、乱立した。マンショ

教育側に自浄作用を

ン内に設立した学校に2千人の学生が登録された事例まで発覚した。「卒業証書偽造」「就学エサに風俗労働」「暴力団が募集、経営も」――。こんな見出しが当時の新聞をにぎわせた。事態悪化を受けて日本政府がビザ発給を厳しくすると、不満を抱いた中国人の若者が１９８８年11月、大挙して上海にある日本の総領事館を取り囲み、抗議デモを繰り返した。いわゆる「上海事件」だ。一連の影響で１９８９年の中国人就学生は９千人台に縮小。５００校を超えていた日本語学校は淘汰された。

事件の反省を踏まえ、１９８９年に日本語教育振興協会（日振協）が設立され、法務省に代わって日本語学校の審査認定業務を担うようになった。学校側に緊張感が生まれ、正常化が進んだ。だが、この業務は２０１０年の「事業仕分け」で廃止され、日本語学校へのチェックは再び甘くなった。

この時期は、母国側の政情不安や経済格差などを背景にベトナム、ネパールなどのアジア系留学生が増え始めた時期と重なる。留学生数は増加の一途をたどり、２０１６年末には27万人に達した。日振協の縛りがない中、新設校も急増し、証明書偽造や失踪、不法就労などが問題化している。

歴史を繰り返すのか。「上海事件」を乗り越えてきた伝統校が手本となって、反省と教訓を引き継ぎ、外国人を対象とした日本語教育界に自浄作用を働かせるべきだ。そのためには、チェック機能を持ち、良い事例も問題化した事例も情報を共有できた、かつての日振協のような仕組みを再構築する必要がある。

第3章 留学ビジネスⅡ

学校乱立の陰で

政府は外国人留学生の30万人の受け入れ目標を掲げる。だが、増加する日本側の学校には教育機関とは言い難い「名ばかり学校」も存在する。九州で、その実態を追う。

授業で使っていた教科書を広げ、「退職する教員が後を絶たず、学生の指導なんてまともにできなかった」と明かす日本語学校の元教員〔本章 79〜81 頁〕

西日本新聞は2016年12月、本書の基となったキャンペーン報道「新 移民時代」を始めた。第1部では日本語学校や専門学校に通いながらアルバイトに明け暮れる「出稼ぎ留学生」、第2部は送り出し国の一つ、ネパールで過熱する「留学ビジネス」の実態を描いた。

二つの連載記事を機に関係者から、日本での留学ビジネスの「陰」を告発する声が取材班に相次いだ。「ビジネスを優先するあまり、留学生を金づるのように扱っている」と語る元職員。自身が勤める日本語学校を「まるで外国人労働者派遣業だ」と自戒を込めてメールにつづった現職職員もいた。

途上国から日本に来る留学生にとって、最初の「関門」は入国管理当局ではなく、実は日本語学校だ。留学を希望する若者は日本語学校と連絡を取り、入国に必要な書類をそろえる。日本語学校は入学許可証を交付し、在留資格やビザ取得の手続きを事実上代行している。

入管は人手が足りず、在留資格の手続き以外にも留学生の適性や学力の検査、来日後の生活指導まで日本語学校に頼っているのが実情だ。日本語学校の許認可権を持ち、不正があれば取り締まる立場だが、この補完の構図が、留学ビジネスの陰を広げる一因になっているのではないか。

政府は2008年、外国人留学生を2020年までに30万人に増やす計画を打ち出した。これを境に日本語学校は増え続け、九州では2008年の32校が2017

年は68校まで倍増した。少子化を背景に日本語学校から留学生を集める専門学校も増えており、学生の半数以上を留学生が占める専門学校は、九州で２０１１年度の６校が２０１６年度は16校と２・５倍になった。

こうしたバブルと言える状況下でも、留学生と真剣に向き合い、教育する日本語学校や専門学校は多い。しかし、政府の計画をビジネスチャンスととらえ、教育機関として疑問符が付く学校が出現している。これが、陰を生むもう一つの原因となっている。ある日本語学校の校長は「とにかく留学生をかき集める無責任な学校が増え、業界全体がグレーなイメージになっている」と打ち明ける。

こうした一部学校は「国際的な頭脳獲得競争に勝つための人材確保」という政府の30万人計画の趣旨から大きく外れる。何より、夢を抱いて来日する留学生から教育の機会を奪う。

第３章では業界の構造的なゆがみを浮き彫りにし、正常化に向けた改善策を探りたい。

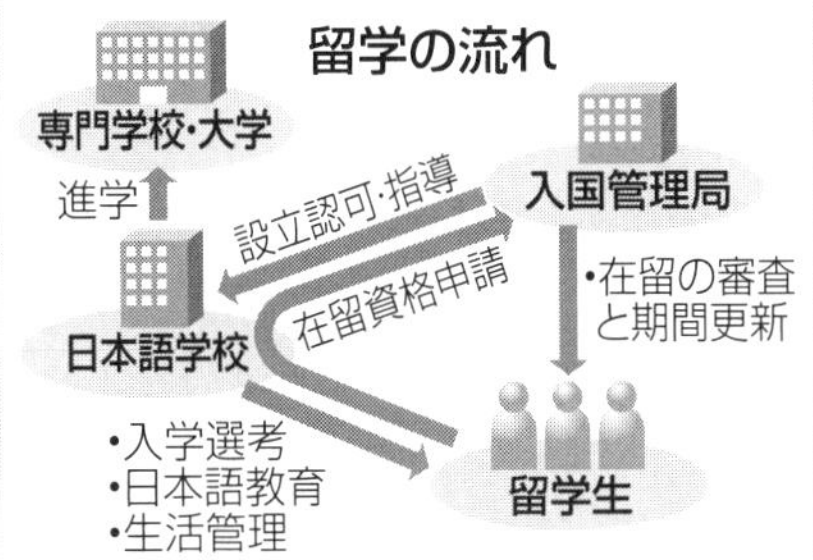

1　授業中の賭けトランプ　学生の囲い込み

十数人の留学生が教室の後方で机を囲む。机上にはトランプが並び、千円札や小銭が飛び交う。「500円賭けろ」「誰が勝った？」

賭けトランプに興じる学生たちを見て見ぬふりをしながら、教室では教員が授業を続ける。聞いているのは女子学生1人だけ。賭けに参加していない複数の学生もスマートフォンをいじり、授業を聞くそぶりはない。

2016年2月、外国人が通う福岡県内の専門学校で、学生が隠し撮りした動画だ。この学生は「2015年秋から賭けトランプが横行するようになった。1日2万円儲けた人もいた」と証言する。別の学生は「賭けトランプは学生の一部で今も続いている」と話す。「カジノ学校」とやゆする学生もいる。

記者が専門学校を運営する学校法人幹部にトランプ賭博の事実を告げると、「全く知らなかった。すぐ改善する」と答えた。

だが、複数の学生や学校関係者は「そもそも学生が机で寝たり、スマホで映画観賞したりする光景は日常茶飯事」「テストはカンニングし放題で、授業中にうたた寝する先生もいる」と明かす。

「学校崩壊」がなぜ起きているのか。元職員の一人は「系列の日本語学校の卒業生を囲い込み、専門学校に進学させていることに大きな原因がある」と指摘する。囲い込みとは何か——。

＊

「どうして書類を出してくれないんだ」「早くしないと願書が間に合わない」。ある年の秋、この専門学校の系列の日本語学校で、学生が進学担当の教員に声を荒らげた。希望する四年制大学の出願に必要な書類を学校側が発行しなかったためだ。

専門学校の授業中、賭けトランプに興じる留学生たち。教室の前方では教員が授業を続けていた（写真の一部を加工しています）

別の学生は、福岡県外の専門学校に進学しようと書類を申請したが、学校側から「他の学校に行くと準備が大変」と何度も説得され、必要書類が発行されないまま出願期間が過ぎてしまった。

来日した外国人留学生は、まず日本語

学校で2年間学び、専門学校や大学に進学するケースが多い。出願には日本語学校から卒業予定証明書、出席証明書、成績証明書などを発行してもらう必要がある。

だが、学校側が書類を発行せず、「時間切れ」となってしまうケースが続出している。「希望する他校に出願できなかった学生は1学年に数十人いた」と複数の元職員は証言する。

この専門学校の定員の8割は系列の日本語学校卒業生が占める。囲い込みの実態は福岡入国管理局も把握し、「本人の自由を奪っており、人権侵害に当たる」と行政指導を繰り返すが、それ以上の手を打っていない。

囲い込みについて、この幹部は「書類を発行しないことはない。よその学校に進学する学生もいる。意に反したことはしていない」と否定。その上で、「学生が評判の悪い一部の学校に進学を希望した場合、考え直させるようにしているだけだ」と反論する。

だが、元職員の一人は「上から定員確保のプレッシャーが大きい。他校への受験を積極的に認めれば内部進学者が一気に減る恐れもある」。別の元職員は「内部進学者の目標数値が掲げられている」と証言する。

専門学校は開校時３６０人だった定員が、２０１７年度は８６０人まで急増。「将来的に四年制大学を新設するため文部科学省と協議中」（法人幹部）という。教員態勢が追いつかず、事務職の職員が教壇に立つこともある。

「嫌だったが、最終的に信じて進学したのに、勉強できる環境じゃなかった。だまされた」と怒る学生。「黒板に向かって独り言をしゃべる状態。嫌気がさして１日で辞める教員もいる」と嘆く現職教員。この悪循環が「学校崩壊」を招いている。ある元職員は匿名を条件にこう告発した。

「学校が利益ばかりを重視して、出稼ぎ目的の学生をかき集めているところに原因がある。教育機関としての在り方を根本的に見直さない限り、学生も教員も不幸になるばかりだ」

２　見せしめの「強制帰国」

ベッドのシーツを剝いでパスポートを捜し出すと、衣類や貴重品をスーツケースに詰め込んだ。布団や家具のほか食料、洗剤といった消耗品は部屋に残す。３人で作業し、１時間弱で終了。「本人が自らの意思で帰国するという前提なので、大家や住民に気付かれないよう注意した」

福岡県内の専門学校の元職員は、数年前に突然退学を宣告された留学生のアパートで荷造りに当たった様子を振り返る。

留学生本人は学校の部屋に入れられ、別の職員が「帰国」に同意するよう説得した。スーツケースを部屋に運び込むと、留学生は「ぼうぜん自失となり、べそをかくような、目を腫らしたような表情をしていた」。

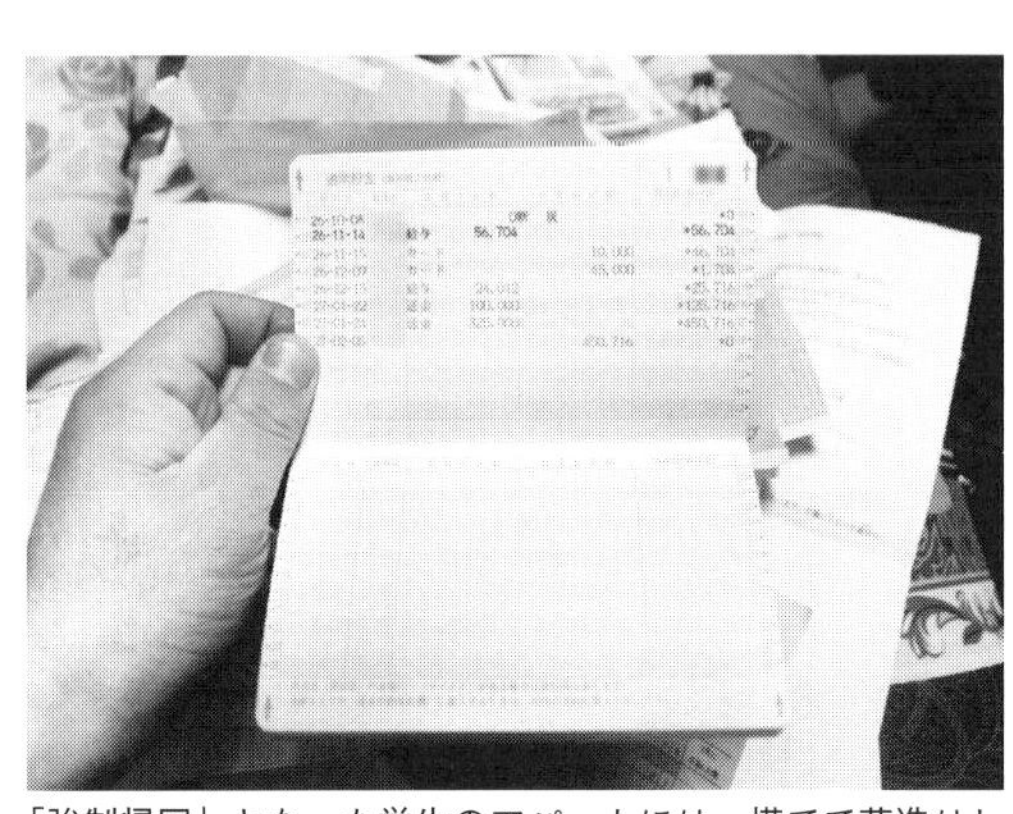

「強制帰国」となった学生のアパートには、慌てて荷造りしたためか通帳やマイナンバーの通知書類が残されていた（写真の一部を加工しています）

さらに、別の職員が航空券を準備。留学生を車に乗せ空港まで送り、手荷物検査場に入る姿を確認した。

一連の措置は「強制帰国」と呼ばれ、この専門学校と系列の日本語学校で「歴代職員にノウハウが引き継がれている」。そのノウハウには「パスポートや携帯電話は空港の手荷物検査ゲートまで預かる」「携帯電話は動画を再生し続けるなどしてバッテリーを使い切る」などがあるという。

強制帰国の対象は、万引などの罪を犯したケースだけでなく、アパートで夜中に騒いだり、入学式のスピーチで、母国語を使い学校を非難したりした留学生もいた。

「明確な基準はなく、学校幹部が『帰せ』と言えば実行した。5分間の遅刻で帰国させたこともある」。元職員はこう語り、「他の留学生への見せしめの意味もあった」と付け加えた。

日本語学校は、入国管理当局の審査基準によって、在籍する留学生のうち失踪者が5％を超えると「非適正校」に、20％を超えると「問題校」と区分され、留学ビザの審査が厳しくなる。別の元職員は「適正校から非適正校になると、ビザの交付率が６～７割から３～４割に半減し、もうからなくなる」と明かす。

学校側にとって「見せしめ」の意味はここにある。元職員は「１人強制帰国させれば他の生徒の背筋が伸びる。引き締めの効果がある」と語る。ただ、それは「留学生を人間扱いせず、締め付けて学校の秩序を守っているということだ」と関係者は言い切る。

学校幹部は「学生本人は納得しており、強制ではない」と反論。「事件を起こせばすぐ行方不明となるので、事件を起こす前に管理することになる。明日、明後日に帰国させると学生に言ったら99パーセント逃げる。そうなると学校に汚点がつく」と続けた。

専門学校を監督する福岡県は「事実であれば、教育機関として不適切な人権侵害行為」とする。一方、日本語学校を監督する福岡入国管理局は「学校管理の問題もあり、一概に人権侵害行為に当たるかは非常に難しい」とするにとどめた。

3　教室「全滅」　なえる志

「今日はどうでした?」「全滅ですよ」

ほぼすべての学生が留学生の福岡県内の専門学校で、初老の男性講師は今、職員室で同僚とこんな言葉を交わす日々を送る。

1こま90分。自分の講義をまともに聞く学生はほとんどいない。最初から机に突っ伏して寝ているか、スマートフォンをいじってゲームをしたり、映画を見たり……。退屈になれば「先生、トイレ」と出て行く。これが「全滅」。

全員が日本語学校を卒業してきたはずだが、小学校低学年レベルの読み書きしかできず、「センセイ、ワタシ、カンジをおぼえるつもりはないよ」と堂々と言う学生もいる。

別の講師が本気で叱り、授業を聞かない理由を問いただすと「僕らは行きたくもない学校に無理やり進学させられた。だから勉強しない」と反論された。

20代の男性は系列の日本語学校を1年余りでやめた。「留学生たちの原点を築く仕事」と憧れ、大学卒業後に常勤講師として働き始めたが、幻想だった。

学校では数カ月で辞める教員が相次ぎ、慢性的な人手不足。定員20人のクラス二つの担任となったが、教室で授業を聞く学生は少ない。同僚に相談しようにも、みな仕事に追われ、授業でテレビ番組を見せるだけの講師もいた。「学校は人を使い捨てにするワンマン経営。学生はほとんどが出稼ぎ目的で、教える意味が分からない」。途方に暮れ、辞表を書いた。

日本で留学ビジネスが過熱する中、日本語教師の需要は高いが、離職率も高く、業界全体が慢性的な人材不足に陥っている。背景には低賃金と不安定な雇用形態がある。

日本語教育振興協会が認定する日本語学校のうち、調査に回答した286校で働く教員は約6

千人で、「教員歴5年未満」が4割を占める（2016年度調査）。月収は常勤講師で20万円前後、非常勤は10万円前後で、「40～50代のパート女性が業界を支えている」と話す教員もいる。

一方で、協会認定校の6割近くは学校法人ではなく、株式会社や有限会社。教員は生活指導から進学相談も求められる上、「会社員」として深夜まで事務や経理をさせる学校もある。福岡市で日本語学校を経営する男性は「ワーキングプア業界であるのは間違いない」と話す。

「全滅」の教室で、日本での就職を夢見て来日したベトナム人留学生は言う。「先生がコロコロ代わるし、授業はつまらない。受ける意味ないけど、留学ビザがないと日本に残れないから学校には通ってる」

初老の男性講師は「教員は心が折れてすぐ辞めるか、心を殺して壁に向かって授業を続けるか。私は後者だ」と自嘲する。

「学校崩壊」の現場で、学生も教員も夢を失う負の連鎖が続く。

4　バイトも単位認定　学生を「食い物」に

「職業体験をしながら、広い視野で将来の道を探すことができます」

学生の大半を留学生が占める福岡県内の専門学校。パンフレットにはこう書かれ、「ビジネススキル実習」と銘打って年間300時間のカリキュラムが組まれる。「現場で学んだ技術や知識が単位として認められ、実践力がつく」とも強調されている。

だが、実態はアルバイトを単位として認めているにすぎない。コンビニ、弁当工場、クリーニング工場……。ある留学生は、日本語学校生時代から続ける同じバイトが、専門学校に進学すると単位に換算されるようになった。

この留学生によると「実習」はリポート提出も求められず、いつバイトしているかの申告も必要ない。「最初は『助かる』と思ったが、やっぱりおかしい。学校は教えずに学生からお金をもらっているだけ。学生はだまされている。私がやりたい将来の仕事には、今のバイトは全く役に立たない」

専門学校を監督する文部科学省は、企業実習で一人前の職業人に育てようと2004年から企業実習を推奨してきた。前提となるのは自動車整備やITといった技術職だ。

この仕組みを利用し、バイトの単位認定が学校のパンフレットで堂々とうたわれる。文科省は「専門に見合う就業に単位を与えることが望ましい」と言うだけで、チェックの目は届いていない。

業界の正常化を目指す福岡市の日本語学校経営者は「日本語を使わない弁当工場のバイトが企業実習と言えるのか。学校が授業料を取りはぐれないためにバイトさせているだけ。制度の悪用だ」と批判する。

大半の留学生は来日後、まず日本語学校に2年間通う。その後、大学に進学する学力や語学力がないか、学費がない留学生は在留ビザの延長を目的に専門学校に進学する。「つなぎ」。一部学校関係者の間ではこう呼ばれる。

さらに、1~2年間の専門学校を終えても、同じ専門学校の別の科か、異なる専門学校に入り直す学生がいる。これは「わたり」と呼ばれる。入管当局は、留学生が専門学校から専門学校に入り直す回数に制限を設けていない。

日本での就職を目指し、会社説明会に集まる専門学校の留学生ら。企業側の求めと、留学生が一部学校で身に付ける技能には開きがあり、就職は難しいという（福岡市博多区）

少子化で日本人の学生数が減る専門学校側も留学生に活路を求める。「アニメーションやＩＴなどの専門学校の一部で、つなぎ、わたり目的の留学生を受け入れている。まともな授業は少なく、留学生を食い物にしているとしか言えない学校もある」。福岡県内の日本語学校の現職教員はこう告発する。

来日時は大学進学や就職の夢を抱いていても、結果的にバイトに明け暮れ「出稼ぎ留学生」となってしまう責任は日本側にもある。「留学生30万人計画」を掲げながら、国はこうした現実を黙認している。

5　ひずみを生む相互依存

授業中に留学生が賭けトランプに興じていた福岡県内の専門学校。「学校崩壊」が起きる背景に、系列日本語学校の卒業生を進学させる「囲い込み」があると連載の1回目に書いた。福岡入国管理局の担当者は、囲い込みが「本人の自由を奪う人権侵害に当たる」とし、「例年指導しているが、学校側は『ちゃんとします』と。そういうやりとりを繰り返している」と説明する。

現状は改善されていない。どんな行政指導をどのくらいの頻度で行ってきたのか。取材班は2017年1月20日、福岡入管に行政文書の開示請求をした。2月9日、入管は「不開示」を決定。その理由はこうある。

「公にすることにより、（学校）法人の権利、競争上の地位、正当な利益を害するおそれがある」

7日には、留学生の在留資格や日本語学校への審査基準を開示請求した。9日に58ページの文書が開示されたが、例えば「次に該当する場合は在留資格を更新しない」とする項目はすべて黒塗り。学校に「実地訪問する場合」の確認項目もすべて黒塗り。

不開示とした部分の理由はこうある。「公にすることにより、（入管の）事務の適正な遂行に支障を及ぼすおそれがある」

二つの不開示からみえてくるのは、留学生への人権侵害が続いているのに、学校法人の利益や入管の事務を理由に説明を拒む姿勢だ。取材班は２０１６年12月から福岡入管に何度も通い、賭けトランプや囲い込みの実態、その他の不正疑惑を伝えたが、福岡入管は「調査するかどうか、個別事案はお答えできない」とするだけだ。

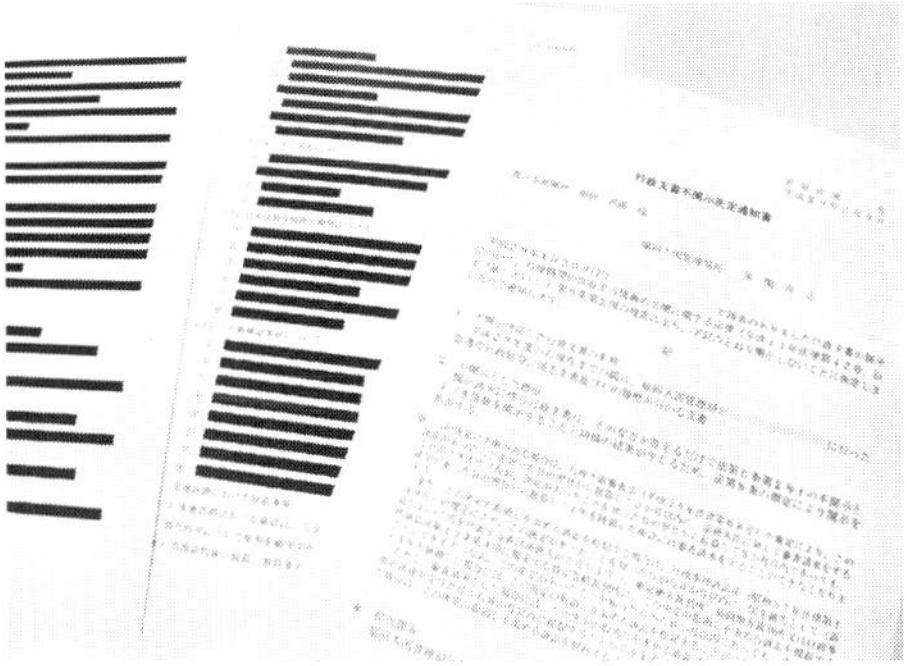

福岡入国管理局の不開示決定通知書（右）と、黒塗りとなった審査基準。日本語学校への行政指導は「存在するかどうかも答えることを拒否する」と書かれていた（写真の一部を加工しています）

ある日本語学校経営者は「入管は書類審査専門で、留学生の入国時も在留管理も実務は日本語学校に丸投げしている」と解説する。以前は一般財団法人「日本語教育振興協会」が３年に１度、日本語学校を立ち入り調査していたが、２０１０年の事業仕分けで権限は入管に移った。

だが、入管関係者は「人手不足で定期検査はできない。日本語学校に事実上、管理をお願いしているのが実態だ」と明かす。不開示決定や黒塗りの向こう側に、監視する側と、監視される側が相互依存する構図が透ける。

「そもそも、入管当局が専門外である教育機関を監督する今の仕組みがおかしい」と北部九州の日本語学校校長は言う。

日本語学校は入管が監督するが、進学先の専門学校の許認可権を持つのは都道府県。ここも「補助金を出しているわけではなく、私立高のように細かい報告は求めない」（福岡県私学振興課）。教育機関とは言い難い「名ばかり学校」が出現する背景には、留学ビジネスを巡るチェック態勢のエアポケットという構造的な問題がある。

Column

留学費　奨学金でカバー　勉強専念の日本語学校に

勉強に専念できる日本語学校をつくりたい――。2016年10月に開校した長崎県島原市の「Ｋｏｋｏｒｏ　Ｃｏｌｌｅｇｅ　Ｊａｐａｎ」の板木清校長（61）が、学生の留学費を外国の給付型奨学金で全額賄う先駆的な試みを始めた。留学生は、学費や生活費を稼ぐため働きづめとなっているのが実情。板木さん自身も、勤めていた日本語学校が長時間労働を助長したとして摘発された過去を持つ。元小学校教師でもある板木さんが理想の日本語教育を目指し、再出発した。

2016年12月、教室で身ぶり手ぶりを交え、学生に日本での生活の心得を教える板木さんの姿があった。校長を務めながら、インド人46人とネパール人1人の留学生の先生を兼務する。「私が教えた言葉で日本語が上達する姿は、わが子のようにかわいい」

同年1月、福岡県直方市の日本語学校「ＪＡＰＡＮ国際教育学院」の経営者が、留学生に法定の週28時間を超える仕事をあっせんしたとして、入管難民法違反容疑で逮捕された。最古参の常勤講師だった板木さんは「大半の学校が週28時間ルールが守られていないことを黙認してる。納得できなかった」。一方で「いつかこんな日が来るかもしれない」と覚悟もしていた。

「ＪＡＰＡＮ」では、大半の留学生がバイトを掛

小学校教師時代の経験を生かし、留学生に日本での生活の心得を丁寧に教える板木清さん（左）（長崎県島原市）

け持ちして朝晩働き、3日で2時間しか寝ていない学生もいた。多くは借金して来日している事情は理解できた。「閉山で失業した炭鉱マンの父を持つ自分の苦学生時代と重ね、寄り添うことを心掛けた」。閉校が決まった後も在校生の受け入れ先を探したり、面談の練習をしたりと奔走した。

再就職した島原市の日本語学校では、日本の医療介護職に就くことを条件に、1年半コースは150万円、2年コースは200万円を給付するインド政府の奨学金制度を活用。勉強に専念できる環境を整えた。日本語学校で、こうした外国の給付型奨学金を取り入れている所は全国的にもまだ少ないという。

学校は始まったばかりだが、板木さんは留学生に「稼ぐためではなく、勉強するために日本に来たこと」を繰り返し説く。本国への送金もやめさせている。「日本人に信頼され、人手不足が深刻な業界を支える人材を育てていきたい」。新天地で、こう誓った。

サクラの夢　日本で咲かす
母の国へバングラデシュから留学

サクラという名前は、両親の日本への愛情に由来する。福岡市南区の日本語学校「アジア日本語学院」に通う留学生ワヒダ・サクラ・チョウドリさん（34）は、日本人の母とバングラデシュ人の父との間に生まれた。早くに両親を亡くしたが「2人が愛した日本で学びたい」と2016年5月に来日し、目標に向かって勉学に励んでいる。

「人の性格は何に影響されるでしょうか」。日本語学校の授業。教師の問いに、サクラさんは「住んでいる所や環境に影響されます」と流ちょうな日本語で即答した。寸暇を惜しんで日本語を勉強しており、最も優秀なクラスに在籍する。

3歳の頃、母親の佐々木きよ子さんが胃がんで亡くなった。父親のサイフル・イスラム・チョウドリさんとは14歳のころに死別。長女のサクラさんを含めた4人きょうだいが残された。義母らと農業を営

Column

みながら、近所の子どもに勉強を教えて学費を稼ぎ、高校を卒業した。大学院では建築を専攻し、インテリアデザイナーとして働いてきた。

物心つく前に死別した母の記憶は薄い。ただ、日本はずっと憧れていた国。30歳を過ぎ、「最後のチャンス。母の国で学びたい」と一念発起し、アジア日本語学院に入学した。

咲き誇る桜を見て笑顔のサクラさん。「キレイな花がたくさん咲いている日本が好きです」（福岡市南区）

バングラデシュは、国土は日本の4割ほどだが、人口は約1億6千万人で3千万人も多い。「コンパクトな住居が多い日本の技術を見習って、バングラデシュを発展させたい」と力を込める。建築技術を学べる国立の大学院への進学を目指し、学費や生活費をアルバイトで稼ぎながら日本語学校に通う。

尊敬する父は日本人とともにアジアで植林活動に取り組み続けたが、１９９６年に船で植林地に向かう途中、海賊に襲われて亡くなった。日本人とバングラデシュ人の血が流れていることは彼女にとって誇りだ。「私も世のため、人のために役に立つことができる、父のような人間になりたい」。お金をためて、いつか孤児院をつくることが夢だという。

結婚当時のサイフルさんときよ子さん。サクラさんは入院中のきよ子さんを見舞うたび、食べさせてくれたプリンの味を覚えており、「優しい母だった」

Interview

移民政策研究所長
坂中英徳氏

▶さかなか・ひでのり　福岡、東京入国管理局長などを歴任。移民政策研究所を設立。移民関連の著書は25冊を超える。

移民排斥を唱える米国のトランプ政権をはじめ、世界では移民が最も主要な政治テーマになっているが、日本では何の議論もない。不思議でならない。

鎖国か、開国か。約160年前に国を二分する議論を経験した日本はいま、「移民鎖国」にある。2020年の東京五輪まで「移民政策は取らない」と言い続けるつもりか。このまま移民を受け入れなければ世界中から非難されてしまう。

人口は国家と社会と経済を構成する基本要素だ。人口減が進めば地方の町や村は消滅し、国力が衰退し、日本が崩壊してしまう。日本の生き残りを懸けた移民政策は新しい国づくりだ。

最近、タブーとされてきた「移民政策の必要性」を唱える政治家が自民、民進、公明の各

移民鎖国から開国へ

党から出てきている。政治生命を懸け、政策実現に取り組む覚悟を持ってほしい。これこそ政治家のやるべき仕事だ。

50年間で移民を1千万人にする「日本型移民政策」を提唱している。友好国と移民に関する協定を結び、計画的に秩序ある受け入れを図る考えだ。移民法を制定し、所管する移民政策庁を創設して、適切に受け入れる態勢をつくる。

移民には、税金も年金も社会保険料も払ってもらう。生活者として受け入れれば、移民の市場が形成され、財政、社会保障制度も安定し、経済成長も見込める。移民同士や移民と日本人の結婚も増え、2世が生まれれば少子化の歯止めにもなる。

現在、働く留学生は約21万人に上るが、勉強しながら働く「出稼ぎ留学生」は認めてはいけない。週28時間まで就労可能としているから、ひずみが生まれている。犯罪、難民申請の急増、ビジネスを目的とする悪質な日本語学校を生む元凶ともなっている。純粋な勉強目的の「留学ビザ」に戻し、大学が日本語教育や専門技術をしっかり教え込むようにする。

これからは人手不足を補う労働力ではなく、定住前提で受け入れて、「流通・サービス業」「コンビニ」といった新たな在留資格を設ければいい。将来の国民として受け入れるのだ。

移民立国に向け、鍵を握るのが若い世代だ。各種世論調査で、20代は5割超が移民受け入れに賛成している。２０２０年の東京五輪までに「移民開国」を宣言すれば、若い世代が移民と共存する新しい日本をつくってくれると信じている。

留学生の人権どこへ　共生の視点を持って
労働者として直視を　読者からの反響

アルバイトに明け暮れる「出稼ぎ留学生」の姿を描き、過熱する「留学ビジネス」の実態に迫った第1～3章の連載時には、読者からメールや手紙など80件を超える意見が寄せられた。インターネットにも転載され、留学生を送り出すネパールの現地新聞が紹介するなど、国内外から反響があった。出稼ぎ留学生を巡る問題が顕在化するなか、少子高齢社会の日本で外国人労働者が不可欠な存在になっている現実にどう向き合えばいいのか、西日本新聞に寄せられた声を紹介する。

深夜のコンビニで働く外国人が気になっていた福岡市東区の女性（38）は「やっぱり留学生は増えていた。記事を読んで納得した。困っていることがあれば、良き隣人として助けたい」。一方、同市南区の西鉄大橋駅近くの住民はアジア系外国人の急増ぶりに驚き、ごみ出しを含むマナー問題に悩み、対策を求めた。

留学生の就労制限「週28時間」についての意見も多かった。私費留学生はアルバイトなしでは生活ができず、中には二つ、三つのアルバイトを掛け持ちするケースも少なくない。

ある日本語教師は「28時間ルールは形骸化している。日本人がやりたくない仕事をしているのだ」。教師経験のある大学講師は、授業に出てこない留学生を叱ったところ「働かないと日本では生きていけない」と返答された。「切なかった」と心情を吐露した。

福岡県内の大学教授は「大学生でも日本語が分からず、平仮名も読めない。定員確保のために入学させている」と明かした。

留学生を受け入れる日本語学校が抱える課題の指摘も。沖縄県のNPO法人の比嘉正央理事長は「留学生の人権を無視し、生活環境さえ、悲惨な中に置かれている」。かつて国内で働き、現在は中国・北京に住む日本語教師（46）は「日本の日本語学校は闇が深すぎて働きたくない。経営者の多くは教育関係ではなく、建設業やサービス業など低賃金労働力として働かせるために受け入れている」と寄せた。学校によって「教師のやりがいが搾取されている」との意見もあった。

こうした「名ばかり学校」への批判に対しては、留学生に向き合っている学校も多く、「偏見が心配だ。ちゃんとした所も記事で紹介してほしい」。

日本での暮らしに不満が高まれば「近いうちに外国人による犯罪が増える。外国人から愛されない国になってしまう」と危惧する声もある。

外国人労働者が100万人を突破するなか、「移民時代」を直視する提言も。北九州市内の日本語学校でボランティア活動を続ける男性は「外国人と共に生きる生活者としての視点が欠けている。安い労働者としか見ていないのでは」。東京都内の日本語教師は「労働力をどう確保するのか、日本が本気で考えなければならない。移民として、留学生ではなく、労働者として受け入れる制度を設計すべきだ」と指摘した。

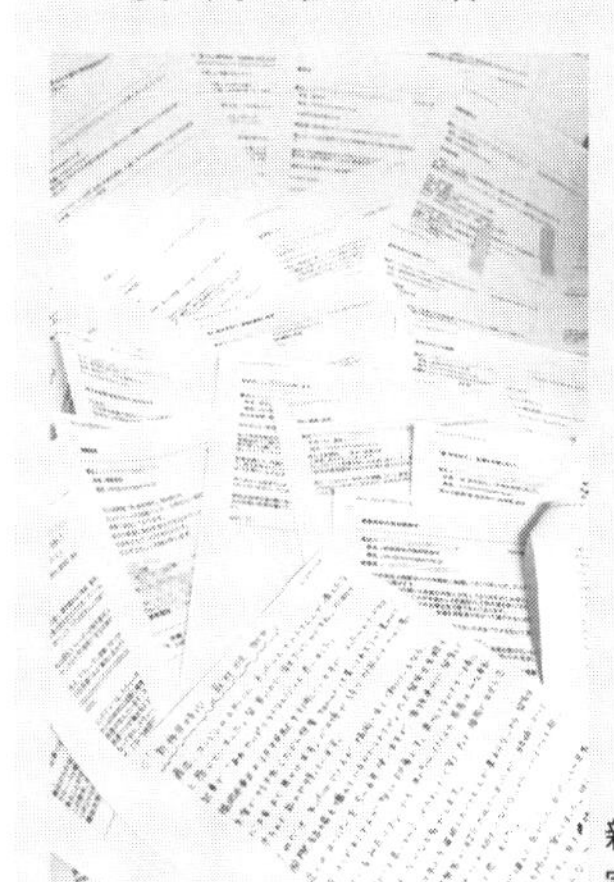

新 移民時代取材班にはメールなどで多くの意見が寄せられた（写真の一部を加工しています）

Interview

留学生の就労問題どう考える

政府の「留学生30万人計画」を背景に、アジアの途上国からの私費留学生が増えている。彼らの多くは、アルバイトなしでは学費や生活費が賄えず、入管難民法の就労制限（週28時間以内）を守れば困窮し、破れば摘発対象となる。一方で、深夜の工場やコンビニエンスストアなど人手不足の職場で、ときに不法就労で働く留学生たちが貴重な労働力として人口減時代の日本社会を支えている現実がある。留学生の就労問題をどう考えるか。2人の識者に聞いた。

「出稼ぎ目的」排除模索

福岡日本語学校校長　永田大樹氏

――多くの私費留学生にとって、来日時の最初の受け入れ先は日本語学校だが、具体的にどんな役割を果たしているのか。

「留学希望者を選考し、大学進学や就職に向けて日本語の教育を行う。日本での生活に適応できるよう細かい指導もする。福岡日本語学校の場合、現地で本人と面接し、適性を見極める。日本語能力や勉学意志、経済力などを総合的に判断し、入国管理当局への在留認定申請を代行している」

「国によって法律も制度も慣習も違い、証明書一つにしても取得の方法はまちまちだ。入国管理当局に代わって、現地で事情を調べる『偵察部隊』の役割も果たしている」

——就労目的の「出稼ぎ留学生」が横行し、失踪して就労する「偽装難民」も問題視されている。

「世界で活躍するには英語圏への留学が有利だが、日本は非英語圏で、日本語習得は難しい。それでも留学生が集まるのは、『働ける国』だからだ。日本に来る留学生の層は、おのずと途上国からの『苦学生』が多くなる。これが問題の背景にある」

「途上国と日本では経済格差が10〜30倍もあり、留学生が来日時に払う初期費用の100万円が、途上国では1千万円から数千万円に相当する。多くは借金で工面している。だが、留学生には『週28時間』の就労制限があり、収入は月10万円足らずだ。そのうち5万〜6万円は次年度の学費として積み立てる必要があり、家賃や光熱費を含む生活費は4万〜5万円。アルバイト収入で借金返済をしようにも、できない。金銭的理由から制限を超えて働く留学生は少なくない」

「中には、失踪して『偽装難民』となる留学生もいる。残念ながら、しっかり選考していても違反や失踪はある。現地で面接すらしない無責任な日本語学校はなおさらで、留学生の指導ができない」

——就労制限を週36時間以内に緩和する議論がある。

「本来は『資格外活動』に過ぎない就労制限を守っているかどうかではなく、本分である学業成績で評価すべきだ。緩和が真に留学生の利益となるの

▶ながた・ひろき　名古屋経済大学大学院会計学研究科修了。会計事務所勤務を経て、東京の日本語学校の事務長に就任。2013年に独立し、福岡市に日本語学校を設立。愛知県出身、39歳。

かは疑問もある。ただ、実現すれば法と現実の隔たりは狭まり、留学生は安心し、日本語学校は学費未納のリスクを減らせる。人手不足の産業界には朗報だろう」

――「出稼ぎ留学生」や「偽装難民」を防ぐには。

「本校では中国、韓国、ベトナム、ネパール、スリランカの5カ国のスタッフを雇用し、『親代わり』として留学生を見守る。悩み相談はもちろん、トラブルや急病時には深夜でも休日でも対応する。日々の生活面にも気を配る、きめ細かいケア以外に方法はない」

「人口減が進み、海外人材の登用は拡大している。日本語教育の重要性が高まる中、チェック機関の不在が留学生の選考や管理が不十分な一部学校の存在を許している。だが、人手不足の入管当局にチェック機能を求めるのは無理がある」

――悪質な業者が増加していることへの対処は。

「業界には学校法人と株式会社が混在し、重視すべきは教育か、利益追求か、はっきりしない学校がある。ビザ取得仲介業や学生寮の家賃で稼ぐ不動産業のような日本語学校もある。留学生30万人計画の下、日本語学校が乱立し、学校運営のノウハウがない新設校も多い。学校間で知恵や経験を共有することで、留学制度をゆがませている出稼ぎ目的の留学を排除できないか模索している。学校同士はライバル関係だが、そんな小さなことを言っている余裕はない。業界内で自浄作用を働かせたい」

業者と学校の点検必須

東京工業大学准教授　佐藤由利子氏

――就労目的の「出稼ぎ留学生」を含め、途上国から留学生が増えた理由は。

「ベトナム、ネパール、ミャンマーなどアジアでも所得レベルの低い国から、より良い生活や雇用機会を求めて来日し、日本語学校や専門学校で学ぶ若者が増えている。留学生の就労制限が米国（学外禁止）やオーストラリア（2週間40時間）、韓国（週25時間）よりも緩く、働きながら学べるのが大きな理由だろう」

「日本側の要因も大きい。以前は留学生の大半を占めていた漢字圏（中国、韓国、台湾）の所得レベルが上がり、日本より英語圏への志望者が増加した。危機感を抱く日本語学校などが、非漢字圏からの受け入れを強化した。送り出し側と受け入れ側の思惑が合致した結果だ」

――留学生の不法就労が問題になっている。

「留学生の適正な募集や選抜をチェックする仕組みが必要だ。海外での留学生政策を所管する外務省は国費留学生を重視し、私費留学生の募集選抜支援は手薄になっている。法務省入国管理局も入国時の審査や不法残留の取り締まりが主眼だ」

「その結果、現地で『留学ビジネス』が過熱し、手数料をとって誰でもいいから日本に送り出す悪質な仲介業者が横行している。例えばオーストラリアは政府が間接的に関与し、安心な仲介業者の認定制度を敷いている」

――入管当局が2月からベトナム、ネパールなど計5カ国からの留学生について入国前審査を厳格化した。

「法務省は、よからぬ外国人を入国させない『門番』の役目を果たしているが、留学生に関しては、受け入れる学校や大学の意見をもっと政策に反映させるべきだ」

――日本語学校が乱立し、一部の専門学校も含めて

▶さとう・ゆりこ　専門は留学生政策や開発経済など。1980年に当時の国際協力事業団（JICA）入り。ネパール事務所駐在代表補佐、環境・女性課長代理などを経て2000年から現職。和歌山県出身、59歳。

教育機関とは言えないような「名ばかり学校」もある。

「悪質な業者は貧しい国の情報弱者を『日本に行けば稼げる』と半ばだまして送り出している。政府が日本留学の情報を正しく海外に発信することが大切だ。オーストラリアは『留学生のための教育サービス法』があり、州と中央政府が学校を審査している」

「日本では、かつては日本語教育振興協会が日本語学校を定期点検していたが、２０１０年の事業仕分けで、法務省が設立時だけ審査するようになった。株式会社が運営する学校も多く、文部科学省のコントロールも効かない状況にある。留学生の相談・救済窓口をつくり、場合によっては授業料の返還も求められるようにすべきだ。教育の質が悪いと優秀な人材は日本に来なくなる。留学生教育の質を保障する仕組みづくりが急務だ」

――不法就労の解消に向けて、就労制限を週36時間に緩和する動きもある。

「無条件の緩和には反対だ。現行の28時間は諸外国に比べ長い。日本語学校生の就労制限を緩和すれば、学業がおろそかになって日本語が身に付かず、進学や就職に支障をきたしかねない。学力はあるが経済的に苦しい留学生向けには、企業奨学金など経済的支援を充実させた方がいい」

――留学生の規制が強まれば人手不足の職場が立ちゆかなくなるのでは。

「大卒の『高度人材』とは別に、中小企業の人手不足対策で専門学校卒の『ミドルスキル人材』の就労ビザを拡充してはどうか。一方で、単純労働者のビザ解禁は本格的な移民の受け入れにつながりかねず、国民的議論が欠かせない。そこまでしてコンビニの24時間営業などを維持すべきか。人口減に伴ってサービスを低下させる選択もある」

第4章　働けど実習生

国内で働く外国人が100万人を突破した。その2割を占めるのが、技能を身に付けて帰国してもらう日本の実習制度で招いた人たちだ。一方で留学生と並び、大半が単純労働を担っている現実がある。しかも学校の多い都市部に偏る留学生に比べ、人口減に悩む地方でも貴重な戦力となってきた。とはいえ、働けど働けど、立場はあくまで実習生。第4章では、矛盾をはらみながらも増え続ける外国人技能実習生に焦点を当てる。

寒さに負けず、大根の収穫作業に励むベトナム人技能実習生たち（長崎県島原市）
［本章120〜122頁］

外国人実習生 21 万人　国際貢献…実際は労働力

外国人技能実習制度（団体監理型）の原型は、国が「国際貢献」の名目で１９９０年に創設した団体監理型の外国人研修制度にさかのぼる。１９９７年に研修１年、実習２年の計３年を在留期限とした現行の仕組みが出来上がった。アジアの途上国を中心に、２０１６年10月末で約21万人。前年比25％増と急伸している。

その多くは製造業や農漁業、建設業を中心に、高い技能を必要としない肉体労働や単純作業に従事している。それでも制度の目的が「国際貢献」である以上、労働者としての権利は制限され、かつては１年目の研修手当があまりに安く「現代の蟹工船」と称された。今でも実習期間中は家族を呼び寄せられず、転職も原則として認められない。

ただ、そもそも日本経済が成熟し、農村部からの出稼ぎ者が減ったころに始まった制度である。多くの受け入れ企業は人手不足を補う労働力と位置づけ「結果として、帰国後に技術を使ってもらえれば」と本音と建前を使い分ける。こうした不十分な労働環境の下、劣悪な待遇や人権侵害行為がたびたび表面化した。

国はその都度、ルールに改良を加えて制度を存続させてきた。３年で帰国する実習生は「移民」となり得ず、外国人労働者の本格的な受け入れ論議を回避できた。労働力の補完として都合よく活用しようという思惑も見え隠れする。

ルール改正に伴い、実習生の待遇は改善されつつある。２０１０年、１年目から最低賃金以上の給与が支払われるようになった。２０１６年11月には、新たに「外国人技能実習法」が成立した。受け入れ窓口となる監理団体（事業協同組合や農漁協など）を許可制にして規制を強化。優良な団体は期間を５年まで延長できるルールも加わり、２０１７年11月に施行された。

実習生が今のペースで増え続ければ、５年後には50万人に達する。外国人に頼らないと存続すら危うい地方産業が続出する中、今後も制度のマイナーチェンジを繰り返すだけで十分なのか。実習生と向き合えば、人口減が加速する九州の未来も見えてくる。

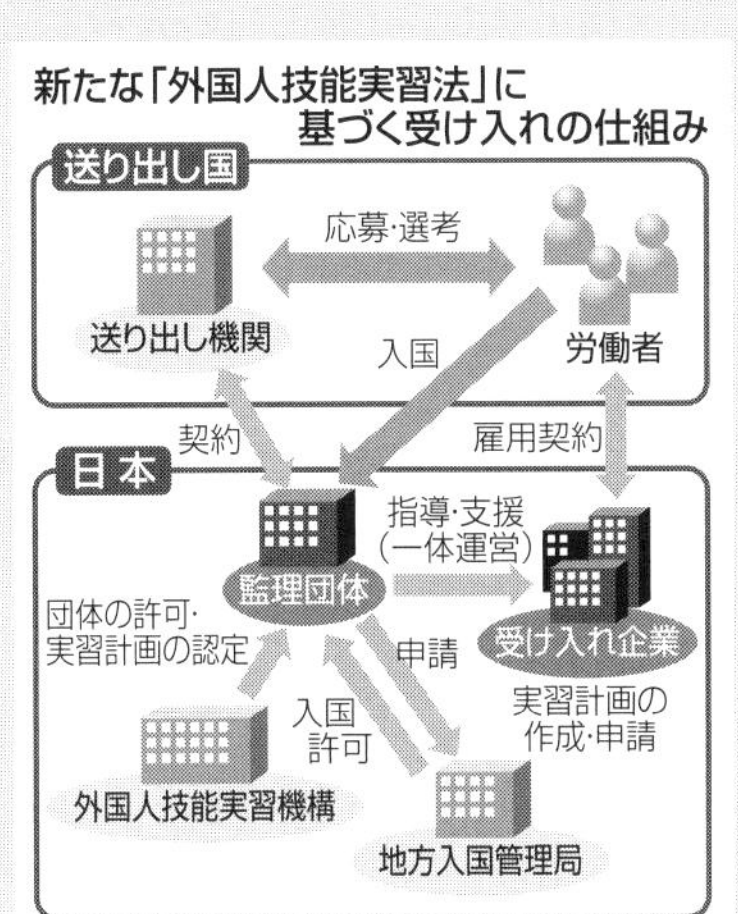

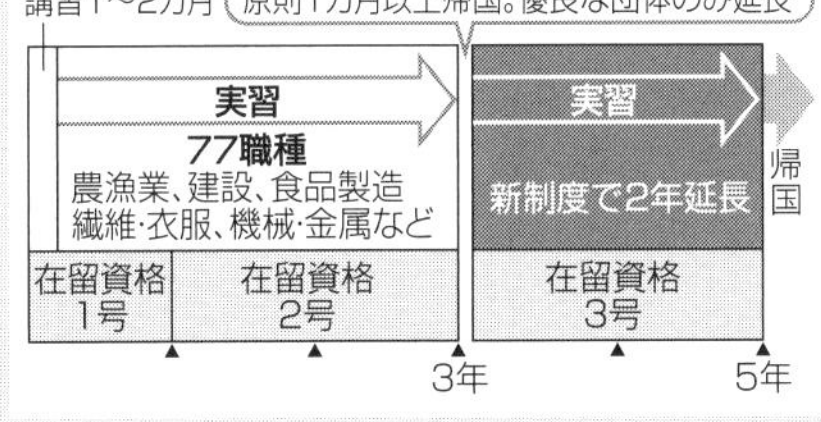

外国人労働者の割合（2016年10月末時点）

弁護士など専門·技術分野	永住者や日系人などの定住者	技能実習生	留学生のアルバイトなど	その他	合　計
20万994人（18.6%）	41万3389人（38.1%）	21万1108人（19.5%）	23万9577人（22.1%）	1万8701人（1.7%）	108万3769人

2016年11月に成立した外国人技能実習法は、受け入れ企業を指導する「監理団体」を許可制にするなど、制度の適正化を柱とする。これまでは入国管理局が、法務省令で定める団体要件をチェックするだけだった。施行後は国の認可法人「外国人技能実習機構」が監視役となり、福岡市と熊本市にも地方事務所・支所が置かれている。

1　経済支える異国の若者

「がんばろう！熊本」のシールが貼られたヘルメットをかぶり、てきぱきと動き回る。2016年4月の熊本地震から10カ月、熊本市内にある私立高校の耐震工事現場に、インドネシアからやって来たウィリ・サエフロさん（23）の姿があった。

校舎の壁に鉄筋を張り、手際よく針金で固定していく。60代の熟練もいる現場で最年少だが、工事を請け負う甲佐鉄筋（熊本県甲佐町）の米田旨臣（よしおみ）社長（43）は「率先して働く姿勢がうれしい」と目を細める。

来日して1年半がたつ。地震直後、10人きょうだいの末っ子を心配した家族から電話がかかってきても、帰国しなかった。「こわかったけど、べんきょうがんばります。みんなできょうりょく、たのしいから」。日本語も随分と上達した。

3・24倍――。熊本県内の2016年末における建設・採掘業の有効求人倍率だ。復旧現場はどこも、喉から手が出るほど人手が欲しい。

近くのマンションでは、ベトナム人のドーバン・トゥアンさん（25）が仮設足場の解体作業に励んでいた。所属する会社は福岡県大刀洗（たちあらい）町の北斗工業。２０１５年3月から社員寮で暮らしている。この日は車で2時間かけて現場へ向かい、時には「いちだんした（一段下）」と先輩に声を掛けながら、踏み台や柱をハンマーでたたいていた。

「帰国するときはボーナスを持たせてあげたいね」と北崎勝繁社長（41）。トゥアンさんも、ウィリさんも、3年たてば日本を離れることが決まっている。彼らは外国人技能実習生。異国の若者なしには夜も日も明けない地域は、熊本だけに限らない。

＊

命綱を装着して足場の解体作業に取り組むベトナム人実習生（熊本市中央区）

全長１３０メートルのセメント運搬船が建造されている大分県佐伯市の三浦造船所。作業に携わる約１００人のうち、20人がフィリピン人の技能実習生だ。電装を請け負う地場企業、大電工業などから派遣されている。

募集60人に応募ゼロ――。大電工業は地元の高校を中心に今春採用の求人を

セメント運搬船を溶接するフィリピン人実習生（大分県佐伯市の三浦造船所）

出しているが、反応は芳しくない。「会社の将来を考えれば、日本の若者に技術を伝えたいのに」。梶川茂夫社長（57）のため息は深い。

佐伯は九州で最も広い市でありながら人口約7万3千人で、2005年の市町村合併から1万人以上も減った。市内の高校関係者は「安定志向や保護者の意向で、製造業であれば、キヤノンなど大手の関連企業を望む生徒がほとんど」と明かす。給与水準の高い県外企業への就職も多く、他の地方都市と同様、若者の流出に歯止めがかからない。

実習生は時給813～835円で黙々と仕事に打ち込んでくれる。母国に比べて賃金は高く、既に稼いだ50万円で妻子のために土地を買った人もいる。担当する溶接の技術は帰国後も生かせる。彼らには3年という限られた時間しかない。

一方で造船は、海外に拠点を移しにくい業態とされる。梶川社長は「実習生がいなかったら、会社をたたまなければならなくなるかもしれない。救世主だ」と感謝を惜しまない。

佐伯市から南に約２００キロ。宮崎県日南市はカツオの一本釣りが盛んな地方都市だ。甲板の縁に立ち、さおで繰り返し釣り上げる伝統漁もまた、船員の３割、常時１８０人のインドネシア人実習生が担っている。

5月以降は7カ月間、千葉県や宮城県を拠点に太平洋で魚群を追う。「仕事は面白いけれど、漁獲高で所得の変動は大きい。海上ではスマートフォンも使えないし……」。30代の日本人機関長は言葉を濁す。地元から漁業関係に就くのは毎年わずか10～20人程度。そこで漁協などは１９９３年から、計１７００人以上の実習生を招いてきた。

「しゃしん、いいですか？」。２０１７年1月に市が催した成人式では、晴れ着の日本人と一緒にカメラに納まる外国人の笑顔が目立った。「パパ（船主）」に買ってもらったスーツ姿もあれば、自国の民族衣装を誇らしげにまとった姿も。新成人５０７人には、20歳になる実習生67人が含まれていた。

合同成人式は１９９８年に始まった。人手不足、人口減、敬遠される３Ｋ職場。日本側の事情であいた穴を埋める彼らを、崎田恭平市長は「今後も一層、地域社会に溶け込めるよう取り組んでいきたい」と歓待する。

一方、職場によっては、救世主とは名ばかりの扱いを受ける実習生もいる。

2　現代の蟹工船から逃れて

怒鳴られ、殴られ……。それも毎日。「僕は動物じゃない」。長崎県大村市にある大村入国管理センターの面会室で、ベトナムから来日した20代のトゥオンさんは切々と訴えた。

外国人技能実習生として2015年5月から横浜市にある建設会社に受け入れられた。日本語がよく分からず、理解できたのが「ばか」「国に帰れ」。日本人の同僚からカッターナイフを投げつけられたこともあった。いじめだった。母国で実習制度に応募したときは、とび職と聞いていた。実際はシートで養生された部屋で、壊した天井を袋に詰める仕事だった。「日本人はマスク着ける。僕、着けない。何で？」。袋の文字をパソコンで調べた。アスベストだった。

2カ月で会社を飛び出した。都内の公園で4カ月を過ごし、その後の2カ月は新潟県の工場で働いた。実習生は原則転職できない。不法就労が警察にばれて、2016年1月、入管難民法違反の容疑で逮捕された。

静かな大村湾を望む入管センターには、出国を拒み続けて収容が長期に及んでいる外国人が、全国の入管から移送されてくる。2016年末時点で82人。失踪した実習生も少なくない。

トゥオンさんもベトナムに帰ろうとしない。「目や内臓を取られて殺されるから」。出国する準備金としてマフィアに150万円を借りたという。月収は母国だと1万円程度、横浜の会社は10

万円以上。そのままいれば、3年の実習期間で十分に返せる額だった。

現在は強制送還を免れるため、難民認定を申請している。ただ、人種や宗教を理由に迫害されるようなケースではなく、認められる可能性はほとんどない。

生後3カ月で残してきた娘は2歳になった。「会いたい。でも仕方ないね」。出口が見えないまま、いたずらに時が失われていく。

＊

5058人——。2016年に失踪した実習生の数だ。法務省によると、全体の3％に当たり、5年で3倍以上に急増している。

「彼らは人手不足の救世主。日本人と同じか、それ以上の待遇なのに」。受け入れ窓口として実習生を監理する九州の事業協同組合の幹部は、ため息をつく。最近は自ら姿を消すケースが少なくないというのだ。

かつては最低賃金すら保証されず「現代の蟹工船」とやゆされた実習制度も、少しずつ改善されてきた。実習生同士はフェイスブックなど

「何で僕いじめる？　逃げなかったら自殺していたよ」と話すトゥオンさん（長崎県大村市の大村入国管理センター）

でつながり、そこでは業界間の賃金格差が話題になっている。幹部は「きつい職場を嫌がる実習生が増えてきた」と実感する。

働けど実習生という中途半端な立場が、トゥオンさんが逃げ出したような悪環境を残す一方で、新たなひずみも生じさせている。

3 「職場の仲間」襲う労災

例えばベトナム。技能実習生になるには、政府公認の送り出し機関で平均6カ月、言葉やマナーを学ぶ必要がある。他国も似たような仕組みだが、特にベトナム出身者の真面目な働きぶりは評価が高く、20万人を超える実習生の3分の1を占めるまでに増えてきた。

「先輩が後輩に機械の操作を教え、助け合ってやってくれる。気になるのは掃除が行き届かないことくらい」。２０１４年から受け入れてきた松本木材（熊本県荒尾市）の松本新一郎社長（59）も認める。その信頼感があだになるような事故が２０１６年7月に起きた。機械に巻き込まれ、右手首を切断。負傷したのは別枠で雇う国立大卒のベトナム人技術者だったが、その指導役を同郷の実習生が務めていた。来日2年を超えて日本語がうまく「安心して任せてしまっていた」。

いくら会話ができても、専門用語もある業務上の細かな行き違いは避けられない。会社側は労働安全衛生法違反容疑で、労働基準監督署から書類送検された。

実習生を巡る労災事故は厚生労働省の直近のデータで２０１４年度が１２４１件。来日数に比例して年１００件超のペースで増えており、過去10年で１割減った日本人の事故とは対照的だ。３Ｋ職場の危険な作業が多い上、数カ月の日本語教育では高が知れており、背景には言葉の壁も指摘される。

手首を失った技術者は、労災一時金を申請して帰国した。義手を着けた不便な生活が続いているという。

日本で交通事故に巻き込まれたベトナム人実習生の実家では、遺影の前にたくさんの供え物が並べられていた（ベトナム・バクザン省）

＊

黙り込む父親。隣で母親は、地面を蹴りながら大声で泣き叫んだ。２０１７年１月、ベトナム北部の村を訪ねると、１カ月前に届いた息子の悲報を受け止められないでいる遺族の姿があった。

２０１６年12月９日朝、佐賀市でライトバンが追突事故を起こした。弾みでクリークに転落し、助手席にいたホアン・スアン・バックさん（23）が水死。福岡県みやま市にある建設会社の実習生で、日本人社員の運転で現場へ向かう途中だった。

貧しい農家で長男として育った。父は度々、中国に出稼ぎへ。それでも暮らしは楽にならず、実習生に申し込んだ。「給料から50万円ほど送ってくれた。優しくて真面目な子だった」。取り乱す両親に代わって伯父が話してくれた。

会社にとっては初めて迎えた実習生だった。パスポートのない両親がすぐには来日できないため、社として葬儀を営んだ。「仕事を覚えてこれからだった。できる限りの補償はしてあげたい」。今も笑顔の遺影が飾られた事務所で、社長の妻（27）は声を詰まらせた。

実習生を取り巻く労働環境の改善は道半ば。一方で職場の仲間、信頼できる存在となりつつある。それだけに今、ベトナムでは人材の争奪戦が始まっている。

4　人材争奪でベトナムへ

1月というのに最高気温は30度を超えていた。ベトナム最大の経済都市、ホーチミン。今、外国人技能実習生を巡る争奪戦が最も熱い場所でもある。日本には受け入れ窓口となる監理団体が2千近くある。その一つ、福岡情報ビジネス（福岡市）の一行に同行した。

「シッレイシマス」。ビルの会議室に現地の若者が整列して入ってきた。ベトナム政府公認の送り出し機関で日本語教育を受けている実習生の候補者たちだ。いよいよ面接とあって緊張感は隠せない。監理団体が日本から伴ってきた造船鉄鋼会社と食肉加工会社の工場長らがそれぞれ質問する。志望動機、経歴、集団生活の経験。日本人の採用と変わらない。ただ、履歴書には「実習中の希望貯金額」「家族の収入」の項目がある。「本気度を見抜くため」という。

指示に従ってトランプをマークごとに仕分けさせるテストもある。判断力や理解度、素直さを見る。今回は企業側の要望で溶接と包丁さばきの実技も試した。

整列して面接に臨むベトナム人の技能実習候補生（ベトナム・ホーチミン）

こうして52人から2社で計19人を合格とした。

監理団体の藤村勲代表理事（74）は「悪質な失踪やトラブルがあれば、国から受け入れを停止させられる。何より優秀な実習生は戦力になってくれる」と強調する。

面接の翌朝、造船鉄鋼会社ライフ（山口県下関市）の村上岩男社長（65）はホーチミンの北西約１００キロにある村へ向かった。目的は合格者の一人、ブイ・ミン・ホアン・トゥアンさん（24）の家庭訪問。「家族に問題を抱えていると、仕事も不安定になる」。それを見極めるためだった。

両親に笑顔で迎えられ、庭先の円卓には朝締めの鶏などを使ったもてなし料理が並んでいた。決して裕福とはいえないが、喫茶店と洋服店を営んでおり、明るい雰囲気の家庭で育ってきたことが見て取れた。

契約内容を説明していると、母親から「言葉の分からない息子が3年間ちゃんと働けますか」と切り出された。「稼ぐだけでなく文化や言葉も学んでほしい。一人前に育てます」。母親に笑顔が戻った。親心もさることながら、実習生は送り出し機関に学費や紹介料の名目で数十万~150万円を納めてから来日する。1年目で借金を返し、2年目以降に貯蓄するのがパターン。月収1万~2万円程度のベトナムに途中帰国してくれば、一家は路頭に迷うことになる。

往復5時間、砂ぼこりの立つ農道を車で揺られながら、村上社長は満足そうに語った。「彼は大丈夫。ご両親も安心してくれて良かった。頑張れば、賞与や退職金も出しますよ」

ベトナムは韓国や台湾にも送り出しているが、採用のために現地まで足を運ぶのは日本人だけだという。

5 「働き方改革」促す存在

拍子木の音が夜の街に響いた。２０１7年2月23日、北九州市若松区。インドネシア人の技能実習生４人が住民と一緒にパトロールに繰り出した。「外国人も地域の一員。日本人と同じように生活させたい」。実習先の鋼材加工会社、松木産業の松木友哉社長（42）の方針だ。それは働き方にも反映される。

パトロールで拍子木をたたく技能実習生（中央）。地域でも職場でも日本人同様の日々を送る（北九州市若松区）

1日8時間勤務。残業が可能な「三六協定」を労使で結ぶ職場なので1、2時間延びる日もあるが、割増賃金が支払われる。条件は日本人社員と変わらない。

かつて労務管理が不十分な職場では長時間勤務や残業代の不払いが横行した。国際的な批判もあり、国は監視を強化。実習生のいる企業に労働基準監督署が入って違反を見つける率は、２０１５年が71％で4年間に10ポイント下がり、全体の違反率（69％）とほぼ並んだ。

松木社長は「帰国してでも思い出してもらえる会社でありたい」と誓う。

実習生の働き方と真剣に向き合う経営者は、長崎県南島原市にもいる。養豚会社、芳寿牧場の平芳紘社長（74）は２０１６年夏、ベトナムから３人を受け入れて初めて、安全や衛生、起床・就寝のルールを定めた寄宿舎規則を作った。社員寮を設ける場合、労働基準法で届出が義務付けられている。

法人化して33年たつものの、長く家族経営を続けてきただけに、労働法制には疎い面もあった。平さんに限らず、農業全体の課題でもある。実習生が来てからは、監理団体の定期監査が入るようになり、意識がより高まったという。

豚舎では千頭を飼育しており、日本人の従業員も雇用している。「実習生はきつい餌やりやふんの掃除も真面目にやるので、職場全体がぴりっとしてきた」。思わぬ効果に頬が緩む。最近は実習生に漢字を教え、きれいな字には赤ペンで花丸を書くのが日課という。

「実習生の待遇が悪いのは、そもそも経営意識が低く、日本人にとってもブラック企業。ただし……」。福岡県内の監理団体の幹部は「賃金だけは、どこも上げられない」と明かす。受け入れ企業には「最低賃金で横並び」とする暗黙の了解があるという。１社が賃上げすると実習生に不満がたまり、かといって増額の求めに応えれば「安い労働力」を確保できるメリットが薄れてしまう。

確かに最低賃金でも、途上国の出身者にとっては十分な収入といえる。一方、経済格差が縮まった国の実習生には、日本へ行く意味が薄れる。この監理団体も数年前、人材の供給源を中国からベトナムに切り替えた。ベトナムの経済成長が進めば、また別の国へ……。

幹部はつぶやく。「定期的に受け入れ国を切り替えるのが実習制度の宿命。いつかは限界が来てしまう」

6　慌ただしい介護現場

いよいよ解禁である。外国人技能実習生の受け入れ職種は76。ここに２０１７年11月１日に「介護」が加わった。２０２５年に38万人の人材不足に陥るとされる日本の介護現場は、解禁前夜から慌ただしかった。

「ウィンウィン（相互利益）の関係を築きたい」。福岡市の介護会社ケアリングも一足先に動きだしている。岡部廉専務によると、相手は中国。２０１５年の高齢化率が９・６％、20年後は21・３％に跳ね上がると推計されるだけに、先を行く日本の介護技術に注目している。

２０１６年８月、中国・大連に建設される高齢者施設と、スタッフに「日本式介護」を伝授する契約を結んだ。現地で先行して教育を始め、解禁後は実習生として約80人を福岡の介護施設で受け入れて、技術や心配りを身に付けてもらう計画だ。継続して受け入れられれば、人手不足の軽減につながる。実習を終えて帰国すれば、中国にとって高齢化社会に貢献できる人材となる。まさにウィンウィン。岡部専務は「実習制度を生かした好循環を目指したい」と意気込む。

＊

「解禁」とはいえ、既に外国人を受け入れている介護現場はある。

福岡県小郡市の特別養護老人ホーム、三沢長生園。「福岡弁、難しいね」。そう口をそろえるフィリピン人のアウレリア・チュンヤスさん（33）とジェッサジョイ・アルセナスさん（27）は介護福祉士の候補生として研さんを積んでいる。

経済連携協定の枠組みで来日しているフィリピン人の介護福祉士候補生。配膳や介助をてきぱきとこなす（福岡県小郡市の特別養護老人ホーム「三沢長生園」）

2008年、経済連携協定（EPA）に基づく介護人材の受け入れが始まった。これまで約2800人が来日。2人も母国と日本で計1年間の日本語教育を受け、2016年11月から園に来た。大卒のエリートとあって「指示を待たずに動いてくれる」と周囲の評価は高い。ただ、候補生は原則4年目で国家資格を取らなければ帰国となる。合格率は5割で日本語の壁が高く、2人にとっても目下の課題。園も週5日勤務の午前中を勉強に充てる。「お金と時間の投資は日本人以上」。ＥＰＡ枠で受け入れている施設に共通した実感だ。

来日時に日本語能力試験Ｎ４程度（基本的な日本語を理解）、1年後にＮ３程度（日常的な場面で使われる日本語をある程度理解）――。介護実習生の解禁を前に、厚生労働省は受け入れ要件を公表した。命に関わる仕事だけに、他の職種にない厳しい内容が盛り込まれた。

「ハードルが高すぎる」「そもそも外国人を教育するノウハウがない」……。一部の介護施設や監理団体からは慎重な声も漏れる。それでも長崎県の老人ホーム運営者は言い切る。「働く人がおらず、施設がつぶれていく時代。外国人に頼らないと、老後を見てくれる人がいなくなる」。どんな夜明けが待つのだろうか。

7　52カ国の住民暮らす町

6人に1人。人口約4万1５００人の群馬県大泉町は、外国人の割合が全国の市町村で最も高い。実に52カ国の人が暮らしている。九州の近未来の姿を求め、２０１7年2月上旬、町を訪ねた。

富士重工業やパナソニックの広大な工場が広がる。周囲には下請けや孫請けの町工場。この環

外国人からのさまざまな相談に応じている多文化共生コミュニティセンター（群馬県大泉町）

境が外国人労働者を呼び込んできた。

　街を歩くとポルトガル語の表示が目立つ。バブル景気に沸く1990年、出入国管理法の改正で日系2、3世と家族の就労基準が緩和され、出稼ぎのブラジル人を大量に受け入れた。今も外国人の半数を占める。

　アジア系の人とも度々擦れ違った。近年の人手不足は日系人だけでは補えず、外国人技能実習生なども増えてきた。「日系人で慣れていて、抵抗感はない」。町の出先機関、多文化共生コミュニティセンターで通訳を務める吉岡セリアさん（58）は町民の意識を代弁してくれた。

「届いた郵便物を全て持ってきて」。吉岡さんは来日から日の浅い外国人が訪ねてくると、こう呼び掛ける。日本語が読めない上に頼れる人がおらず、公文書類を放置しがちだからだ。

　センターはさまざまな相談に応じ、ホームページでも15の言語で生活情報を発信。町は役場に通訳を常駐させ、転入者には区長を紹介。病院では5言語の問診票。「ポルトガル語だけでも生活できる」と言われてきた町はだてではない。

　一方で実習生は日系人のように定住できず、3年で帰国する。センターの服部真所長は「最近は入れ替わりが激しく、全員との接触は至難の業。行政としてできることを地道に続けるしかないが、ゴールはない」と気を引き締める。

＊

災害時は地域の姿がよく見える。隣の群馬県太田市では外国人向け防災訓練があり、大泉町からも含めて13カ国約70人が参加した。3割は来日1年未満。グェンズィ・トアンさん（32）のように「ベトナムは地震がほとんどない。どんなものか分からない」と不安を抱える実習生も多かった。同時に、通訳ボランティア養成講座も開かれた。避難所の想定では「困ったことはないですか」と声掛け役を実践した。過去の被災現場では、外国人の孤立が常に課題とされてきた。

ネパール人の会社員ブッディ・セルチャンさん（58）の姿もあった。大泉町は外国人コミュニティーの「キーパーソン」を掘り起こしており、その一人。定住25年の経験を生かして同郷の仲間をまとめ、住民や行政との橋渡し役を担う。「みんな日本を知りたがってる。僕がやらないと」。訓練には30人を連れてきた。

行政、ボランティア、定住者……。総動員で先頭を走る大泉町でも「ゴールはない」。九州の私たちに相応の覚悟はあるだろうか。

8　名ばかりの「技術移転」

実質、労働力。それでも国は、外国人技能実習制度の目的を「技術移転による国際貢献」とする姿勢を貫く。移転先の現実は――。

ベトナムの首都ハノイ。3年間の実習を終え、2016年10月に帰国した男性（24）は「覚えた技術は使い物にならない」と明かした。関西の建設会社でひたすら鉄筋を組み立てた。日本の分業制に比べ、ベトナムは一つの業者で大半の工程を担うという。機械も旧式が多く操作が違う。結局、来日前の実習生に日本の習慣を教える職に就いた。

ベトナムの送り出し機関によると、帰国後に技能を生かせている人は3割程度にとどまる。一方で一部には、日本と取引のある会社に入って高収入を得る人もいる。最も役立っている技能は「日本語」だという。

2016年11月に外国人技能実習法が成立し、期間が最長5年に延長されることになった。優秀な人材を引き留められる分、技術移転は遅れる。さらに農業では――。

うっすらと雪化粧をした雲仙岳の裾野に大根畑が広がる。旬の冬だけあって収穫作業は多忙を極め、実習生が手伝う姿も見られた。ここ、長崎県など3県1村が「期限を終えた実習生を〝再雇用〟したい」とする要望を国に提出した。

実習生は原則転職できない。あくまで目的は技術移転であり、継続的な修練が欠かせないからとの理由。農業も同様に3年間、一つの農家から移動できない。

「大根の閑期に別の野菜農家を手伝うなど、融通が利けばいいのに」。ＪＡ島原雲仙の担当者は漏らす。特に島原半島は斜面に農地が分散し、より手間がかかる。従事者の3割は70歳以上。重労働を担う若手の不足を実習生が補っている。

要望は２０１６年12月、国家戦略特区として認められた。〝卒業生〟を呼び戻せば、技術の移転は進まない。国の建前はどこへ――。

ベトナムにある日本語教育の訓練校では、技能実習生の候補者たちが日本のラジオ体操に合わせて体を動かしていた（ベトナム・ホーチミン）

２０１７年2月22日、首相官邸で政府の働き方改革実現会議が開かれた。長時間労働の是正を中心に、８回目のこの日で各論を終えた。人口減社会で働き方を変えつつ経済成長も求めれば、労働力不足は必然。そこで最後に取り上げられたのが外国人労働者問題だった。

実習制度にも意見が出され、有識者は「雇用確保の手段として拡充するには限界がある」として新たな枠組みを求めた。安倍晋三首相も単純労働者の受け入れに関し「国民的コンセンサスを踏まえつつ検討すべき問題」との見解を示した。とはいえ、議論は緒に就いたばかり。当面、実習制度は継続される。転職できない、家族も呼び寄せられない……。「働けど実習生」という労働者の権利が制限された状態は維持される。

大根畑でベトナム人実習生の女性(20)は言った。「家族のために頑張ります」。寒風に吹かれながらも額には汗がにじんでいた。労働者の顔だった。

Column

賃金不払い、暴行、長時間労働……後を絶たない不正行為

賃金不払い、暴行、在留カードの取り上げ……。外国人技能実習生を巡っては、不当労働や人権侵害のトラブルが後を絶たない。

当初の外国人研修制度では労働者とみなされず、実習生を受け入れる企業や団体で労働基準法などが適用されなかったため、問題が相次いだ。法務省に残る統計で不正行為の認定が最も多かったのは、2008年の452機関。10年に制度が改善されて163まで減ったが、実習生の増加を背景に、その後は右肩上がりの状態が続いている。

法務省の最新のデータでは、2016年に239機関で延べ383件を不正行為と認定。賃金不払い、脅迫などの人権侵害行為が143件で最も多く、不正を隠す書類偽造など（94件）▽申請と異なる機関で実習させる「名義貸し」（51件）▽実習計画と異なる業務をさせた（38件）▽労使協定以上の残業を

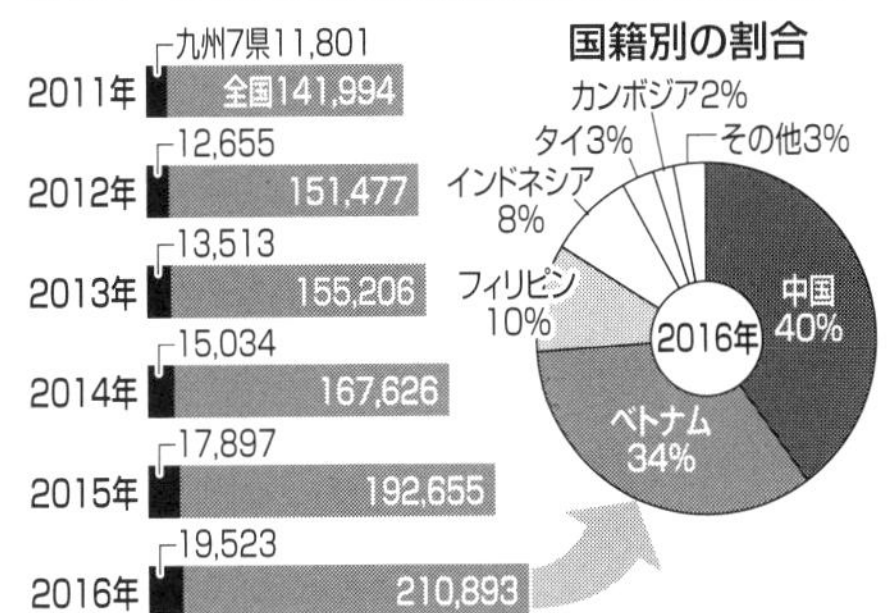

2016年上半期で20万人を超え、2011年からの5年半で約1.5倍に増えた外国人技能実習生。国籍別では中国が4割を占めるが、経済発展で国内の需要が増した影響もあり、3年前の7割から減少した。最近は人材の供給源が、ベトナムをはじめとする東南アジアの国々に移ってきている。

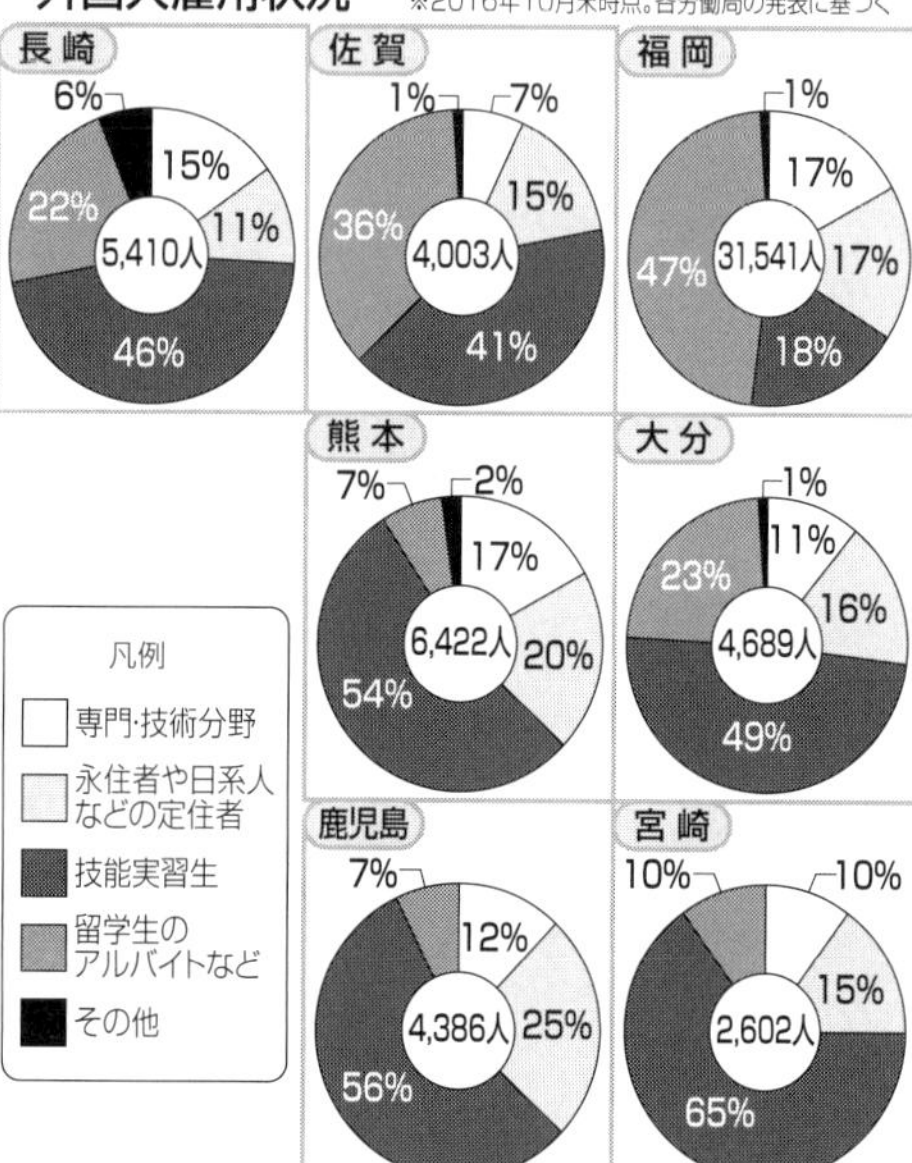

各地の労働局が公表した2016年10月末時点の統計によると、九州7県の外国人労働者は5万9053人。県別では福岡が最多の3万1541人で、学校が多いことから「留学生のアルバイトなど」が47%を占める。他の6県はいずれも技能実習生（41～65%）がトップで、人口減に苦しむ地方の課題と重なってくる。

させた労基法違反など（13件）――などがあった。

２０１６年８月には、岐阜労働基準監督署が鋳造会社で実習していたフィリピン人男性＝当時（27）＝について、過労死として労災認定。月に96～115時間の残業を強いられていたという。

２０１６年の不正認定を業態別に見ると、農漁業67機関、繊維・衣服61機関、建設38機関など。末端の労働者を内職や下請けとして使うなど、これまで労働法制の順守が遅れていた業界に目立っている。悪質な不正の場合、新たな受け入れが1～5年間できなくなる。

実習生を受け入れる機関は全国に約3万7千カ所あり、もちろん優良な事業所も少なくない。一方で「不正認定は氷山の一角」との見方もあり、２０１６年11月の新法成立につながった。

Column

学科・問題使い回し　実習生試験　形だけ？

3年を期限に来日する外国人技能実習生が、2年目に移る前に技能の習熟度を測る「技能実習評価試験」の在り方に、疑問の声が上がっている。学科問題の使い回しや現場でほとんど使わない技術を試すケースもあり、合格率はほぼ100％。国の実習制度は「技術移転による国際貢献」を名目とするが、識者は「形だけの試験に、労働力として実習生に頼る現場の実情が表れている」と指摘する。

評価試験は国の実習制度で義務付けられている。実習生を受け入れている職種の業界団体や、都道府県の職業能力開発協会が学科と実技の問題を作成し、各職場を訪問するなどして随時実施している。不合格者には1度だけ再試験がある。

学科試験では「おなかがいたくなったらほうこくする」（総菜製造）「うしのいは1つです」（酪農）など、日本語の文を○×で選ぶ問題が並ぶ。総菜製造や農業など一部の業種では、ほぼ同じ問題を半年から1年にわたって使い続け、再試験者に同じ問題を出すケースもある。

実技でも現場作業と懸け離れた出題が見られる。電子機器の組み立てでは、多くの工場で機械化されているハンダ付けを手作業でさせている。総菜製造（加熱）では、実習生が日ごろ担当する調理の種別にかかわらず、全員にそうめんをゆでる試験を課している。

こうした内容について、試験の作成で業界団体などに助言している国際研修協力機構（ＪＩＴＣＯ）は「機械化された作業をこなすために、基礎となる手作業を試している。評価試験があることで実習生の意欲が高まる」と強調。厚生労働省も学科試験については「用紙を回収しており、公平性に問題ない」としている。

一方、実習生の受け入れを支援する福岡市の監理団体の担当者は「日常業務と別に、わざわざ試験のために実技の練習をしないといけない」と首をかし

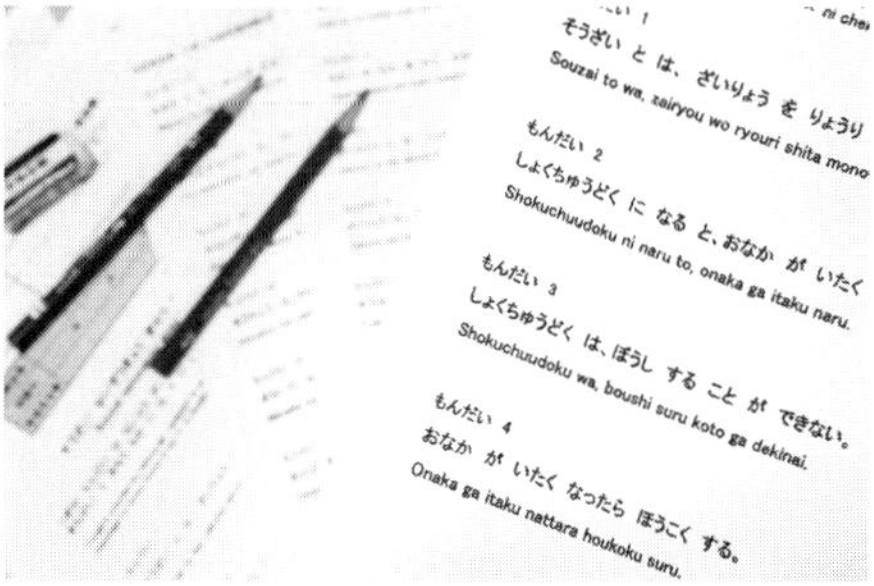

げる。厚労省も実技試験については「現場に適さない内容であれば、見直すよう指導したい」としている。

実習生の来日数は年々増え、2016年で20万人を突破した。多くは単純作業や肉体労働を担い、人口減や人手不足を補っている実情がある。外国人技能実習生問題弁護士連絡会で共同代表を務める指宿昭一弁護士は「監督官が正解を指さしたと話す実習生もいた。厳格な試験をすればほとんど合格せず、実習制度が破綻してしまう。国の目的との矛盾を象徴している」と話している。

技能実習評価試験の過去問題。一部の業種で半年から1年にわたって使い回されている

「技能学ぶ本来の役割を」「外国人受け入れ寛容に」 読者から反響

西日本新聞のキャンペーン報道「新 移民時代」で外国人技能実習制度を取り上げた第4章「働けど実習生」の連載時に国内外から意見が寄せられた。最も多いのは「制度の目的を途上国への技術移転とする国の建前を見直すべきだ」との提言。実態に合った仕組みをどう整えるか。共生の道筋とともに継続して考えていきたい。

＊

「一生懸命に働き、時には私たちより早く作業をこなすのに、肝心な中核技術を教える機会がない」。大阪の防水工は同じ職場のベトナム人実習生の現状

Column

を記し「単に安い労働力としか見られていない。国の制度なら（技能を学ぶ）本来の役割を果たせる方法を考えてほしい」と望む。

静岡でインドネシア人実習生と一緒に水道関連の仕事に就く男性は「実習とは名ばかり。奴隷そのもの」と明かす。「段取りや道具を間違って怒鳴られても、理由が分からず萎縮している。日本人が嫌がる仕事をやらされ、国が思う以上に劣悪な環境」と訴えた。

企業側の言い分もある。「人手不足では実習生の力を借りるしかない。事業が維持できなければ、日本人の雇用の場もなくなる」と九州の食鳥処理会社の関係者。「日本人は仕事がきついとすぐやめる。実習生の賃金は確実に払っている」として、外国人労働者の受け入れに寛容な社会づくりの早急な実現を望んだ。

一方で「人手不足は過剰なサービスやモノから生まれている」（福岡県の男性）など、日本人の生活スタイルこそ改善すべきだとする声も寄せられた。

連載後には、実習2年目に移る前に技能の習熟度を測る評価試験の形骸化を報じた。「実際の作業と懸け離れ、費用も高い。見直すべきだ」（東京の元監理団体職員）と問題視する意見が大半だった。

実習期間が現行の3年から最大5年に延長される外国人技能実習法が２０１７年11月に施行された。ただ、建前は維持され「働けど実習生」の立場は変わらない。関東の電子機器組立業者は「違法行為には厳しく対処しながら、単純労働者を正面から受け入れる政策は避けられない」と提言する。

埼玉県川口市には将来の日本の縮図ともいえる地域がある。住民5千人の半分以上が外国人の芝園団地。自治会関係者からは「高齢者と若い外国人が交流を深め、互いに住みやすい街づくりに取り組んでいる」との報告が届いた。こうした先進例も本書の中で取り上げる。

Interview

自民党元幹事長
石破 茂氏

▶いしば・しげる　慶應義塾大学法学部卒。銀行勤務を経て衆議院議員10期。防衛相や農相、地方創生担当相、自民党の政調会長や幹事長などを歴任した。

急激な人口減と高齢化は日本にとって最大のテーマの一つだ。外国人材の受け入れは避けて通れない。

政府は「移民政策を取らない」という立場を取り、技能実習生という制度を運用してきたが、実態はどうか。日本人が避ける過酷な労働に従事させられ、日本への印象を悪くして帰国し、実習した技能を母国で生かすこともないという実習生が多いのではないか。

ヨーロッパは移民を受け入れて治安が悪くなったという意見もあるが、イスラム過激派が起こすテロにはキリスト教との宗教対立という特有の事情がある。加えて、移民を受け入れる割に語学教育が不十分で、言葉ができないことで孤立し、貧困化し、犯罪に結びついている構図があり、こちらは日本の参考になる。

政府組織の設置必要

日本では子どもが減り続け、これから教師も学校も余る。これを活用し、国の責任で外国人に日本語をきちんと習得してもらう教育体制を整えるべきだ。日本語教師はボランティア任せではなく、国の資格を設け、日本の文化や習慣、ルールについてもきちんと教えていく。そうすることで、単なる短期労働者ではなく、日本人と共生してくれる人たちをつくることができるだろう。

これから先、韓国や台湾、やがては中国でも同じ人口減と高齢化問題が起き、外国人材の奪い合いが始まる。それを見通せる状況なわけだから、早く取り組まなければならない。

先日、鹿児島県を訪問し、鹿児島市や薩摩川内市、奄美市で「人手が足りない」という切実な声を多く聞いた。「政府は移民は駄目だとスローガンのように言うのではなく、何とかしてほしい」と。

こういう問題提起をすると「移民政策賛成派だ」「左翼だ」と批判されるが、犠牲になっているのは、人手不足に苦しむ事業者たちであり、夢を見て日本にやって来たのにブローカーにピンハネされ、酷使され、日本嫌いになって帰っていく人たちだ。そういう現実に政治家はもっと向き合わなければならない。もちろん、女性や高齢者に活躍してもらうことで労働力不足を解消するのは急務だ。しかし、漁業や建設業など、それだけでは対応できない現場がある。ここ数年、全国を回り、そういう現実を突きつけられた。

移民庁という名称にするかどうかはともかく、この問題に専門的、一元的に取り組む政府組織を設置することも必要だろう。

第5章 変わる仕事場

少子高齢化が進み、労働力人口が減少する日本。世界第3位の経済大国・日本の企業は、外国からの労働者、専門技術者、高度人材なくしては成り立たなくなろうとしている。この現実に、私たちは対応できているのだろうか。第5章は、外国人との共生を模索する「変わる仕事場」を訪ねた。

生産した自動車部品の完成度を確認するミャンマー出身の技能実習生
テ・アウン・テさん（福岡県宮若市）［本章 132〜134 頁］

1　日本製　戦力は外国人

「世界一有名なトヨタの車を造るのはうれしいね」。自動車部品製造のテクノスマイル（福岡県宮若市）の工場。ミャンマーからの技能実習生テ・アウン・テさん（22）は、大型機械のそばに立ち、一つの部品を作る作業を担当する。

ミャンマー中部マグウェイ出身。「家は農民で、お金がなくて車は買えない。けど車は大好き」。作った部品は近くのトヨタ自動車九州の工場で、日本が誇る最高級車「レクサス」の車輪上部に組み付けられる。タイヤがはねた小石の音が車内に響かないようにする高級車向けの部品だ。

テクノスマイルは２００８年に実習生を受け入れ始めた。当初は技術伝承の「国際貢献」が理由だったが、今は工場で働く42人のうち17人が実習生。幹部は「自動車メーカーが日給１万３千～１万４千円で求人しても人員確保に苦労する。コスト削減を迫られる下請けの賃金では、日本人は集まらない」と打ち明ける。

自動車生産設備製造の福設（宮若市）では、ベトナム出身の技術者グエン・トゥアン・ブゥさん（26）が真剣な表情でパソコン画面に向かっていた。３Ｄ設計ソフトを使って製図しているのは「レクサス」などを生み出すトヨタ自動車九州の生産設備だ。

ベトナムの大学を卒業後に「日本の製造現場を学びたい」と来日。専門技術が評価されて派遣社員として働いていたが、２０１６年会社に請われて正社員採用。日本人と同等の給料で働く。現在は９人の設計担当者のうち２人がベトナム出身者だ。「国内で技術者が不足する中で貴重な戦力。さらにベトナム出身の人材を増やしたい」。井上貞夫会長（68）の期待は大きい。

日本の「ものづくり」をけん引する自動車産業。巨大なピラミッド構造のあらゆる階層を外国人が支え、彼らの携わった「日本車」が九州から世界中に輸出されている。

＊

「らっしゃいませー」。平日の午後7時すぎ、ＪＲ博多駅に近い和食居酒屋。調理場から威勢のいい声が響いた。声の主はアルバイトのベトナムからの男性留学生（22）だ。焼き鳥、刺し身、からしれんこんもお手の物。調理をこなし、別の従業員が仕上げたギョーザ鍋には「違う。たっぷり」と指導。博多万能ねぎを土鍋に盛り付けてみせた。手を抜かない仕事ぶりに「働く姿勢は日本人のお手本で、社員になってほしい」と店長（41）。無形文化遺産の「和食」も、海外人材が中心になりうる。

店舗の運営会社は、福岡県中小企業経営者協会連合会が計画する、海外の若者に日本語学校の学費を貸す事業に参画した。２０１６年春、日本人の新卒入社は０人。留学生が将来入社し、幹部として海外展開を手掛ける夢を描く。

一方、「労働と留学が一体の契約」として摘発された宮崎県の法人の事例もある。給料面や職業選択の自由への配慮も欠かさないつもりだが……。社長（61）は「海外人材なくして、今後企業はうまく回らなくなる」と危機感を隠さない。

２　留学生、社の「頭脳」に

優れた「頭脳」を外国人材に求める企業も出ている。

「これが中国のデータです」。２０１７年3月上旬、福岡県古賀市にある空調機メーカー西部技研の本社で、中国・重慶市出身の王荷(ワンハー)さん（29）がパソコンを使って上司に中国子会社の財務状況を報告していた。王さんは九州大学大学院で経済工学を学び、２０１３年春に入社。経理部に配属となり、２０１６年から中国子会社の監査も担当する。「数字への感覚が鋭い」。こう評価する隈扶三郎(くまふみお)社長（52）は「子会社の状況がすぐ分かるようになり、迅速な経営判断につながっている」と信頼を寄せる。

同社は２０００年、熊本大学の教授の紹介で博士号を持つ中国人エンジニアを採用したのがきっかけで、日本に留学した〝高度人材〟の積極採用を始めた。現在、中国と韓国出身の５人が開発、営業、経理部門で活躍している。

２００７年に中国・江蘇省に設立した子会社は、中国人エンジニアによる学会発表や中国人社員の営業支援も後押しとなり、売上高が初年度の１億２８００万円から２０１６年度には28億６８００万円まで拡大。同社は東南アジアでの事業を強化する方針で、近くこの地域の留学生を採用する予定だ。

西部技研本社で隈扶三郎社長（左）に中国子会社の経理内容を報告する王荷さん（福岡県古賀市）

半導体や自動車向けプラスチック製品の設計・製造を手掛ける大川金型設計事務所（大分県日出町）。社員47人の会社で働くイン・ミン・ススさん（40）は「統括部長」の肩書を持つ。ミャンマー出身ながら、日本人の部下を抱えて重責を担う。「結果を出せば認めてくれる会社。気付いたら役職が上がっていた」

母国の大学と立命館アジア太平洋大学（同県別府市）で経営を学び、「日本のものづくりに関わりたい」と２０１０年に入社した。機械の稼働状況を分析して製造ラインの効率化を考案。24時間稼働体制を12時間体制に変えるなど実績を残してきた。

「会社を支える貴重な戦力」とほめるのは大川満智子社長（78）。同社は20年ほど前から積極的に県内大学の留学生を採用してきた。現在の外国人社員は6人。「仕事に国籍は関係ない」。日本人社員と分け隔てなく業務を任せている。

留学生の採用を巡っては「外国人は数年で会社を辞めてしまう」と、二の足を踏む経営者も多い。だが、産業用特殊ポンプを製造する本多機工（福岡県嘉麻市）の龍造寺健介社長（56）は「外国の高度人材は将来、自国と日本の懸け橋になりたいと思っている」と受け入れに積極的だ。同社が採用するのは「自分で起業したいぐらいの気持ちを持っている人間」。九州工業大学大学院で学んだ5カ国語を話すチュニジア人などこれまでに15人の外国人を採用し、母国に戻る際には起業を支援。既に3人が母国で会社を立ち上げ本多機工の代理店となり、海外事業の重要なパートナーとなっている。

龍造寺社長は語る。「アジアに近い九州では多くの留学生が学ぶ。彼らの母国はわれわれにとって市場でもある。地の利をいかに生かすかが問われている」

3　人材争奪　都市へ流出

2017年3月上旬、山腹のキャンパスに時折冷たい風が吹く立命館アジア太平洋大学（AP

Ｕ、大分県別府市）。春休み中の教室に、スーツ姿の学生約１１０人が集まった。資生堂が開いた企業説明会。人事部の辻田英俊マネジャー（40）は、英語で語り掛けた。「私たちの会社を変えてくれる人材を採用したい」

約２８００人の留学生が通うＡＰＵ。資生堂は世界市場で勝ち抜くために近年、外国人の採用を増やしており、初めてＡＰＵで説明会を開いた。留学生に伝わりやすいように説明は全て英語。親しみを持ってもらおうと、学内でメーク体験のイベントも２回催した。

「言語能力だけでなく高いアンテナを持った学生が多いという評判を聞いた」と辻田さん。ＡＰＵに加え、英語教育で知られる国際教養大学（秋田市）でも説明会を開催。地方の大学へも積極的に出向く。

２０００年に開校したＡＰＵ。１期生の就職活動の際、学内で企業説明会を開いたのは約80社だった。各地の企業に依頼して何とか集めた。現在は年間約３００社が説明会や採用選考をする。授業との兼ね合いもあり、教室や時間の「取り合い」になることもある。

ＡＰＵは開校時から学生の50％を、50カ国以上から来日した留学生が占める。今村正治副学長は「質の高い学生を集めるための投資をしている」と胸を張る。入試では必ず面接を実施。職員が現地を訪ねることも多い。大学運営費の約20％は奨学金に充てる。「単なる通訳ではなく、企業がグローバル化に対応する戦力」として注目を集める。留学生が約２３００人いる九州大学でも、採用は増加傾向だ。「国籍に関係なく採用する大手企業が増えている」と学生支援センター

資生堂の企業説明会で、採用担当の辻田英俊さん（左）と話す立命館アジア太平洋大学の学生（大分県別府市）

の担当者。特に理工学系の留学生はメーカーやＩＴ企業の関心が高く、採用担当者が個別に研究室を訪ねることもよくあるという。

では、留学生が選ぶのはどんな企業か。日本で働く道を選ぶ留学生たちに聞くと、給与の高さだけでなく、日本企業の技術力や経営システムへの関心が高い。

ＡＰＵを卒業後、東京の大手重工業で働くフィリピン人のゴー・エイドリアン・ロビンさん（30）は「日本のインフラ整備を支えた企業で学びたかった」と話す。別府は今でも訪れる「第二の故郷」。

ただ、グローバルに事業展開する企業を重視して、働く舞台は東京に移した。

「九州で働きたい気持ちはあるが、自分のやりたいことができる企業があるか……」。ＡＰＵの学生で就職活動中の韓国人、チェ・ボンソクさん（26）は語る。日本企業のグローバル化に携わりたいと考える。興味を引くのは、名の知れた大企業の情報の方が多い。

２０１５～16年度に日本企業に就職したＡＰＵや九大の留学生のうち、九州の企業を選んだのは２～３割程度。大企業志向の傾向は日本人学生と変わらない。「外国人人材を求める切迫感は大手企業の方が強い」とＡＰＵの今村副学長。人材争奪戦が激化する中、九州で育った留学生の流出が続く。

４　異文化受け入れに差

ＪＲ大阪駅周辺の繁華街を望むビルの12階。ヤンマー本社の社員食堂では、イスラム教の戒律に沿ったセットメニューが毎日20食用意される。２０１７年3月中旬のある日のメニューはカレーとナン、カリフラワーの炒め物など全5品。食材は豚肉やアルコールを使用せず、調理器具や食器も全て他の料理と分けて使う。イスラム教徒の社員以外にもエスニック料理として注文する人がいて、完売する日もしばしばだ。

提供開始は２０１６年3月。立命館アジア太平洋大学（ＡＰＵ）出身でイスラム教徒のウズベキスタン人、イブラギモブ・ショハルフベック＝通称ショーン＝さん（29）の提案がきっかけだった。

以前は社員食堂で食べられるのは、うどんくらい。いつも食事に困っていたショーンさん。上司や食堂担当の部署に根気強く提案を重ね、実現にこぎ着けた。「意見を言いやすい社内の雰囲気に加え、個性を理解して動いてくれる社員たちがいた」と振り返る。

ヤンマーの社員食堂でイスラム教の戒律に沿った食事を食べるショーンさん（中央）（大阪市）

アジアや欧米に拠点や現地法人を持ち、国内では約50人の外国人社員が働くヤンマー。「安心して働ける環境づくりは重要。日本でも増加が見込まれるイスラム教徒への対応はプラスになる」と人事部の担当者は話す。今では、イスラム教徒の顧客への食事場所に活用するなど、事業面でも効果を発揮している。

ただ、こうした企業はまだ少数派だ。「日本企業に就職したいけど、正直、不安はある」。APUで学ぶインドネシア人のイブラヒム・ハイダル・イルハムさん（21）は言う。自身と同じイスラム教徒の女子学生が、髪などを覆うヒジャブの着用を認められず、外食チェーンのアルバイトを諦めた話を聞いた。「日本で働くには我慢するしかないのかも……」と声を落とす。

イスラム教の理解促進などに取り組む日本ハラール協会（大阪市）によると、毎日の礼拝時間に対する職場の理解不足から離職するイスラム教徒もいるという。

日本企業で働く「壁」は、宗教だけではない。外国人同士の会話では、たびたび日本の企業文

郵便はがき

料金受取人払郵便

神田局
承認

7451

差出有効期間
2021年7月
31日まで

切手を貼らずに
お出し下さい。

1 0 1 - 8 7 9 6

5 3 7

【受　取　人】

東京都千代田区外神田6-9-5

株式会社 **明石書店** 読者通信係 行

お買い上げ、ありがとうございました。
今後の出版物の参考といたしたく、ご記入、ご投函いただければ幸いに存じます。

ふりがな お 名 前	年齢	性別

ご 住 所　〒　　　-

TEL　（　　　）　FAX　（　　　）

メールアドレス	ご職業（または学校名）

＊図書目録のご希望 □ある □ない	＊ジャンル別などのご案内（不定期）のご希望 □ある：ジャンル（　　　） □ない

書籍のタイトル

◆本書を何でお知りになりましたか？
□新聞・雑誌の広告…掲載紙誌名[ ]
□書評・紹介記事……掲載紙誌名[ ]
□店頭で　□知人のすすめ　□弊社からの案内　□弊社ホームページ
□ネット書店 [ ]　□その他[ ]

◆本書についてのご意見・ご感想
■定　価　□安い（満足）　□ほどほど　□高い（不満）
■カバーデザイン　□良い　□ふつう　□悪い・ふさわしくない
■内　容　□良い　□ふつう　□期待はずれ
■その他お気づきの点、ご質問、ご感想など、ご自由にお書き下さい。

◆本書をお買い上げの書店
[市・区・町・村 書店 店]

◆今後どのような書籍をお望みですか？
今関心をお持ちのテーマ・人・ジャンル、また翻訳希望の本など、何でもお書き下さい。

◆ご購読紙 (1)朝日 (2)読売 (3)毎日 (4)日経 (5)その他[新聞]
◆定期ご購読の雑誌 [ ]

ご協力ありがとうございました。

ご意見などを弊社ホームページなどでご紹介させていただくことがあります。 □諾 □否

◆ご 注 文 書◆ このハガキで弊社刊行物をご注文いただけます。
□ご指定の書店でお受取り……下欄に書店名と所在地域、わかれば電話番号をご記入下さい。
□代金引換郵便にてお受取り…送料+手数料として300円かかります(表記ご住所宛のみ)。

書名	冊
書名	冊

ご指定の書店・支店名	書店の所在地域 都・道 府・県　市・区 町・村
	書店の電話番号 ( )

化が話題になる、とショーンさんは言う。「『空気を読む』ことや根回しの大切さが理解できない、と悩む声は多い」

ホテルや運輸業を手掛ける岩崎産業（鹿児島市）では、５カ国・地域の33人が正社員として働く。外国人社員に困り事がないか、各部署の管理職がこまめに調査。携帯電話の契約についての助言など、生活面も支援する。外国人社員同士が悩みを語り合える懇親会も開く。「外国人を生かせる環境を整えない組織に成長は見込めない」。岩崎貴光副社長（31）は断言する。

外国人人材の紹介業を展開するアジアマーケティング（福岡市）の田中旬一社長（37）は近年、企業側の変化を感じている。「日本人が外国人を管理する、という考えは古い。職場の外国人の考え方を柔軟に取り入れようとする企業が目につくようになってきた」

増加を続ける外国人人材が、日本の企業体質を変えていくのかもしれない。

5　採用阻む「ビザの壁」

北九州市の大規模工事現場に、よく通る声が響く。

「ハーイ、測りまーす。５ミリ右です。オーライ」

測量機器をのぞき、無線で指示を出す男性のヘルメットには「らくすまん」と書かれた名札。

日本人の補助者に指示を出しながら測量するマハルジャンさん（左）（北九州市）

「大建測量エンジニア」（北九州市）で4年前から正社員として働くネパール人マハルジャン・ラクスマンさん（31）だ。来日は2009年。日本語学校から福岡市の福岡国土建設専門学校に進み、測量士補の国家資格を得た。就労ビザを取得して入社し、今では現場の安全衛生管理をする「職長」を担う。「明るくて、腕は確か」。同僚の信頼は厚く、待遇は日本人と同じだ。

「真面目で勤勉、仕事も丁寧」。2017年4月にネパール人5人を採用し、社員42人のうち11人が外国人。2018年春にはベトナム人1人を新規雇用する予定だ。高い測量技術を売りに海外展開をにらむ椛嶋寿彦社長（50）は「いずれ彼らの語学力は武器になる」。

日本語と技術を身に付けた外国人は今や「金の卵」。しかしマハルジャンさんのような技術者を除けば、企業で働く就労ビザが取得しやすいのは、通訳や語学講師などに限られている。

就労ビザは「難関」だ。大卒や専門学校卒の中間層「ミドルスキル人材」はビザを取れず、就職を断念するケースも少なくない。

韓国・釜山出身の金（キム）ボミさん（27）も、失意を経験した。地元大学の社会福祉学科在学中の11

年、福岡市を中心に介護事業を展開する「ウェルビス悠愛」（福岡市）でインターンシップ後に総合職での就職を希望したが、就労ビザは認められなかった。

「優秀な人材を逃したくない」と、同社の池田雄図副社長（32）は卒業した金さんを呼び戻し、ワーキングホリデーで1年間雇用。金さんは２０１３年12月に日本語能力試験で最高の「Ｎ１」に合格し、再び就労ビザ取得を目指した。それでも簡単ではなかった。

「就労が認められていない介護現場で働かせるのではないか」。そう疑う入国管理当局に、何度も資料を提出。通訳などの職に就ける日本語能力が認められ２０１４年１月、やっとビザ取得にこぎ着けた。

在留資格の拡大など規制緩和を求める声は日増しに強まっている。

製造業が集積する愛知県は２０１５年11月、国家戦略特区に「外国人雇用特区」を加えるよう政府に提案。「技能検定３級以上」の資格と高い日本語能力を持つ外国人を、中小企業が「産業人材」として採用できるよう就労ビザの対象拡大を求める内容だ。

九州、沖縄、山口の９県と経済界などは２０１６年、「外国人材の活用検討チーム」を立ち上げた。外国人を採用する場合、中小企業は大企業よりも提出書類が多いなど審査が厳しく、ハードルになっていることから「申請書類の簡素化」などの規制緩和を政府に要望した。

人手不足が深刻化し、外国人材に頼らざるを得なくなりつつある日本。〝鎖国〟的な制度が、外国人材受け入れの「壁」となってなお立ちはだかる。

6　起業しやすい風土に

「ドローン（小型無人機）が被災地の3D地図を作り、住民の位置を対策チームに送信します」。2017年3月中旬、中南米プエルトリコ出身のクルス・ホセさん（32）は福岡市のセミナーで自社ドローンを披露した。

2016年春、元米航空宇宙局（NASA）研究者や日本人とともに、ドローン設計ソフト開発「日本コムクエスト・ベンチャーズ」を設立。生産が難しいとされる3種類の翼を持つドローンを設計する技術を持ち、熊本地震後は災害現場での活用にも取り組む。

九州大学大学院博士課程修了。「ドローン市場は伸びる。武道、ゲームがある大好きな日本で成功したい」と笑顔のクルスさん。技術面は得意だが、創業で最も苦労したのは会社登記、印鑑証明、税金といった手続きだ。「せめて英語で起業方法を示してほしかった」。世界銀行の調査で、日本の「創業のしやすさ」は世界89位。手続きの多さやオンライン窓口の未整備が低位の背景[illegible]ある。

元シンガポール国立大学教授の脳科学者リー・シャオピンさん（62）は2016年夏、プ[illegible]研修の機内で「福岡市に『スタートアップビザ』が誕生」という英語の記事を目にした。そ[illegible]国で会社を共同経営する妻とすぐに来日した。

約30年前、九大で学んだ２人。「私たちの『地元』で起業したい」。リーさんは睡眠を促す枕や居眠り運転を防ぐ機器の発売を準備しており、市内の工場で約10人を雇用するつもりだ。

外国人が起業する場合に必要な「経営・管理」の在留資格は▽５００万円以上の資本金や出資▽２人以上の従業員――のどちらかを満たす必要がある。２０１５年12月、福岡市が国家戦略特区を活用して始めた同ビザ制度は、要件確保に半年の猶予を与えた。

開発中のドローンについて共同経営者の日本人と話すクルス・ホセさん（右）（福岡県糸島市）

リーさんは同ビザを申請。さらに市の創業支援拠点「スタートアップカフェ」では、弁護士や行政書士、不動産会社が相談に乗ってくれた。専門家の手助けで、日本の行政手続きの煩雑さも改善された。「驚くほどのスピードで市は支援してくれた」と感心する。

スタートアップビザの申請は、当初予想を上回る31件（２０１７年3月末時点）。ただ外国人の中には「要件確保の猶予が半年では不十分」「ＩＴ起業に資本金５００万円は必要ない」など、一層の緩和を求める声も多い。大分県は２０１７年3月、留学生の起業について、資本金の額を３００万円へ緩和する特区制度を国へ提案した。

制度面以外の課題もある。スイスのビジネススクール「ＩＭＤ」が世界各国の経営幹部などへ聞く競争力調査では、日本の「文化的寛容さ」を示す順位は56位だった。同スクール北東アジア代表の高津尚志氏（51）は「日本人だけで日本経済が成功できたのは１９８０～90年代まで。外国人を含めた多様性の無さが経済停滞の一因」と訴える。「『異質』な意見やアイデアを得て、外国人とともに事業を生み出す柔軟性が重要だ。行政や企業だけでなく、教育や暮らしやすさも含めた受け入れ態勢が求められる」

Column

労働者の外国人割合倍増 09年と16年比　建設3・8倍

日本国内で働く人のうち、外国人の割合が2016年10月末時点で59人に1人となり、2009年（112人に1人）と比べ、「外国人依存度」が約1・9倍に増えたことが、民間シンクタンク「三菱UFJリサーチ&コンサルティング」の試算で分かった。調査した全産業で増加し、建設業は3・8倍、卸売業・小売業は2・5倍になった。2030年までの約15年間で700万人超の働き手が減るとされる中、外国人材の担う役割が重みを増している。

＊

総務省の労働力調査と、外国人を雇う事業所から厚生労働省への届け出を基に、同社の加藤真研究員が就業者数と外国人労働者数を集計、外国人の割合を「依存度」として示した。

厚労省への届け出が義務化され産業別の外国人労働者数の集計が可能となった2009年と、外国人労働者が初めて100万人を突破した2016年を比較したところ、人手不足が深刻な建設業が3・8倍と最も依存度が上昇し、120人に1人が外国人労働者。続く3・1倍の農業・林業（85人に1人）は、農業分野での技能実習生の増加が要因とみられる。このほか、宿泊業・飲食サービス業（30人に1人）が2・0倍、製造業（31人に1人）が1・6倍

主な産業別の「外国人依存度」と増加率

産業	外国人1人／就業者30人中	増加率
宿泊業・飲食サービス業	外国人1人／就業者30人中	2.0倍
製造業	1/31	1.6倍
情報通信業	1/47	1.8倍
研究、専門・技術サービス業	1/58	1.8倍
卸売業・小売業	1/76	2.5倍
農業・林業	1/85	3.1倍
建設業	1/120	3.8倍
医療・福祉	1/463	2.7倍
合計	1/59	1.9倍

※2016年。増加率は09年から16年

となった。

民間シンクタンク「パーソル総合研究所」の推計では、現在と同程度の経済成長が続いた場合、2025年時点でほぼ全ての産業で人手が不足。情報・サービス業では482万人、卸売・小売業では188万人、建設業では39万人の労働力が足りなくなる見通しだ。

加藤研究員は「もはや外国人抜きでは社会を維持できない実態を直視すべきだ。曖昧な形ではなく、正面から労働者として受け入れるために、在留資格の見直しや外国人に求める日本語力など具体的な要件について検討する必要がある」と指摘する。

九州の外国人労働者 専門技術者少なく留学生は全国割合上回る

「働き手」が減っている。九州経済調査協会（福岡市）などによると、九州7県の「生産年齢人口」（15～64歳）は、1995年の882万人をピークに、2015年は755万人へ14・3％減少した。この20年間での減少は126万人で、大分県の現在の人口を上回る。

企業対象の景気調査でも、従業員数が「不足気味」と答える割合は、近年過去最高の更新が続いている。単純労働者やIT、製造業などの技術者も含め、質・量ともに不足が顕在化してきた。経済の活力維持のため、企業の労働力確保は喫緊の課題と

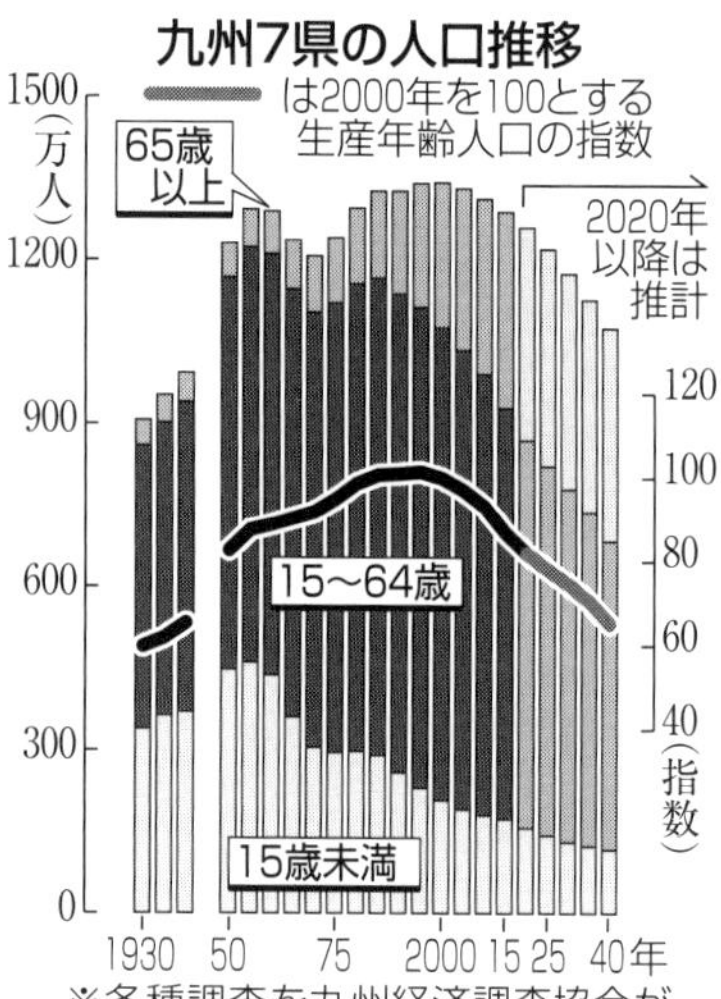

※各種調査を九州経済調査協会がまとめた。1945年のデータはなし

Column

なっている。

「移民政策は取らない」としてきた政府だが、「専門的・技術的分野の外国人は積極的に受け入れる」（法務省）という二面性も持ってきた。エンジニアや経営者を含む「専門的・技術的分野」の在留資格者は2015年23万6534人。リーマン・ショック（2008年）以降は20万人程度で横ばいが続いたが、2014年以降は増加傾向にある。

国は優秀な人の滞在を優遇する「高度人材ポイント制」も導入するなど技術革新を生み出す人材を求めるが、欧米やアジア諸国の誘致策と比べると出遅れは否めず、ビジネススクール「IMD」の調査では、高度外国人材にとっての日本の魅力度は世界52位だ。

九州で働く外国人は計5万9053人。働く留学生と技能実習生の割合は全国平均より高く、専門的・技術的分野の在留者（8733人）は全国を下回る。九州の企業は単純労働者を受け入れる一方、専門技術者や高度人材を獲得できていない現状がうかがえる。

外国人労働者の在留資格構成比　（数字は%）

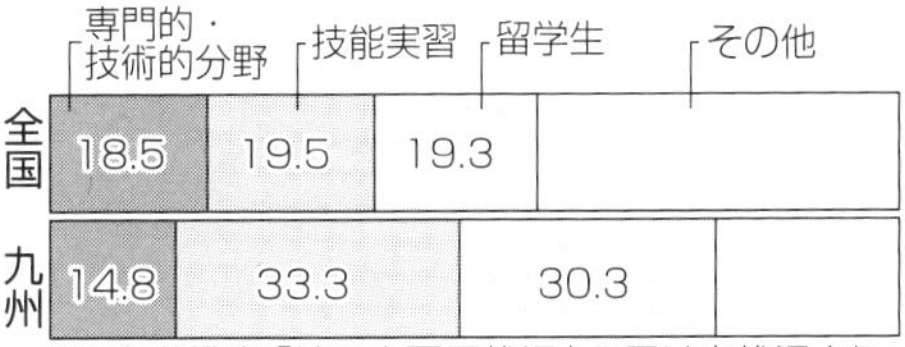

	専門的・技術的分野	技能実習	留学生	その他
全国	18.5	19.5	19.3	
九州	14.8	33.3	30.3	

※厚生労働省「外国人雇用状況」の届け出状況より。2016年10月末時点。その他は永住者、特定活動など

■ワードBOX

高度人材ポイント制

海外の優秀な人材を新たに日本に呼び込むために導入された制度。①学術研究②専門・技術③経営・管理――の分野別に、博士号取得の技術者30点、年収3千万円以上の経営者50点など、学歴、職歴、年収といった評価項目を設定。計70点以上の外国人に永住許可要件の緩和、配偶者の就労や親の帯同など優遇措置を認める。2017年4月にも、80点以上で世界最速級の在留1年で永住権を申請できる「日本版高度外国人材グリーンカード」を新設した。

外国人採用　九州企業7割　104社アンケート　4割拡大方針

西日本新聞の九州の主要企業104社アンケートで、社員かパート・アルバイトに外国人を採用している企業が約7割（70社）を占め、うち4割が採用拡大を考えていることが分かった。理由として、海外事業展開や訪日外国人対応に加え、2割の企業が「人手不足で日本人が集まらない」と回答。政府に就労ビザ要件の緩和や日本語学習支援を求める声が多かった。国内の外国人労働者が100万人を超す中、九州でも貴重な戦力となっている実態が浮き彫りになった。

外国人を採用中の企業のうち、社員としての雇用は59社、パート・アルバイトは33社。今後の方針として外国人の人数減少を検討している企業はゼロだった。

採用理由（複数回答）は、多い順に（1）海外での事業展開のため＝20社（2）訪日外国人に対応するため＝19社（3）海外企業との提携や交渉のため＝15社（4）人手不足で日本人が集まらないため＝14社（5）高度な技術を持っているため＝8社——などだった。外国人の社員やパート・アルバイトがゼロの30社のうち、9社が「採用を検討している」と答えた。

外国人の採用について政府や行政機関に求める政策を複数回答で尋ねたところ、「就労ビザ要件の緩和」と「外国人就労者への日本語学習支援」がともに28社で最多。次いで「留学生の就労制限（週28時間以内）の緩和」が22社、「高度外国人材の受け入れ促進」が14社に上った。「単純労働ビザの解禁」を挙げた企業も11社あった。

外国人採用拡大への政策を促す声の一方、外国人技能実習生などを受け入れる企業の中には「海外の送り出し機関のチェック体制強化」や「ビザ審査の厳格化」を求める企業もあった。

調査は2017年4月に160社を対象に実施し、104社から有効回答があった。

Column

高度外国人材　入国伸び悩み
当初見込みは2000人

高度な専門知識や技術力を持つ外国人労働者を海外から呼び込むため、政府が学歴などを点数化して高得点者を優遇する「高度人材ポイント制」を導入して5年。制度を利用して2016年に新規入国した外国人は229人（速報値）にとどまったことが西日本新聞のまとめで分かった。制度を所管する法務省は「新規入国者が少ないのは事実」と認めた上で「高度人材を呼び込むには、外国人が暮らしやすい環境の整備に政府全体で取り組む必要がある」としている。

高度人材ポイント制は、世界各国間で優秀な人材の獲得競争が激化する中、少子高齢化が進む日本に新たな活力を呼び込むため、政府が2012年5月に導入した。「当初は1年で2千人を見込んでいた」（政府関係者）とされる新規入国者は2013年33人、2014年176人、2015年136人、2016年229人。増加傾向にはあるものの低迷している。

法務省によると、新規入国者のほか、既に留学などで入国している外国人も含めて高度人材と認定されたのは2016年8月末時点で累計5917人。「2017年末までに5千人、2020年末までに1万人認定」という目標の一部は達成済みと法務省は強調しているが、当初のターゲットだった新規入国者はごく一部に限られているのが実態だ。

法務省入国管理局は「新たに入国する高度人材を増やしたい」とした上で「制度の見直しや広報活動の強化も必要かもしれないが、根本的には生活環境や職場の処遇、子弟の教育など、人材を海外から呼び込むための総合的な取り組みが欠かせない」としている。

Interview

作家
堺屋太一氏

▶さかいや・たいち　作家・経済評論家。元経済企画庁長官。近著に2026年の日本を予測した『団塊の後　三度目の日本』（毎日新聞出版）。2019年逝去。

人口減少問題は国家存続の危機であり、「焦眉の急の重大事」だ。最低でも年10万人の外国人を受け入れて「次世代日本人」を養成することが必要だ。

１９７６年に未来予測小説「団塊の世代」を発表した。１９４７〜49年生まれの団塊世代は極めて多く、彼らの高齢化が終身雇用制度を持つ企業の負担となり、やがては社会保障費増で国の財政問題につながると予想した。しかし、当時の官僚や人口問題の専門家は「団塊世代の子、孫の世代と30年ごとに人口が増える」と耳を貸さなかった。当時、政府では人口増を前提に土地が足りなくなるとして可住地を増やすことに熱中した。

現代はどうなったか。団塊の世代の孫世代は出生率が低く、少子高齢化が進んだ。労働力減少で企業は人手不足に陥り、耕作放棄地や空き家の増加が問題となっている。今後さらに

Interview

移民　年10万人受容を

高齢化や過疎化は進むだろう。

外国人に日本語や法律、習慣を学んでもらい、試験も経て永住してもらうしかない。一番良い例は「相撲部屋」だ。外国人力士は日本語が上達し、犯罪も少ない。相撲を通じて永住する意欲がある。企業も同じように、外国人だけの集団をつくらず、日本人の中で生活習慣を身に付けてもらうことはできるはずだ。

現在の技能実習制度は3～5年で母国に追い返す。これでは外国人が日本社会に溶け込もうという気にならない。外国人による不動産や農地取得を緩和し、一定の語学力や資産を持つ人には永住権を与えてはどうだろうか。

経済成長を目指さず「身の丈に合った国」でいい、という意見も聞くが、人口減や経済停滞が「ほどほどの水準」で止まる根拠はなく、加速度的に縮小する恐れがある。

日本はドイツのような移民受け入れになじまない、という論調もある。ただ、歴史をみれば17世紀や19世紀に日本は中国や朝鮮から大量の移民を受け入れた。忠臣蔵で吉良邸に討ち入りした武林唯七（たけばやしただしち）の祖父は中国出身だ。工芸分野のほか、各藩の医師や書記となった者もいた。海外出身者が「次世代日本人」になった将来の日本では、明治維新後の「大正ロマン」のように美意識の多様化が起きると想像する。日本初の喫茶店を開いたのは中国人だし、神戸でハイカラ文化を生み出したのも中国人だった。

アジア諸国では今後10年で高齢化が進み、日本を含めた人材の争奪戦になる可能性がある。残された時間は少なく、政治主導で「次世代日本人政策」を進めるべきだ。

第6章 交差する人々

経済成長著しいアジアでは国境を越えて人々が「交差」する。労働者や実習生を送り出す国、受け入れる国の現場を訪ね、「移民」たちの実態を探る。

東南アジア系の人々でごった返す台北駅構内の広場（台北市）［本章 166〜168 頁］

移民問題　日本も当事者　年間34万人、世界第5位

日本は、単純労働の外国人受け入れを公式には認めず、移民に関して鎖国的な政策を続ける。だが、留学生や技能実習生の肩書で呼び込んだアジアの若者たちに、低賃金の単純労働を担わせているのが実態だ。国際的な尺度からみても、移民の主要受け入れ国の一つとなっている。

経済協力開発機構（ＯＥＣＤ）は統計上、「国内に１年以上滞在する外国人」を移民と定義する。加盟35カ国の外国人流入者数をまとめた「国際移住データベース」から、２０１４年の１年間における移民の動き（出身国別で１万人以上の流入が対象）を抽出し、世界地図に落とし込んでみた＝図表参照。

流入者が多いのは欧州（１８１万人）、北米（88万人）。アジアも57万人と続き、うち４割以上を日本（24万人）で受け入れていることが分かる。出身国別で１万人未満の流入を含めると日本は34万人に上り、ドイツ（１３４万人）、米国（１０２万人）、英国（50万人）、韓国（41万人）に次ぐ。

米国ではトランプ大統領の就任で移民排斥の動きが強まり、欧州連合（ＥＵ）も移民受け入れの是非で揺れている。アジアでは国家間や地域間での外国人材の獲得競争が過熱し、奴隷制度をほうふつとさせる過酷労働も表面化。地球規模で人が往来するグローバル化の中で、移民問題は地続きであり、正面からの議論を避けてきた日本も既に当事者となっている。

定住外国人との共生の道を探る「新 移民時代」の第６章では、アジアの実情をル

ポする。世界の潮流に目を凝らせば、日本型の移民政策の在り方が見えてくるはずだ。

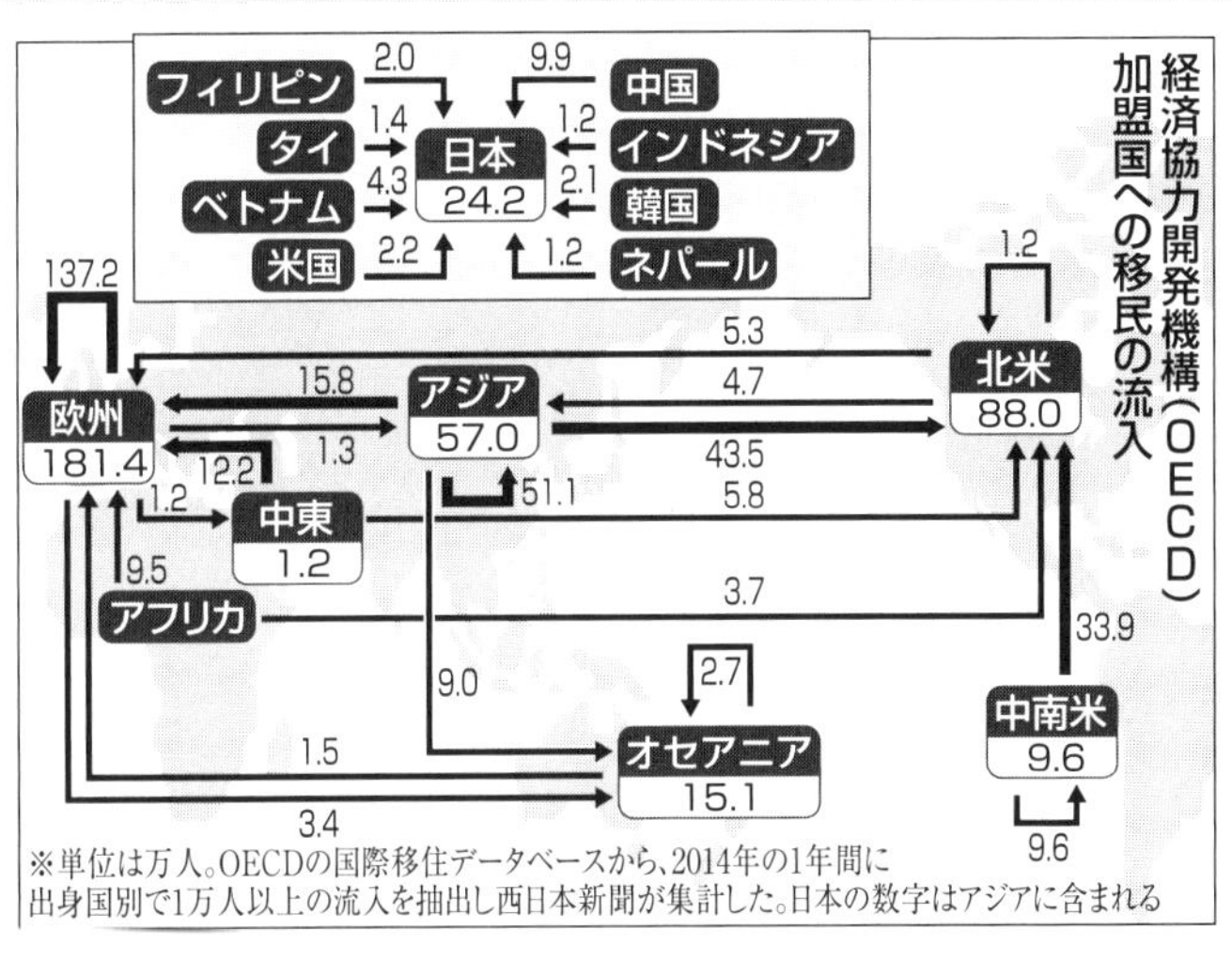

※単位は万人。OECDの国際移住データベースから、2014年の1年間に出身国別で1万人以上の流入を抽出し西日本新聞が集計した。日本の数字はアジアに含まれる

1　ミャンマー「逃げる」介護人材

高層ビルの一室は張り詰めた空気に包まれていた。「介護は大変な仕事だけど、つらい時はどうしますか」。若い女性が緊張で手を震わせながら答えた。「何があっても我慢します」

ミャンマーの最大都市ヤンゴンで行われた技能実習生の面談。長崎県から来た社会福祉法人関係者は、女性12人を面接し、5人に「合格点」をつけた。いずれも地元の日系企業ジェイサットコンサルティング（ＪＳＡＴ）が育成した介護労働者の卵だ。

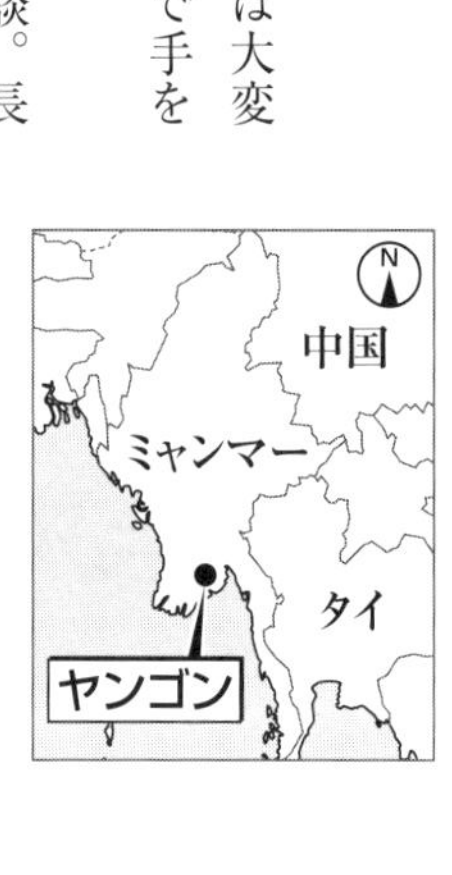

２０２５年、日本の介護現場は38万人の人材不足に陥るといわれる。国民の平均年齢が27・9歳と若く、仏教の教えで高齢者の世話を「功徳」と考えるミャンマーは、有望な人材供給国だ。２０１５年から介護人材育成事業を手掛けるＪＳＡＴには、日本各地の施設から続々と採用の相談がくる。

ところが、西垣充社長（46）には大きな悩みがある。せっかく育てた人材が、次々に「逃げる」のだ。「シンガポールなど他の国や、別の業種に移ってしまうんですよ」

ＪＳＡＴの介護実習生候補は1～3期生32人。1期生は10人いたが次第に減り、最後の４人が2017年3月に辞めた。一番の理由は日本の介護実習生受け入れの遅れだ。

当初2016年4月といわれた制度開始は、法整備の遅れで2017年11月にずれ込んだ。日本語が上手な人材ほど、待ちきれずに他分野の実習生になる。残った4人をつなぎ留めるため、西垣社長は月1万3千円の「待機料」まで支給していた。「介護施設の内定も出ていたが、家族のために早く稼ぐ必要があったのでしょう」と残念がる。

日本で働くことを夢見て、実習生送り出し機関の教室で日本語学習に励む女性たち（ヤンゴン）

訓練の難しさと期間の長さも壁になる。医療団体による座学と、排せつの介助など老人施設での1カ月の実習、さらに日本語の学習。日本語能力はＮ３（やや自然に近い速さの会話を理解）程度という、他の職種より高いレベルが要求される。収入を得るまでに最低1年。総額25万円の授業料も必要だ。若者には、すぐに働けて、深夜勤が多く、金になる総菜調理などの職種が魅力的に映る。

＊

高齢化が進むアジア。ミャンマーの介護人材に期待する国は日本に限らない。「タイに介護施設を造る。ミャンマーから人を出せないか」。ヤンゴンで２０１７年３月初旬、こんな商談が行われた。シンガポールの企業は住み込みで高齢者を世話する人材の養成を始めた。日本の実習生より就労期間が長く、待遇も良い。ミャンマーの若者たちは各国の条件や待遇をてんびんにかける。「日本はもはや魅力的な出稼ぎ先ではない。門戸を開ければ喜んで来てくれる時代ではなくなった」と専門家は言う。

日本へ渡る介護実習生の「帰国後」を視野に入れた動きもある。日本・ミャンマー合弁の「ポールスターカイゴサービス」は、国内での訪問介護やタイ、シンガポールへの再派遣を考えている。アウン・リン・ティン社長（43）は断言する。「最先端の日本式介護を学んだ人材は貴重な存在。必ず世界中で必要とされる日がやってくる」

2　タイ　不法就労生む急成長

現れたのは、タイ語がほとんど話せない、貧しいミャンマー人の若者だった。「僕は無知だった。自分の権利も知らなかった」。タイ中部サムットサコン県にある非政府組織（ＮＧＯ）「移民労働者権利ネットワーク（ＭＷＲＮ）」の事務所。ナン・ウィンさん（28）は、タイで不法就労したことを深く悔やんでいた。

実家の農業では食べていけず、ブローカーの仲介で密入国。中部の養鶏場で約３万羽を１人で世話した。午前７時から午後５時まで働き、２時間休憩して、また翌朝５時まで働く毎日。「オーナーに『寝るな』と言われ、鶏舎の横で朝まで過ごした。１羽死ぬと罰金なので、ずっと見張らないといけなかった」

３年８カ月働いて、日給は最低賃金以下の７５０円程度。身分証はオーナーが保管し、外出は週１回監視付きで市場に行くだけ。２０１６年６月、市場で手に入れたスマートフォンでＭＷＲＮに「助けて」と送信し、14人が救出された。

「不法入国者の弱みにつけ込む業者は後を絶たない」。ＭＷＲＮのコーディネーター、スタシニさん（48）は言う。背景にはタイ特有の事情がのぞく。

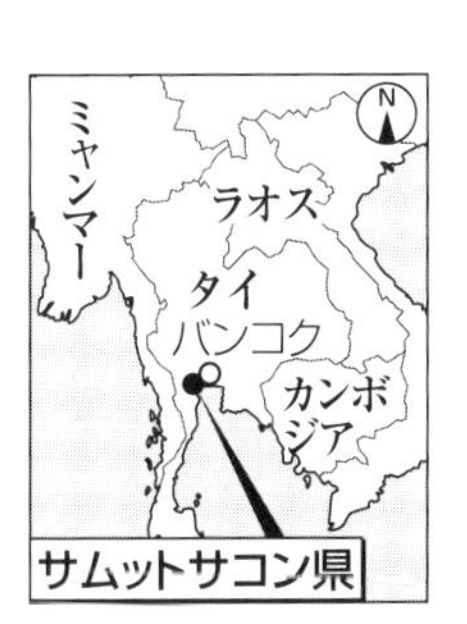

港に魚を水揚げするタイの漁船。船員はミャンマー人が多い（タイ・サムットサコン県）

以前は出稼ぎ労働者の供給国だったが、1990年代以降は東南アジアの生産拠点として海外から投資が集中。日系自動車会社などの雇用が急増し、0・9％（2016年）の低失業率と、中国に近い高賃金を誇る。

あおりを受けたのが高給のタイ人を雇えない中小業者。日本など先進国へ渡る金のない貧しい不法入国者に目を付けた。陸続きのミャンマーやカンボジアから100万～200万人が流入しているともいわれ、低賃金で劣悪な労働環境に甘んじている。

サムットサコンで通訳をしているミャンマー人のトゥン・リンさん（34）もその一人。漁船で17年間過酷な労働を強いられた。「タイ人は銃を手に命令するだけ。ミャンマー人が朝から晩まで働いた」。巻き上げ機に挟まれて右手の指4本を切断したが、治療を受けたのは3日後。提訴して補償をもぎ取った。「タイ経済を底辺で支えているのは私たち。母国がもっと豊かだったら……」と目を伏せた。

タイ政府も手をこまねいているわけではない。

２０１３年以降、外国人の労働許可手続きを簡素化して合法的な入国を促し、雇用主の罰則を強化。２０１５年には漁業者の労働改善を求める欧州連合（ＥＵ）からの水産物輸入禁止圧力もあって、改革に本腰を入れた。ただ、現場には汚職がはびこり「対応は賄賂次第」（不法滞在経験者）。労働省幹部は「法律を機能させることが一番大事だ」と打ち明ける。

日本はタイの水産物輸出先（金額ベース）２位。鶏肉はトップだ。ＭＷＲＮのアンチョー副会長（52）は言う。「日本の消費者は食材がどんな現場で生産されているのか関心を持ってほしい。涙にまみれたチキンを食べないためにも」

３　中国　夢求めアフリカ村へ

「小北（シャオベイ）」という名の地下鉄駅を出ると、中国とは思えない光景が広がっていた。アフリカ出身とみられる黒人がたむろし、民族衣装の女性が行き交う。「ＡＦＲＩＣＡＮ　ＦＯＯＤ」の看板を掲げた料理店が並び、かすかに香水のような独特のにおいを感じた。

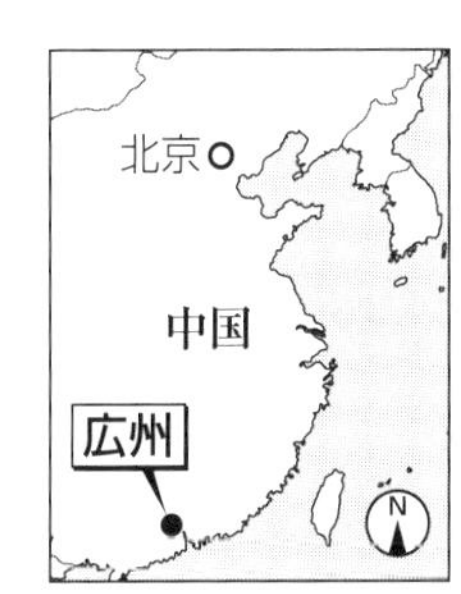

中国沿海部、広東省の省都、広州市。人口１３００万人以上を抱える大都市には「アジアで最もアフリカ系外国人が多い街」という顔がある。小北は「リトルアフリカ」「チョコレート村」

商業施設の衣料品店でアフリカ出身とみられる男性たちが熱心に商談していた（広州市）

と呼ばれる。

移住の目的はビジネス。衣料品や雑貨、家電などを仕入れ、本国に送る。「広州に来たのは10年前だよ」。テークアウトのアフリカ料理を買っていた男性（34）は、中部アフリカのコンゴ出身。衣料品の商売をしているという。

「郊外の工場に直接買い付けに行けば、安く仕入れられる。仕事はうまくいっているよ」。中国語を驚くほど巧みに操った男性。在留資格はあるのか、と聞く前に立ち去った。

２０００年以降、中国は資源確保などの目的でアフリカに急接近。鉄道や工場などの投資残高は日本の３倍を上回る３２５億ドル（14年末）に拡大し、貿易額も10倍以上に増えた。中でも「世界の工場」として成長する広東省にはアフリカ出身者が押し寄せた。

地元メディアによると、広州に定住するアフリカ系外国人は公式には約1万1千人。不法残留者も多く、省全体で10万～20万人という説もある。地元政府関係者は明かす。「入国後にわざと身分証明書を捨て、当局に見つかって本国に送還されても、偽名でまた入国してきたケースもあった」

格安スマートフォンをはじめ安価な中国製品はアフリカで人気が高く、「市場は中国製品だらけ」といわれる。アフリカの人々にすれば、中国は「夢をかなえる場所」なのだろう。広州駅周辺の卸売市場では熱心に商談をする黒人たちを見掛けた。小北のような場所は、市内外に何カ所も点在する。

ただし、中国はアフリカからの移民を労働力として頼りにしているわけではない。

「アフリカ人がいる辺りは危ないから夜は歩かない方がいい」。広州の大学に通う福岡市出身の留学生、川添奈緒美さん（27）は、中国人の友人からそう忠告された。一方、アフリカの留学生はこぼす。「中国人は俺たちを見下している」

「彼らを相手に商売しているが、本当は好きじゃない」と衣料品店経営の中国人男性（44）。自由で開放的な広州でも、摩擦や偏見がくすぶる。

中国政府は2017年4月、学歴や語学力で外国人をランク付けする就労許可制度を導入した。治安面も考慮し、「優秀な人材」以外は入国を抑制する狙いとみられる。ただ、経済発展や少子高齢化に伴い「大都市で単純労働の担い手が不足しつつある」と専門家は指摘する。

世界第2の経済大国にも、移民と本格的に向き合う時代が迫ってきている。

4　台湾　「脱中国」で門戸拡大

車座になって談笑する人、スマートフォンで写真を撮り合う人。女性たちの頭をすっぽり覆うのは、イスラム教徒が使う赤や黄色のスカーフ「ヒジャブ」だ。台湾の交通の中枢、台北駅構内の広場は毎週日曜日になると東南アジア系の人々の「集会場」と化す。

無料で一日過ごせる広場は、出稼ぎ労働者たちの憩いの場だ。同郷の仲間が集まり、最後はきれいに片付けて帰る。最初は迷惑がる台湾人もいたが、今はほとんどが好意的。2年前にはイスラム教徒用に4畳ほどの礼拝室も設けられた。

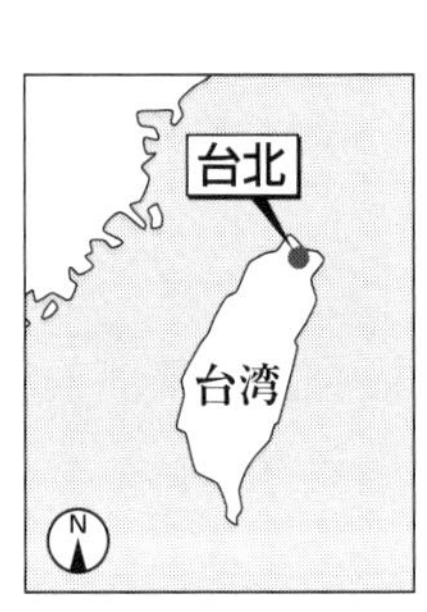

片隅で、台湾人の王江来（ワンジィァンライ）さん（62）が車いすの母親（93）と弁当を食べていた。住み込みで母親を介護するインドネシア人のスパミさん（32）を慰労するために通っているという。「私たちを気持ちよく受け入れてくれる台湾に来て本当に良かった」。9歳の娘を祖国に残すスパミさんは笑顔を見せた。

台湾政府は1992年に外国人の雇用を広く認める就業服務法を施行した。最大の特徴は、日本では許可されない家事や介護、建設などの単純労働者を受け入れたこと。背景には、少子高齢化の進行や政府プロジェクト推進があった。

台湾の出生率は1・18％（2015年）と低く、共働き夫婦が多いため家事や介護の担い手不足が深刻化。1991年に始まった「国家建設6カ年計画」で公共事業が急増し、建設現場も人手不足に陥った。そこで、台湾人労働者の補充として外国人雇用を解禁したのだ。

さらに、蔡英文（ツァイインウェン）政権が、中国依存型経済から脱却するため東南アジアとの交流を進める「新南向政策」を開始。2016年10月に就業服務法を改正し、外国人単純労働者に対する3年に1度の出国義務を撤廃。20万元（約74万円）に上る再入国費用が不要になった。

外国人雇用は年々拡大し、2016年は62万5千人に。東南アジア出身者が大半で、トップのインドネシアが24万5千人を占める。

経済部商業発展研究院で新南向政策を担当する何景栄（ハージンロン）氏は「東南アジアの女性にとって男女差別や雇い主の暴力が少ない台湾は魅力的な働き場所だろう」と指摘する。

外国人労働者の大量流入は摩擦も生んでいる。

2000年まで3％未満だった失業率は一時5％を超え、現在も4％近い。失業者らの間では、外国人に職を奪われる不安がある。待遇への不満などから失踪する例も後を絶たない。これまでに総計24万人が行方不明になり、現在も5万人が不法残留している疑いがある。

それでも台湾は「移民」に寛容だ。そこには、信教の自由や人権重視を国際社会にアピールし、孤立化を防ぐ狙いも透ける。

2016年12月、台北市の国際移民デーの催しで蔡総統は外国人労働者の前で力を込めてあいさつした。「台湾は移民社会。扉を開き、包容力を持って多元的文化を受け入れる。皆さん、台湾に来てくれてありがとう」

5　韓国　不人気職担う27万人

さび落としに使う塩酸の刺激臭が鼻を突く。ネパール人の男性が数百度の亜鉛槽に身を乗り出して金属かすをすくう危険な作業をしていた。

韓国・ソウル市中心部から南へ電車で1時間超。安山市の工業団地にあるメッキ工場では、現場労働の5割を外国人が担っている。「1年365日求人しても、誰も来ない」（会社）からだ。日本で働く外国人技能実習制度の期限は3年間。韓国ではその3倍以上、10年近く働ける。最低賃金ながらも、残業、休日出勤が多いため、月に約27万円を稼ぐこともある。

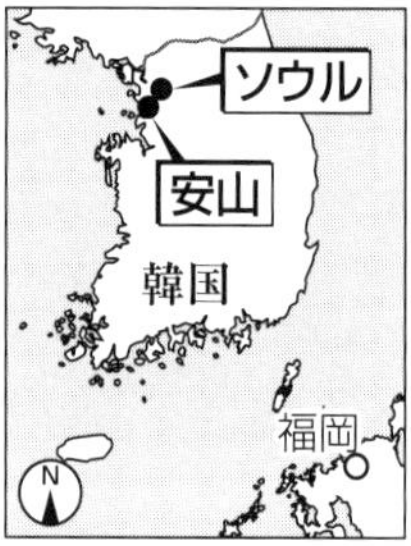

ソウル市の金型工場で働くネパール人のライ・ニロクマロさん（23）は9カ月前にやって来た。日本も考えたが、「より長く働ける韓国を選んだ」。稼いだお金で母国に家を建て、ビジネスを始めるのが夢だ。

韓国は1992年ごろ、日本の実習制度をまねた仕組みを導入した。ところが、不法就労者の増加、入国を仲介する業者らによるピンハネなどが問題化。そのため、2004年に日本に先駆け、外国人を労働者として受け入れる「雇用許可制」に切り替え、政府が直接管理に乗り出した。受け入れるのは政府が覚書を交わした国の労働者だけ。韓国の失業率は5%と高く、国民の職が奪われないよう、求職者が集まらない企業しか採用を認めない。受け入れ枠は業種ごとの人手不足の状況を踏まえ、政府機関が毎年決める。

大学を休学して韓国に出稼ぎに来たライ・ニロクマロさん。プラスチックの金型製造などに携わっている（ソウル市）

企業は自ら海外へ面接に出向く必要はなく、政府が提示した名簿で採用を決める。日本と違って仲介業者に手数料などを取られる余地も減った。一方で職種は製造、建設、農漁業など単純労働5業種を許可。外国人労働者の不法就労率は、80%台から一時6%台まで一気に下がった。

制度による外国人労働者は2016年10月で約27万人。人口比では実習生扱いの日本の3倍になる。韓国に倣い、日本でも雇用許可制に切り替えるべきだとの声が強まっている。

韓国でも課題はある。

雇用許可制導入後、2012年ごろから不法就労率が上昇し、2016年は約14％に達した。一因と考えられるのが、4年10カ月の最初の滞在期間を延長する際の一時帰国義務だ。政府系の韓国労働研究院、李奎容（イキュヨン）専任研究員（54）は「手続きも煩雑で、不法滞在が減らない」と指摘する。

「労働者の権利がまだ不十分」と不満を漏らすのは、ソウル・京畿・仁川移住労働者労組のウダヤ・ライ委員長（49）＝ネパール出身。転職は3回までできるものの、事業主の了解が必要なため、低賃金で我慢している労働者が多いという。日本の実習制度では原則転職は認められない。日本と同様に少子高齢化が進む中で、外国人労働者に頼らざるを得ない韓国。だが、政府内には「安い労働力に頼ったままだと、産業の構造改革につながらない」など、これ以上の受け入れ増加に否定的な声もある。

6　韓国　受け入れと支援セットで

給与の不払いや過重労働――。外国人労働者の相談に応じるため、韓国では各地に支援施設が設けられている。ソウル市城東区の外国人勤労者センターもその一つだ。

「ひどい目に遭っています」。２年前の２０１５年に駆け込んできた20代のベトナム人女性は、冷凍鶏肉の解体施設で１日に８千回も包丁を使い続け、凍傷で指が動かなくなった。会社を移りたいと事業主に申し出たら、減給されるなどの嫌がらせを受けた。２０１６年、センターの仲介でようやく労災が認められ、転職できた。

センターに寄せられる相談は年間約３５００件に及ぶ。石媛晶（ソクウォンジョン）センター長（58）は「働き先で不当な扱いを受けたら、不法滞在を覚悟して逃げるか、国に帰るしかない。そんな外国人を助けたい」と話す。センターの運営はソウル市が民間に委託。相談窓口や子どもの遊びスペースなどを備える。定期開催される韓国語とパソコン教室には毎回約２５０人が参加し、月２回設ける「歯科医院」には約50人が並ぶ。利用は全て無料だ。

韓国では、外国人の受け入れ拡大と生活支援をセットで行ってきた。政府はソウル市とは別に、全国約40カ所に外国人労働者支援センターを開設する。その経費は毎年数十億円に上る。日本では日系ブラジル人らを多く受け入れる自治体に同じような相談窓口がある程度。技能実習生や出稼ぎ留学生を支援する公的施設は少ない。

単一民族意識が強いといわれてきた韓国だが、労働政策研究・研修機構（東京）の呉学殊（オウハクス）主任研究員（54）は「多文化社会への意識、理解が高まりつつある」とみる。外国人支援は、教会や寺などを母体とする民間組織が各地で積極的に行ってきた経緯もある。

中国人女性（右）の相談に応じるソウル市城東区の外国人勤労者センター職員

＊

多くの外国人が工業団地で働く安山市。政府が民間委託する支援施設「安山外国人労働者の家」をのぞくと、中国人の高校生３人が韓国語の補習授業を受けていた。親の仕事の関係で韓国に住んでいるが、言葉が不自由で地元の学校に通えない子どもたちだ。講師の費用は国や市が負担している。

「労働者の家」は、事業主とのトラブルで家を失った外国人に宿舎を提供するシェルター事業も実施。施設を利用する韓国系中国人の男性（45）は「労働相談や医療支援などで助けられた外国人をたくさん見た」と話す。

外国人労働者は安山市をどう変えたのか。牧師でもある施設長の李廷爀（イ・ジョンヒョク）さん（50）は「街に活気が戻ってきたと肯定的に見ることができる半面、混乱が続いていると捉える市民もいる」と指摘。その上で「さまざまな文化が入り交じることには恐れもあるが、エネルギーのある社会にもつながる。韓国も日本も、越えなければならない壁ではないのか」と強調した。
人々が激しく「交差」するアジアには、日本が進むべき移民政策のヒントがある。

アメリカからの報告

日系人が見た　揺れる超大国

移民排斥とも取れる発言を繰り返すトランプ大統領の下、米国が揺れている。約140万人いるとされる日系人たちから見た「移民超大国」の断面を伝える。

「米国の恥」　悪夢再び

夏休み中の観光客でにぎわうスミソニアン米国歴史博物館（首都ワシントン）の展示室で、古びた写真や資料を前に立ち話する日系の女性たちがいた。「キャンプの歴史は米国の恥よ」

キャンプとは、第2次大戦中、日本にルーツを持つ約12万人が「敵性外国人」として隔離された収容所。砂漠地帯など10カ所以上に強制収容する大統領令の発効から2017年で75年を迎え、当時を振り返る特別展が開かれていた。

日系人の話に耳を傾けていた30代の女性がいた。両親がバングラデシュ移民のイスラム教徒。

「同じ事がまた起こるかもしれない」と表情が硬い。理由はトランプ大統領の移民政策というが「彼に望むこと？　そんなものはない」。怒りを押し殺すように答え、日系人と言葉を交わしていた。

トランプ氏はテロ対策を名目に、一部イスラム圏からの入国を規制する大統領令を出し、差別だと非難を浴びた。しかし、連邦最高裁は部分的な施行を容認。世論調査では国民の3～4割が、移民に厳しい現政権の施策を支持している。

「その支持率は決して小さくない」。両親が収容所生活を経験し、資料写真を博物館に寄贈した日系3世のロン・モリさん(55)も不安を隠さない。

75年前のような排斥思想が色濃くにじむ新大統領令に黙っていられれず、今春から人前で両親の話をするようになった。トランプ氏を直接的に批判はしない。ひたすら「今こそ歴史を思い出す時だ」と訴える。

ニューヨークでは日本文化を発信する日系人らのグループが、収容所を知る日系人からの聞き取り活動を進めている。強制収容の歴史を改めて世に問おう

強制収容の歴史を振り返る特別展で言葉を交わす日系人やイスラム教徒の女性たち（米ワシントンのスミソニアン米国歴史博物館）

——。こうした各地の動きは、日系人の間に高まる危機感の裏返しでもある。

戦後72年。先の大戦を経験した日系人の高齢化が進む中、特別展は福岡県出身の学芸員、実藤紀子さんが「平日の1時間に200人来る日もある」と驚く反響で、2018年2月までの会期が年末まで延長された。企画段階ではトランプ政権の誕生は想定されていなかったが、来場者からは強制収容の当時と現在を重ね合わせる感想が数多く聞かれた。

「移民差別は昔からあるけれど乗り越えてきた。心配しないで」。7月に訪れた高齢の白人女性は、穏やかに語った。その言葉を打ち消すように、8月5日にはミネソタ州のモスクに爆発物が投げ込まれるなど、イスラム教徒を狙う憎悪犯罪（ヘイトクライム）は増えている。12日にはバージニア州で白人至上主義者を巡る衝突事件も起きた。

大統領令を受けてカリフォルニア州のマンザナー強制収容所に送られる日系人たち（1942年）

排斥の矛先がまたいつ日系人に向けられるかもしれない。「北朝鮮が核ミサイルを撃ち込んだら、容姿が似ている私たちも差別の標的にされかねない」。サンフランシスコから特別展に訪れた日系人グレッグ・マルタニさん（70）の懸念は決して大げさではない。

翻る〝反旗〟

真珠湾のある米ハワイ州オアフ島の病室で、101歳の生き証人は語り始めた。「皆、次々と手を挙げた。軍隊に入りますって」。日系2世のクスオ・タダさんは、太平洋戦争開戦の翌1942年から4年半、日系人強制収容所での生活を余儀なくされた。

北米各地の収容所から約4千人が志願兵となり、勝利に貢献した。中でも日系人の「第442連隊戦闘団」は米国史上最多の勲章を受けた部隊として知られる。

過酷な戦場もいとわなかったのは「市民と認めてもらうためだよ」。そう語るタダさんは、収容所に残った。「日系人は目障りだと扱われて我慢できず、抗議してね」。それもまた「市民と認められるため」の選択だった。結果、日系人社会は政治に分断された。

米政府は1988年、強制収容を命じた大統領令の誤りを

強制収容を経験したクスオ・タダさん。新聞を熟読し、トランプ政権の移民政策に目を凝らす（米ハワイ州ホノルル）

海軍航空基地であった市民宣誓式。国籍を得る移民130人が参列し、軍人が見守っていた（米フロリダ州ペンサコーラ）

認め、謝罪した。そもそも米軍には、当時も今も、移民の支えなしには成り立たない現実がある。その象徴的場面に２０１７年7月、フロリダ州ペンサコーラの海軍航空基地で立ち会った。

＊

「国内外の敵から合衆国の憲法を守り抜きます」。軍人たちが見守る中、52カ国出身の１３０人が右手を挙げ、忠誠を誓った。どの顔も晴れ晴れとしていた。

市民宣誓式――。米国籍の取得には永住権を得て一定期間居住し、試験を受け、各地で催される宣誓式に臨む必要がある。中には軍に入る移民も少なくない。米軍には「対テロ戦争」の兵員確保策として、優先的に国籍を与える制度がある。

ペンサコーラは日系初の海軍大将、ハリス太平洋軍司令官が育った町。その海軍は13人に１人が外国出身とされる。軍全体の最近の統計は出ていないが、基地司令官などを歴任したドイツ系移民2世の大佐（51）も「軍での訓練や共同生活が出自の違いを乗り越える社会統合プログラムになっている」と胸を張る。軍は米社会の縮図ともいえる。

そこへ〝トランプ砲〟が響いた。

8月12日の白人至上主義団体と反対派の衝突事件について、トランプ大統領が「双方に非がある」などと発言。これに陸海空、海兵隊の4軍トップが相次いで声明を出した。「陸軍は人種差別と過激主義、憎しみを許さない」「海兵隊に人種的な憎しみや過激主義の入り込む余地はない」……。

日系人社会に詳しいワシントンのシンクタンク研究員は「軍の最高司令官である大統領への〝反旗〟は異例。米国は多様な人種と互いの不満を抱えながらもバランスを保って発展してきただけに、移民国家の危機感の大きさを表している」と指摘する。こうした反発は、移民の最高経営責任者（CEO）が珍しくない財界にも広がっている。

「ハワイの経済だって、真面目な日系人がいないと回らなかったんだから」。タダさんもまた、トランプ政権による移民排斥の空気を肌で感じている。自身は収容所からハワイへ戻り、菓子卸売業で成功。「移民超大国」に居心地の良さを感じながら生きてきた。

「過ちを繰り返したらいけん」。多田九州男――。福岡・筑豊にルーツのある101歳も警鐘を鳴らす。

Interview

未来を創る財団代表理事
石坂芳男氏

▶いしざか・よしお　2001～05年にトヨタ自動車副社長を務め、08年から顧問。外国人政策などを提言する「未来を創る財団」の設立に参画した。

外国人労働者の施策は現在の「還流型」から「定住型」へと転換するべきだ。技能実習生のように数年で母国へ帰ることなく、安定して働く労働者を確保できることは企業側にもメリットがある。

製造業や労働集約型産業は人手がいる。日本の製造業は、かつては地方から労働者を集め、海外人材としては日系ブラジル人に頼った。中小企業など下請け企業には高い賃金を出せない事情もあった。製造業は現場で仕事を覚えやすく、日本語があまり分からなくても一定の作業を習得することはできる。「トヨタ生産方式」の場合、日本発の品質や効率化を研究し続け、世界中の工場で作業工程を共有した。

現在はアジアなどからの技能実習生が増加傾向にあるが、「研修」を名目に、実態は「低

Interview

定住型への転換必要

賃金労働」として利用しているケースが多い。こうした実態は改めるよう企業への指導を進める必要がある。彼らは数年で帰国してしまうが、模範的に働き、企業が必要とする実習生は少なくとも滞在の自動延長を認めてはどうか。定住したい実習生には在留資格変更を可能にする方法もある。

私は米国トヨタ自動車販売社長などの立場で、米国やオーストラリアで13年過ごした。1990年代で既にLGBT（性的少数者）や、多様な人材を生かす「ダイバーシティ」という概念があった。職場にはさまざまな国籍の社員がおり、彼らの視点を企業戦略に生かした。

グローバル企業でなくとも、職場に外国人が入るとコミュニケーションが活発化し、新しい知恵が生まれる。生産性が低いとされる日本のサービス産業の改善に、外国人の発想が役に立つかもしれない。地域コミュニティーも同様で、外国人が住めば高齢化した地域の平均年齢を下げる効果もある。

高度外国人材は、企業や国を選べる立場にある。優秀な人材獲得には年功序列など日本的な人事政策は見直す工夫が必要だろう。米国のようなパフォーマンス重視や、日本型を組み合わせた折衷型が考えられる。

国家戦略特区で2017年3月から外国人の家事代行サービスが始まったが、パッチワーク的な政策では規模やスピードが足りない。外国人政策は入国管理や教育、医療、経済など多岐にわたる。総合的に進める官民組織「定住外国人政策委員会」を設置するなど、国を挙げて真正面から向き合っていく課題だ。

第7章 ともに生きる

気が付けば、お隣さんは外国人——。そんな時代に私たちはどう向き合えばいいのだろう。「隣人」との共生を考える。

心ない落書きがなされたベンチが友好を象徴するアート作品となった（埼玉県川口市）［本章196～197頁］

1　「これだから中国人は」

博多湾に浮かぶ福岡市東区のアイランドシティ。市が造成したこの埋め立て地には、良質な住環境を求める高所得者が多い。現在も宅地開発が進むその一角に、天をつくようなタワーマンションがある。入居開始は２００８年。上層階の分譲価格は1億円を優に超えた。海と市街地が一望できる抜群の眺望と資産価値の高さが、アジアの富裕層を引き寄せた。約４００世帯の1割を中国、韓国、マレーシアなどの外国人が占める。

「事件」は外国人の入居が本格化した数年前、敷地内の駐車場で起きた。

入居者の男性が、自分の隣の駐車スペースに、いつもと違う白い車を見つけた。「これは……間違いない」。男性の脳裏に浮かんだのは、ロビーやエレベーターで出くわすいつもの顔。男性はマンション1階の管理センターに駆け込み、こう言った。

「あの中国人が止めたんじゃないか。これだから中国人は嫌いなんだ」

高級タワーマンションではめったに起きない無断駐車。入居者の男性は顔をしかめ、心当たり

アイランドシティの公園で遊ぶ中国人家族。一帯では外国人住民が増えている（福岡市東区）

の中国人入居者を名指しした。管理センターがすぐに連絡を取った。
ぬれぎぬだった。「私のじゃない。中国人への偏見ではないか」。中国人は憤慨した。管理センターが警察に照会し、持ち主が判明。止めていたのは入居者の知人の日本人だった。男性は後日、この中国人に「差別的な発言をして申し訳ありません」と謝った。

「多くの外国人はここに住んでいることに誇りを持っている。母国のイメージを壊さないためにも、生活マナーには特に気を使っている」。マンション管理センター長の向井秀和さん（67）は明かす。

むしろ世界で活躍するグローバル人材の彼らには、一部の日本人の振る舞いが奇異に映る。「ロビーであいさつしても、うつむいたまま。怒っているみたい」。センターには外国人からの不満や愚痴が届いたこともある。

「差別や偏見ではなく、単に英語に自信がないだけなんだろう」。大手商社で海外勤務の経験もある向井さんには、日本人側の気持ちも分かる。どちらにも悪気はない。日本人も外国人も互いをよく知らず、不慣れなだけだ、と。

いつ「隣人」が外国人になっても不思議ではない時代。想定外の事態に戸惑うのは自治体も同じだ。

鹿児島県の離島、三島村。人口減に悩む村は3年前、移住者に「子牛1頭か現金50万円」を贈る定住促進策を打ち出した。ところがこの案内がいつの間にか英訳され、インターネットで世界中を駆け巡った。わずか人口400人弱の村に、スペイン語やポルトガル語など約180通のメールが殺到した。

住民登録に訪れ、区役所出張所の専用待合室で説明を受ける留学生たち（福岡市西区）

村は外国人移住に必要なビザ要件さえ把握していなかった。急きょ募集対象を限定したが、断りの返事をしようにも、職員約30人で英語ができるのは1人だけ。英語以外は翻訳ソフトを頼り、何とか対応した。

「今は世界中に情報が流れる。地方の村でも外国からアプローチされることは十分にあり得る」。定住促進課で対応に当たった江夏俊茂さん（31）は教訓をかみしめる。

＊

２０１７年４月上旬、福岡市西区の区役所西部出張所に「留学生専用待合室」ができた。近くの九州大学伊都キャンパスに入学する留学生たちの住民登録。通訳ボランティアや先輩学生らが付き添い、職員が日本語の書類をチェックした。この春、手続きに来た留学生は約１７０人に上った。九州大移転の進展で、周辺はすっかり「多文化共生」の最前線。国際問題もぐっと身近になる。

近くの小学校が２０１６年夏、在籍する８カ国児童の「お国自慢大会」を計画した時のこと。ロシア人とウクライナ人の児童が発表予定の作文に、ちょっとした重複があった。「ボルシチは私の国の郷土料理です」

担当教諭は事前調整で、うっかりウクライナの方からそのくだりを削った。これに両親が激怒した。「あなた方はロシアが何をしたのか知らないのか」。クリミア半島を巡る国際紛争が影を落としていた。

発表本番。双方に納得してもらい、ボルシチは「両国で親しまれている料理」と紹介された。「驚きましたが、いい勉強になりました」。視野を広げた「学び」の経験に、担当教諭がうなずいた。

2　想像力　人知れず苦悩抱えて

フィリピン人の徳永リザさん（48）＝福岡県筑後市＝は2017年4月、地元の子ども会の会長になった。28年前に興行ビザで来日し、日本人の夫と結婚して16年。一昨年はじゃんけんに勝って免れたが、娘が小学6年になり、何らかの役職を引き受けざるを得なくなった。明るい性格で近所に友人も多く、取れたての野菜を持ってきてくれる人もいる。笑顔を絶やさず、気さくに話し掛けるのが仲良くなるこつ。「早く彼氏つくりんしゃいよ」と独身女性をからかうこともある。周囲には日本語が堪能と映る。

実際には、分かる単語や相手の表情から「フィーリング」で推測。理解できないまま、にこにこ聞いていることも少なくない。総会、廃品回収……。会合で飛び交う言葉の多くは初耳だ。「行く」は分かるが「出席」は分からない。市役所から頻繁に届く通知も、平仮名しか読めない。目下の課題は七夕や夏祭り。日本人の役員に助けられてはいるが「責任が重くて泣きそうになる」。

＊

「ヴィルマです。メッセージおくります」

幼稚園に息子を通わせる中村ヴィルマさん（36）＝同県久留米市＝は普段、「ママ友」たちとスマートフォンの無料通信アプリでやりとりする。

漢字交じりのメッセージが届くと、インターネットの翻訳ページにコピーを貼り付け、解読を試みる。だが画面上で交わされる会話の早さに追いつけず、そのうち返信をあきらめた。

礼拝に通う教会で、日本語の勉強をする徳永リザさん（中央）らフィリピン人女性たち（福岡県久留米市）

会話の際も気を使う。「トーンが強くて怒っているように聞こえるらしいんです。だから話す時はゆっくり、ゆっくり」。方言にも悩まされる。同居する義父に「お風呂沸きました」と声を掛けたら「よか」という返事。「イエス、ノー、どっち？」

生活に必要な車の免許の取得も大変だった。学科も実技講習も日本語。筆記試験だけは英語で受けることができたが、「日本語の試験問題がそのまま英訳されているため、文章が回りくどくてネーティブでも難しい」（教習所関係者）。20～30回落ちる人が多い中、14回で合格したヴィルマさんは仲間内でちょっとした話題になった。

福岡県に住むフィリピン人は2016年時点で4648人。約半数が福岡、久留米両市に暮らす。

俣野イレインさん（59）＝久留米市＝は30年前に来日し、医師の夫と結婚した。当時に比べフィリピン人女性も地域に受け入れられてきたと思うが、偏見は今も感じる。「お姉ちゃん」と慕ってくる同胞たちに、イレインさんは「自分たちが変わらないと」と伝える。「学校に行くのに派手な化粧や髪形、服装はだめ。尊敬語などきれいな日本語も覚えなさい」。この春も入学式に着る服が分からないという母親のために、リサイクルショップに行って一緒にスーツを選んだ。

異国から来た「隣人」が人知れず悩みや戸惑いを抱えて生きている。地域に暮らす私たちも耳を澄まし、想像力を働かせたい。

3　不作為　宙をさまよう自尊心

いじめは突然始まった。

まずは無視、すぐに暴力にエスカレート。教室で土下座を強要されたときも、誰も止めなかった。1年半前のことだ。九州北部の高校1年、彰さん（15）＝仮名＝は半年間、学校に通えなかった。心当たりはある、と言う。「僕がフィリピン人のハーフだから……」

日本に生まれ育ち、日本語に不自由はない。それでも「ハーフ」の子どもたちはいじめに遭う。

違いを気にし、ある子は真夏も長袖のジャージーで浅黒い肌を隠し、ある子は縮れた髪の毛を無理やり結う。

自分を否定されることは、親の否定につながる。

高校2年の尾崎杏菜さん（16）＝佐賀県鳥栖市＝にもその経験がある。小学6年のころ。フィリピン人の母親に学校に来てほしくなくて、行事の案内を渡さなかった。どこで知ったのか、餅つき大会に顔を出した母親に「何で来たと！　恥ずかしい！」と怒鳴った。

当時を振り返りおえつを漏らす。「帰っていくお母さんの後ろ姿が、後ろ姿が……。何も恥ずかしくないのに。ごめんなさい……」

「本当にばかなことをした。やり直したい」と話す尾崎杏菜さん

＊

心に受けた痛みは、はけ口を求めて時に暴走する。

福岡県の洋介さん（22）＝仮名＝は中学生の時、非行に走った。同級生は口を利いてくれず、「外国の菌がうつる」と陰で言われた。酒とたばこを覚え、警察に何度も補導された。夜の街で声を掛けられ、暴力団事務所に出入りした。礼拝に通っていた教会の牧師に諭され、思いとどまることができたが、周囲には犯罪に手を染めるハーフの子もいた。「外人の血が入っていることを明かすのが怖かった。僕たちは自分を否定することに慣れてしまっているんです」

学校で、地域で、自尊心を傷つけられる子ども。その姿は私たちが都合よく外国人を受け入れるだけで、子どもたちの困難を直視してこなかった「不作為」を浮かび上がらせる。

１９８０年代のフィリピン人、イラン人などの大量流入に続き、90年には日系2、３世の受け入れが緩和された。日系ブラジル人が大挙して来日し、バブル期の人手不足を支えた。

だが２００８年のリーマン・ショック。雇用は突然「蒸発」し、しわ寄せは子どもに及んだ。自動車関連産業が集積する浜松市。１９９１年に来日した日系ブラジル人2世の児玉哲義さん(51)は夜の繁華街で、居場所を求めてさまよう子どもに手を差し伸べてきた。「親が失業して帰国しても『ポルトガル語ができない』と、高校生の兄と2人で日本に残った中学生もいた」

憲法上の教育の義務を外国人は負わない。失業や離婚で家庭が崩壊、子どもを学校に通わせない親もいた。深刻な事態に市は２０１１年、在籍が確認できない96人の全家庭を訪問。２０１３年に「不就学ゼロ」にこぎ着けたが、現在も2カ月おきに家庭訪問を続ける。

日本は再び人手不足の時代を迎えた。２０１７年2月、日系4世の受け入れ拡大を求める国会質問があった。安倍晋三首相は「前向きに検討したい」と述べた。

４　一歩目　心開き地域を変える

悲しみも憤りも消えることはない。でもいつかは吹っ切らないといけない。福岡市東区馬出の松本等さん（80）は、そう思いながら「あの日」からの日々を過ごしてきた。

２００３年6月、松本さんは近くに住むおいっ子家族を失った。東区一家４人殺害事件。幼い兄妹を含む家族全員を殺害、海に沈めたのは３人の中国人元留学生だった。

馬出地区には二つの日本語学校がある。地区住民の約１割に当たる９００人ほどが留学生ら外国人だが、地域との触れ合いはほとんどなかった。

２０１６年秋、区役所の呼び掛けで交流会の開催が持ち上がった。住民と留学生の代表たちが集まった最初の企画会議。校区自治協議会長の松本さんは冒頭あいさつで、こう言った。「私はあの事件の被害者家族の親類です」

あえて自身を吹っ切るための一言だった。

２０１７年2月、公民館で開いた初めての交流会は大成功だった。

「雑煮がおいしかった」「こんな体験初めて。日本が大好きになった」。中国やタイなど11カ国の留学生16人に笑顔が広がった。婦人会メンバーも一緒に料理を作り「これで道で会っても気軽にあいさつできるね」と喜んだ。

「こちらは高齢者がほとんど。話が合うか心配したが、うまくいったようだ」と松本さん。成功に気をよくして、次は秋の校区大運動会の計画を練る。「一番盛り上がるのが地域対抗リレー。向こうは若者ばかりだから、ハンディを付けないとな」

互いの顔が見える関係へ。「留学生も一人一人違うじゃろ。外国人にも馬出に住んで良かったと思われるように、優しいまちづくりを進めたい」。事件から14年、一歩を踏み出した松本さんはそう思う。

＊

台湾からの観光客に「やさしい日本語」で語り掛ける船頭の増田さん（左奥）（福岡県柳川市）

2017年4月中旬の昼下がり。福岡県柳川市の掘割をゆっくり進むどんこ舟で、船頭の増田直仁さん（20）が台湾からの観光客に話し掛けた。口にしたのは中国語でも英語でもなく、日本語。

「これは、昔の、お城の、お堀。あれが、桜です」「日本には、何回、来たことが、ありますか」

方言や敬語を使わず、文章を短く区切る。はっきり、ゆっくり発音する。「やさしい日本語」は市が推奨するおもてなし。増田さんも昨年講習会に参加し、担い手になった。

もともと英語は苦手。それまでは片言の外国語に身ぶり手ぶりを交え、外国人を案内していた。「今は日本語でリラックスして話し掛けられる。観光客の方も意外に簡単な日本語は分かるんです」。船内の雰囲気もよくなったという。

掘割の両岸の景色が緩やかに流れていく。増田さんが乗せた台湾の観光客から「サクラ、キレイ」「2カイ」と片言の日本語が返ってきた。

観光客も在住者も、外国人の多くは日本人と心を通わせたいと願っている。構えずに、自然体で。今までとは違う景色が見えてくるはずだ。

5　橋渡し　声つなぐ知恵と経験

「日本語ができないだけで契約を断る。差別ではないか」「契約のとき、暮らしのルールも教えてほしい」。不動産の賃貸契約について、外国人メンバーが次々に経験談を語りだした。近くに座る地元の不動産業者らがペンを握り、内容を書き留めていく。

2017年3月下旬、東京・新宿区役所で開かれた「多文化共生まちづくり会議」。在住外国

心ない落書きを消し、中国人と日本人の住民が一緒に手形を装飾した団地のベンチ（埼玉県川口市）

人と日本人の住民代表らが同じテーブルを囲み、共生の課題を話し合う枠組みを、区が発足させて5年になる。

これまで扱ったテーマは教育、防災、住宅……。言葉の壁で埋もれがちな悩みや要望が、外国人メンバーの口から明るみに出た。自治体が音頭を取り、外国人と行政、住民、民間が知恵を出し合う「プラットホーム」が機能している。

「ではどうすれば借りやすくなるか、具体的に考えましょう」。不動産契約を巡る外国人の不満を受け、進行役の大学講師が呼び掛けた。会議は２０１８年夏にも改善に向けた提言をまとめる。区は不動産業界にも配布し、協力を求める予定だ。

外国人と日本人をつなぐ仲介役は、住民同士の対立や不信感を和らげるのにも欠かせない。

埼玉県川口市の「川口芝園団地」は入居者の半数近くを中国人が占める。以前からの住民は、ごみ出しや騒音のトラブルに不満を募らせてきた。

団地のベンチに「中国人帰れ」という落書きが見つかった２０１５年春。団地のイベントを手伝った経験のある学生有志が提案した。「ただ消すだけでなく、友好のシンボルにしよう」。それまでほとんど交流のなかった日中双方の住民が「若い人がやるなら協力しよう」と動いた。約50人が集まり、ベンチにペンキを塗った。手形を装飾し、友好を象徴するアート作品に仕上げた。

交流事業では、中国人の顔を見るや日ごろの苦情をぶつけ始めた日本人住民に、学生がすかさず「今は前向きに話しましょう」と割って入る場面もあった。自治会役員の岡崎広樹さん（35）は「大学生が緩衝材になり、関係がスムーズになった」と振り返る。

もちろん九州にも参考になる事例がある。

「皆さん、今日初めて日本の学校に来た方がいます」。２０１７年4月12日、福岡市西区の内浜小学校であった入学式後の保護者説明会。教員に促され、エジプトとベトナムから来た児童の両親が、保護者全員の前で「よろしくお願いします」とあいさつした。

この自己紹介をお膳立てしたのは、日本語指導拠点校担当教員の池田芳江さん（63）。日本人は距離を置きがちだが、外国人保護者は「気軽に声を掛けてほしい」と思っていることを、過去の経験で知っていた。試みは奏功。説明会後、帰途に就く保護者の一人が、外国人の両親に話し掛けていた。

互いの距離を縮める橋渡しの経験とノウハウが、自治体や地域で積み重なる。多文化共生社会が少しずつ近づいてくる。

6　近未来　最期を迎える日まで

「あんた英語話せんか?」と自治会長に頼まれたのが始まりだった。福岡市西区の細川知子さん(51)は2年前、同じ団地に入居したナイジェリア人一家の世話役を引き受けた。若い頃に世界中を旅し、外国人と暮らした経験もあった。

ごみ出しルールの説明に始まり、子どもの入学手続きから宿題、連絡帳の記入まで手伝った。「最初は食事に招かれたこともあった。でも、だんだん当たり前のような態度になって……」

呼び出されて駆け付けると、山積みのチラシと郵便物の仕分けを頼まれた。母親は日本語を覚えず、学校などからの連絡も集中した。レンタルDVDの延滞料を巡るトラブルの仲裁に入ったこともあった。

耐えきれなくなり、その一家の父親が留学する九州大学に相談。距離を置くようにした。一家は2017年3月末に帰国したが、何となく気持ちは晴れない。

外国人も人それぞれ。日本人に荷が重いこともある。そんな時、同じ文化や習慣で育った同胞の存在は、やはり大きい。

「私も助けてもらった。困っている人を助けるのは当たり前」。フィリピン出身のマリエッタさん(37)=仮名=は、外国人女性を支える福岡市のNPO法人「女性エンパワーメントセンター福岡」で通訳ボランティアを務める。

19歳で来日し、繁華街で十数年働いた。３年前に先立った夫が残した借金が原因で訴えられ、センターに駆け込んだ。相続放棄の手続きなどを手伝ってもらい、問題は解決。今は昼間の定職を得て、息子２人も高校生になった。

市の相談窓口で、来日間もない同胞女性の通訳を務めた。泣きじゃくり、フィリピン語で夫の暴力を訴える女性の言葉をゆっくり聞き、伝えた。センターではマリエッタさんのような在住外国人20人が13カ国語の通訳をする。

支えられる側から、支える側へ。苦労して日本社会に定着した先輩が、これから日本を訪れる外国人たちの安全網になっていく。

＊

外国人は地域の一員になった。今は仕事と子育てに追われる人たちも、いずれ老後を迎える。そんな「近未来」の光景が京都・鴨川のほとりにあった。

特別養護老人ホーム「故郷の家」は、約１００人の入所者の７割を在日コリアンが占める。17歳で日本に渡った女性（96）のおはこは、少女時代に覚えた祖国の歌。「故郷を離れて嫁ぐけど――」。韓国語で口ずさむと、隣の女性（86）の目から涙がこぼれた。認知症が進み、韓国語しか話せなくなった人もいる。

在日コリアンに配慮した特別養護老人ホームでは、入所者とスタッフが韓国語で話していた（京都市）

理事長の田内基さん（74）の父は韓国人。日本人の母、千鶴子さんは韓国で3千人の孤児を育て、1968年に韓国で「梅干しが食べたい」との言葉を残して亡くなった。だから入所者の食事にはいつも梅干しとキムチが並ぶ。田内さんは「その人がこれまで生きてきたような環境で、安心して暮らせる場にしたい」と話す。

フィリピン、ベトナム、ネパール……。地域で生きた人たちの「ついのすみか」ができる日は、そう遠くないかもしれない。

7 夜明け　ブルカが問う社会観

福岡市東区の城浜保育園に給食の時間が来た。肌の色も言葉も違う園児たちが楽しそうに同じ食卓を囲む。メニューはジャガイモのそぼろ煮、みそ汁、まぜご飯。その中に、肉でなく豆腐を使ったそぼろ煮を手にする子どもがいた。

園児228人のうち4割が外国人。給食はイスラム教の戒律に従ったハラール食に対応する。大鍋など調理道具も二つずつそろえ、肉や調味料のエキスを混ぜないようにしている。「食事以外は他の保育園と同じですよ」。増本律秀園長（50）が笑顔を見せる。クリスマス会で歌を歌わず、七五三の遠足で神社に行かない子もいるが、それはそれ。押しつけず、寛大に受け止めている。

給食を楽しむ園児たち（福岡市東区の城浜保育園）

各地で進む異なる宗教や習慣への配慮。だが多文化共生の夜明けを迎えたばかりの私たちはまだ、あるべき社会の姿を鋭く問われる経験をしていない。

イスラム教の女性が全身を覆う衣装「ブルカ」。フランスは2011年、ブルカなどの着用を公共の場で禁止する法律を施行した。高まる反イスラム感情を背景に、当時のサルコジ政権が反対論を押し切った。

治安上、人の識別を妨害する服装は問題だというのが主な理由だが、福岡市在住のフランス人留学生ミラ・タヒナさん（22）は首をかしげる。パリでブルカ姿を見たことがなく、多くのイスラム教徒の友人も気さくな人ばかり。「何も法律で禁止しなくてもいいのに」。国際人権団体アムネスティ・インターナショナルも「個人の選択の自由を認めるべきだ」との立場だ。

ところが欧州人権裁判所は2014年、着用禁止は思想、良心、信教の自由の侵害に当たらないと判断した。どういうことか。

法律はブルカだけでなく、オートバイのヘルメットなどを含む「顔を覆う全ての手段」を禁じている。

互いの顔が見える社会は「他者との共生」の大前提。顔を隠すのは社会への帰属を拒む行為だ――。欧州人権裁は、こうした理念に基づく着用禁止を「正当化できる」と結論付けた。

外国人を支援する「多文化共生ネット・九州」コーディネーターの高柳香代さん(49)はフランス留学の経験がある。「ブルカについて意見が割れるのはよく分かる」という高柳さんだが、イスラム教徒をひとまとめに危険視する風潮が強まっていることは、やはり気にかかるという。

では私たちはどうすればいいのだろう。コンビニや銀行は防犯を理由に、目出し帽やフルフェイスのヘルメットを断っている。ならばブルカ姿の入店も断るのか。学校、役所、企業、レストランは……。

まだ扉の向こうにいる隣人たちが「日本はどんな社会を目指すのですか」と問うている。

Column

多文化社会　進まぬ指針
九州の15県市　単独プランゼロ

国籍や民族の異なる人々が互いを尊重しながら暮らせる地域づくりの指針「多文化共生推進プラン」について、西日本新聞が九州の県、政令市、県庁所在市に策定状況を聞いたところ、どこも総合計画などに項目を設ける対応にとどまり、多文化共生に特化して理念や施策を体系化した単独のプランを持っていないことが分かった。

＊

総務省は、増加する外国人住民への対応が全国的な課題になっているとして2006年3月、全自治体にプラン策定を求めた。同省の調べでは、2016年4月現在で全国の都道府県と政令市の67自治体のうち約4割は単独のプランを策定済みで、九州の対応の遅れが際立っている。

九州の15県市はいずれも単独のプランを策定せず、14県市は行政全般の運営方針を定めた既存の総合計画などに項目を設ける形にとどまっている。残る鹿児島県は総合計画にも盛り込んでいない。

単独のプラン策定について、福岡市は「施策は軌道に乗っており、指針は必要ない」と説明。鹿児島市は市総合計画に関連記述が3行しかないが「現時点でこれで十分。共生の事業は進めている」としている。

ただ、多文化共生の課題については、12県市が「外国人への情報提供」を挙げ、11県市が「地域に暮らす外国人の現状や実態把握の難しさ」を指摘した。福岡県は「外国人と行政をつなぐ団体や拠点が必要だが、どう確立させるか難しい」と漏らした。

自治体の多くは日本語教室の開催や生活情報の多言語化などに取り組むものの「市町村に外国人対応の担当課がないと、共生の実現は難しい」（大分県）。長崎市は「国際関係に精通している職員がいない」と明かし、態勢の貧弱さも浮き彫りになっている。

一方、先進自治体は単独のプランに基づき、踏み込んだ施策を展開。日系ブラジル人が多い浜松市は

13年に「多文化共生都市ビジョン」を策定。勉強についていけない外国人生徒の学び直し支援など50項目の施策を掲げ、実施期間や数値目標を盛り込んでいる。

明治大学の山脇啓造教授（多文化共生論）は自治体の対応について「総合計画に盛り込むだけでは不十分で、単独のプラン策定が望ましい。多文化共生の理念を明らかにできるし、全庁的な取り組みも進めやすくなる」と指摘する。

地方公務員特別職　外国人消防団員に是非　九州の各自治体

■受け入れ・なり手不足解消に一肌　認めず・公権力行使には日本籍

地域防災の担い手となる消防団に外国人が入団するケースが九州でも出始めている。人口減少などで団員のなり手が減る地域は入団を歓迎しており、外国人向けの救命講習で通訳を務めるなど、活躍の場を広げている。一方、消防団員は非常勤特別職の地方公務員。延焼を防ぐために家屋を壊すなど「公権力」の行使が認められており、「日本国籍以外」の団員の受け入れをためらう自治体もある。

＊

２０１７年５月中旬、宮崎市消防団女性分団の研修会に、集団行動や救助用ロープの取り扱いを学ぶバレト・バレラ・デイシー・ミリアムさん（52）の姿があった。コロンビア出身の元空軍整備士。１９９５年に宮崎大学に留学し、市内で外国語指導助手として働く。２００８年の中国・四川大地震に胸を痛め「子どもたちを助けたい」と翌年に入団した。

女性分団は消火活動に加わらないが、企業や学校の防災訓練に出張する。「地域の人と助け合うのは素晴らしいこと。互いの国のことも理解できる」とバレト・バレラさん。外国人の救命講習で通訳も務める。分団長の日高和美さん（50）は「技術も語学もできるので非常に助かる」と話す。

全国の消防団員数は約85万6千人。総務省消防庁

Column

研修で救助用ロープの扱いを学ぶコロンビア出身の消防団員、バレト・バレラ・デイシー・ミリアムさん（右）（宮崎市）

は外国人団員の数を把握していないが、共同通信が２０１６年、全国の市町村を対象に行った調査では回答した自治体の約１割が受け入れており、その数は計２００人を超えた。鹿児島県にはいちき串木野市でフィリピン人男性、霧島市でイラン人男性が活動するなど7人の団員がいる。熊本地震では、熊本県南阿蘇村に住むカナダ人男性が消防団員として救援活動に携わった。

一方、３万２６００人余りの外国人が暮らす福岡市や、約１万２３００人がいる北九州市は事実上、外国人団員を受け入れていない。福岡市消防局は「団員には警戒区域の指定や立ち入り制限など市民に命令、強制する公権力が与えられているため」と説明する。

地方公務員法では公務員の採用に国籍は条件でないものの、外国籍公務員の管理職登用の是非が争われた裁判では、「公権力」を行使する公務員について「原則として日本国籍が必要と想定される」との判決が確定している。ただ、外国人の消防団員について消防庁は「違法とは明確に言えない」とし、市町村の判断に委ねているのが現状だ。

高齢化や人口減少が深刻な地域は、消防団員のなり手不足に頭を痛めている。いちき串木野市の担当者は「地域に長く暮らし、やる気もある外国人の参加は助かっている」。現場では日本人の班長などが外国人団員に命令しており「公権力の行使に当たらないのでは」という立場だ。

■生かさない手ない

▼近藤敦・名城大学教授（憲法）の話

消防団員が公権力を行使する場面は非常に限定的で、問題が起こるとは考えにくい。地域に暮らす外国人の防災意識を高める意味でキーパーソンになり得る人材を生かさない手はない。地方自治と多文化共生を進める総務省の外局でもある消防庁がメッセージを発信すればより広がるだろう。自治体も横並びではなく各自の判断で参加を促してもよいのではないか。

> ■ワードBOX
> 消防団員
> 市町村が採用試験を行う地方公務員の消防署員に対し、消防団員は非常勤特別職の地方公務員。会社員や自営業者、学生、主婦らが本業の傍ら、居住か勤務している地域で入団する。平時は火災予防の広報活動などに取り組み、災害時は消防署の指揮下で消火や救助の活動に当たる。

やさしい日本語　企業も業務のやりとり円滑に

観光客への対応や災害時などに簡単な日本語で外国人と意思疎通を図る「やさしい日本語」を企業が活用する動きが広がっている。急増する外国人労働者に的確な指示を出したり、日常のコミュニケーションを円滑にしたりするのが狙い。福岡市の食品メーカーが今春、初めて研修会を開いたほか、静岡県や愛知県でも同様の試みが続く。定住外国人との共生のツールとして「やさしい日本語」が注目を集めている。

＊

容器を持参して中央公園へご参集ください——。ホワイトボードに例文を示し、講師の女性が意味を問い掛ける。「容器」「持参」「参集」などの熟語に、ベトナム人の技能実習生たちは戸惑い、日本語の得意な一人もたどたどしく読み上げるのが精いっぱいだった。

Column

２０１７年４月下旬、福岡市南区のめんたいこ製造販売「山口油屋福太郎」が本社工場で開いた研修会。日本人従業員13人とベトナム人実習生５人が一緒に「やさしい日本語」を学んだ。講師は、(１)難解な単語や敬語を避ける(２)短く区切る(３)はっきりと最後まで話す――などのポイントを紹介。それを踏まえ、日本人が例文をかみ砕き「入れ物を持って、中央公園に、集まってください」と言い換えた。「ゆっくり話してもらうと分かりやすいですね」。実習生のホアン・ホン・ニャンさん(27)が目を細めた。

ベトナム人技能実習生を前に身ぶりを交えて「やさしい日本語」を練習する男性（左）（福岡市の山口油屋福太郎本社）

同社は４年前から実習生の受け入れを開始。業務の指示や日常会話に問題はないものの、親交を深めるきっかけにと研修会を企画した。樋口尚孝工場長は「どんな表現なら外国人に伝わりやすいのか。接客にも生かせる」と語る。

１９９５年の阪神大震災をきっかけに、外国人被災者への情報伝達手段として提唱された「やさしい日本語」。外国人向けの行政情報発信や観光案内に使われてきたが、愛知県岡崎市の岡崎商工会議所は２０１６年、「やさしい日本語」の企業向け研修会を開き、約20社が参加。浜松市のＮＰＯ法人「浜松日本語日本文化研究会」も、外国人労働者への分かりやすい指示の出し方を企業に伝えている。

研究会の加藤庸子代表は「指示がきちんと伝わらなければ、労災事故につながるおそれもある」と指摘。山口油屋福太郎の研修会に参加した福岡市中央区の日本語教師の伊東佳代さん(46)は「日本で働く外国人は、地域で暮らす生活者でもある。家族もおり、今後、コミュニティーや小中学校でも『やさしい日本語』がますます重要になる」と話した。

Interview

連合副事務局長
安永貴夫氏

▶やすなが・たかお　連合副事務局長。主に雇用・労働分野を担当する。内閣府仕事と生活の調和連携推進・評価部会委員。

外国人労働者の受け入れ政策は目まぐるしく変化している。政府はこれまで、原則として高度で専門的な分野に限定して外国人労働者の就労を認めてきた。しかし最近は、東京五輪に向けた建設・造船分野での受け入れなど、もっぱら受け入れ拡大の政策が展開されている。外国人労働者を安易に受け入れれば、国内雇用や労働条件に悪影響を及ぼしかねない。彼らが低賃金で劣悪な労働環境で働くと、労働条件の改善にブレーキがかかってしまう。経済界には東京五輪に向け建設現場の人手が足りない、という声があるが、下請けの経営者たちは「外国人労働者の受け入れを前提に安く発注されてしまい、労働条件が改善されない」と嘆いている。

政府は「女性が輝く社会」をうたい、女性の社会進出や雇用促進を後押ししているはずだ。

労働の在り方　幅広い議論を

女性だけでなく高齢者、若者など、働きたい人が希望する仕事に就き、満足する収入を得れば、消費は拡大し、経済の好循環につながるだろう。

外国人労働者はそうした人の活躍の場を奪いかねない。外国人は、日本で稼いだ金を本国に送金する人が多く、日本経済の好循環にもつながらない。

政府は、外国人による家事代行サービスを神奈川県や大阪市などの国家戦略特区で解禁した。特区を活用し、農業分野で外国人労働者を受け入れることも決めた。受け入れ拡大は「地域限定」「業務限定」の形なので、国民はすぐに「自分の職が奪われる」とは考えない。広く国民の関心が向かないまま、なし崩し的に拡大の既成事実がつくられている。拡大するなら、国民的な議論が必要だ。

外国人を排斥しようというのではない。受け入れるなら、日本人と同等の賃金、労働時間などを保障しなければならない。

外国人は「労働力」ではなく、「生活者」であり「市民」だ。出稼ぎのつもりで来日したのに、結婚して定住する外国人も多い。彼らを働かせたいときだけ働かせ、必要がなくなれば本国へ追い返す、というのは通用しない。教育や社会保障など、社会インフラを利用する権利も保障しないといけない。

それには多大なコストがかかる。受け入れ拡大を主張している人たちは、そのコストを負担しようという覚悟があるのか。労働人口の減少を見据え、日本の労働の在り方について幅広い議論が求められている。

第8章 近未来を歩く

在留外国人が増え続け、その立場に地殻変動が起こりつつある。「新 移民時代」が進んだとき、どんな社会の在り方が望まれるのか。第8章では「近未来」の地を歩き、ヒントを探る。

大手運送会社で宅配業務に従事するベトナム人（福岡市博多区）
［本章 212〜213 頁］

1　外国人労働者　表舞台へ

常に駆け足。そうしないとノルマを果たせない。最高気温が25度を超えた２０１７年5月の夏日、福岡市の住宅街に大手運送会社の制服を着た青年の姿があった。残業代未払い問題を機に、人手不足の厳しい実態が露呈した宅配業界。彼の額にも苦労の汗がにじむ。

青年と擦れ違った住人が足を止めた。顔つきが日本人とちょっと違う。ベトナム人留学生、ホアンさん(28)＝仮名。日本人運転手とペアで担当エリアへ出向き、荷物をトラックから台車に積み替え、２人で手分けして配達している。

住所が読めない、住人に不審がられる……。宅配業界では、外国人に倉庫での仕分け作業はさせても、配達はタブーとされてきた。ホアンさんが所属する営業所の所長は「求人を出しても日本人は集まらない」と、人材会社から外国人約40人を派遣してもらっている。ホアンさんは日本語が得意な方で、たとえ読めない字があっても「何度も同じ場所に届けたので覚えた」という。営業所長からの評価も「日本人と能力差はない」。配達・集荷のノルマは２人で１日約４００件。

「また不在。もう3度目だよ」。愚痴も、ため息も、日本人と何ら変わらない。

単純作業や補助的役割が主だった外国人労働者が、表舞台へ——。近未来、当たり前の光景なのかもしれない。

＊

常に重労働。もうやっていられない。福岡市郊外の大手運送会社で働くネパール人留学生のビカシュさん（23）＝仮名＝は仲間5人で日本人社員に詰め寄り、賃上げを要求した。

第1章「出稼ぎ留学生」で取り上げた会社だ。従業員の8割を外国人が占め、主に荷物の仕分けを担っている。

ビカシュさんも第1章に登場した。大型家電が入った箱ともなれば、重さは数十キロになる。1時間に2千個をさばき、腰に湿布を貼って作業を続けてきた。その対価が月に11万円。確かに母国だと大金に相当する。そうした感覚に経営者も便乗し、留学生や技能実習生を雇う職場の多くでは賃金が低く抑えられてきた。「俺たちがいないと現場は回らないのに」

要求は拒否された。4月に職場を去り、自宅近くのコンビニでアルバイトを始めた。「エアコンが効いて通勤しやすい。月給も1万円しか違わない」。その後も運送会社では、ネパール人がより良い待遇を求めて続々と辞めているという。外国人労働者に売り手市場の時代が到来しつつある。

経営の書類を作成する岳淑芬さん（右）。「お父さん」である堀之内辰男社長の期待は大きい（鹿児島県鹿屋市）

＊

「お父さん」の会社を大きくしたい。中国出身の岳淑芬（ユエスウフェン）さん（28）が夢を描く。ただ、親子に血縁はない。

２００７年に技能実習生として来日し、鹿児島県鹿屋市の有限会社「堀之内農園」で3年間、研さんを積んだ。草刈りや消毒といった地味な作業も率先して取り組み、日本語を必死に覚えた。そんな姿勢が認められ、帰国から3カ月後、堀之内辰男社長（77）に呼び戻された。２０１１年には実子のいない社長の養子となり、後継者として期待される。

会社は２００５年に設立され、従業員10人ほどで10ヘクタールの敷地に梅を栽培する。再来日してからは、学費やアパート代の援助を受けて鹿児島国際大学で経営を学び、昨秋に卒業。ちょうど完成した加工場の運営を任された。

これまでに梅干しを「かのや南高梅」の名でブランド化し、県内のスーパーなどに販路を開拓した。「発想力がものを言うやりがいの大きな仕事。いつかは中国にも輸出したい」。流ちょうな日本語で将来の経営戦略を語る。

「もはや娘がいないと会社は回らない。数年のうちに譲りたい。労働者に国境なんてないよ」と堀之内社長。「お父さん」から寄せられる信頼は厚い。

２　「見えない街」の誘惑

「見えない街」がある。福岡市で暮らす30代のベトナム人、ティンさん＝仮名＝も「住人」だ。そこは日本語が苦手でも困らない。異国での生活に必要な情報を教えてくれるし、何より寂しさが紛れる。住人はみんな、ベトナム人だから。

インターネット上に在留外国人が出身国別に集う会員制交流サイト（ＳＮＳ）が広がる。ティンさんも頻繁に利用する。市役所の相談窓口はあるが、そちらには足が向かない。言葉が伝わらないと思うと、怖い。

でも最近、見えない街でも怖い目に遭った。「在留カードを作りたい」。そう書き込んだら「顔写真と名前、生年月日があれば作れる」と返ってきた。費用は２万〜２万５千円。偽造カードの勧誘だった。

化粧品も格安で売買されている。盗品のようだ。就職に役立つ日本語能力試験の偽造認定書は「人気商品」。就労ビザなどが認められない外国人が働き続けるために偽装結婚する誘いもあり、

偽造の日本語能力認定書などの写真を載せたベトナム語のフェイスブック（写真の画像を一部加工しています）

友人は仲介料20万円を払ったという。

「正しい情報を日本人側から届けないと、振り回されてしまう」。在留外国人の相談に無料で応じている福岡県行政書士会国際渉外部の古城良部長（43）は警戒感を強める。

フェイスブック、LINE（ライン）、インスタグラム。日本で主流のSNSだが、中国人には微博（ウェイボ）の利用者が多い。

福岡県留学生サポートセンターは4年前から、微博の活用を始めた。日本人と外国人のスタッフが一緒に法律相談会や交流イベントを企画し、中国人スタッフが情報発信。当初はアクセス数を順調に伸ばしていた。ただ、そのスタッフが帰国してからは更新が滞りがちになっている。「外国人が急増して支援態勢が追いつかない」。日本人スタッフは模索を続ける。

「ナマステー（こんにちは）」。2017年5月13日、山口県下関市の日本語学校。ネパール人のラム・クリシュナ・シェルスタさん（34）が留学生に母国語で呼び掛けた。

福岡市在住の会社員。来日11年目となり、日本の生活情報に精通する。「滞在の長い先輩外国人の指導が効果的」と3年前から各地で経験を語っている。

質疑の時間。留学生から「どうすれば楽に稼げますか」と尋ねられた。高収入をうたい、30万～50万円で就職先を仲介するブローカーの存在を知っているようだ。誘惑に負けると、不法就労に陥りかねない。「地道に日本語を勉強してスキルを磨きなさい」。厳しい口調に、留学生の背筋が伸びた。

一方で福岡市在住のネパール人たちは、市職員や行政書士を招いた会合を定期的に開き、在留管理制度の学習などに取り組んでいる。専門知識はやはり日本人から聞くのが正確だ。「日本の人たちと協力して、甘い言葉に唆されないよう伝えたい」とラムさん。見えない街が見えてきた。

３　入管の「壁」　揺れる沖縄

客引きも、引かれる客も外国人。２０１６年度、訪日外国人観光客（インバウンド）が２００万人を突破した沖縄ではありふれた光景だ。

ネパール人のサントスさん（26）＝仮名＝も那覇市の国際通りに立ち、量販店の呼び込み役として働いている。服には「ＥＮＧＬＩＳＨ　ＯＫ」のバッジ。留学生として日本語学校で学んだが、仕事で重視されるのは英会話の能力だ。

母国は英語教育に熱心で若い世代ともなれば日常会話に困らない。「日本で観光の仕事がした

「ENGLISH OK」のバッジを着け、観光客に来店を呼び掛けるネパール人留学生（那覇市・国際通り）

い」。政府は東京五輪の２０２０年にインバウンド４千万人の目標を掲げる。外国人が外国人をおもてなし——。そんな近未来を予感させる沖縄が２０１７年３月、「３割ショック」に揺れた。

「１億円以上が水の泡になった」。県南部の日本語学校の理事長は嘆く。４月の入学予定者２１７人のうち、在留資格認定証明書が交付されたのは４割に満たない78人のみ。その分の学費や寮費が入らなくなる。

県内全13校の平均も36・８％にとどまる。２０１６年度は55・７％。全国的には８～９割の地域も珍しくない。「なぜ沖縄だけ……」。審査した入国管理局那覇支局は「通常通り」と言うだけで詳しい理由は明かさない。

那覇市から車で40分の北谷（ちゃたん）町。観光協会の渡真利（とまり）聡会長（57）もショックを受けた。町ではインバウンドの恩恵でホテルの建設ラッシュが続き、２、３年後には３倍近い２千室に増える計画だ。課題は従業員の確保で、留学生に期待が集まる。

「町に日本語学校が欲しいなあという話もしていただけに、このままでは商機を逃してしまう」

「留学あっせん　書類偽造」「『稼げる』日本行き誘う　教育マフィア」……。
沖縄の新聞２紙も２０１６年末から、一部で過熱する留学ビジネスの実態を報じてきた。海外の仲介業者が出稼ぎ目的の留学生を募り、日本側へ受け渡す。失踪や不法在留も後を絶たない。「新聞が書いたから審査を厳しくしたのでは」。そんなうわさもささやかれるが、戸惑ってばかりもいられない。２０１７年４月から、渡真利さんたち観光業と日本語学校の関係者が初めて顔をそろえ、那覇市で対策会議を開いている。その中で、奨学金を出して留学生を迎えようという提案があった。

似たような学費貸付制度は、福岡県中小企業経営者協会連合会が導入した。４月にベトナム人１人、秋にはさらに６人を来日させる計画だ。ただ、企業側が出資すれば職業選択の自由を奪うと見なされ、違法にならないか。入管に相談しても「〝きれいな実績〟を重ねてほしい」とかわされ、手探り状態が続いている。

結局、那覇での対策会議でも結論は出なかった。１億円の穴埋めに悩む理事長は「基準が分からないと対応のしようがない」と不満を漏らす。「移民」を認めない国の姿勢に現場が振り回される。

4　「治安悪化」偏見の矛先

矛先は外国人に向いた。２０１６年10月、福岡市南区で日本人女性が刺殺される事件が発生した。周辺は外国人留学生の安アパートが混在する。インターネット上には「外国人説」が飛び交った。６日後、逮捕されたのは日本人の男だった。

「非常時は日本人に潜む無意識の外国人観が表出しやすい」。東北学院大学の郭基煥教授（共生社会論）は指摘する。大学は東日本大震災に襲われた仙台市にある。当時、被災地でもデマが口コミで広がった。「遺体から金品を盗む外国人がいる」「窃盗団がナイフを持ってうろついている」……。郭教授の調査によると、うわさを聞いた仙台市民の86％が「信じた」、ほとんどが犯人を「アジア系」と考えたという。

ところが、実際に犯罪現場を「確かに見た」と答えたのはわずか０・４％。全国的に刑法犯罪の認知件数が減る中、２０１５年の外国人の検挙件数もピーク時の４割以下になっている。

近未来、在留外国人が増えると治安が悪化する――。在日３世の郭教授は「偏見にすぎない」と断じる。

＊

平日の昼間にもかかわらず、工場群に近い駅から続く緑道を歩くと、ベンチで談笑する外国人男性の姿が目立った。群馬県大泉町。住民が「生活保護の人たちだろう」と教えてくれた。

５・５人に１人――。人口約４万２千人の工場の町は外国人の割合が全国の市町村で最も高い。主に下請けや孫請けで働いており、多くは非正規雇用で景気の影響を受けやすい。日本語が苦手だと再就職も難しい。生活保護受給者に占める定住外国人の割合は24・２％で、人口比より高い。

「外国人に税金を使うなんて」と、ともすれば矛先が向けられそうだが、町民からの苦情は４年前に２件あったきり。最近は外国人も高齢化が進み、年金受給資格に満たない人の生活保護も増えてきた。担当職員は「そうした事情を町民が理解してくれているのかもしれない」と推測する。

町は１９９０年代、出稼ぎのブラジル人を大量に受け入れた。彼らの下支えもあって財政が潤い、国の交付金に頼っていない。ある意味、功労者。薬局を長年営む男性（52）は「子どもの学校でも同じクラスに外国人がいるのが当たり前。普段から付き合っているので偏見はない」と語る。

２０１６年11月、大泉町でフットサル大会が開かれた。その名も大泉警察署長杯。町内にあるブラジル人やペルー人のチームが署員たちと対戦し、南米が本場の球技で一緒に汗を流した。

宮城県内の避難所では、県警が「流言飛語が広がっている」と呼び掛けるチラシを配り、デマ騒ぎを鎮静させた。郭教授は「行政の多文化共生は、外国人に日本を理解してもらおうという施策に重きを置きすぎていた。平時から日本人の意識に働き掛け、体感治安を現実に近づけることも大切だ」と提言する。

5　母国語も日本語も苦手

世界一、習得が難しいともいわれる日本語。熊本県菊陽町の武蔵ケ丘小（447人）に通う2年生の女の子も、壁を感じている。親は外国にルーツがある。日常会話に支障はないが、算数の文章題や国語の長文では少し苦労する。

授業中、表情を曇らせた様子を見て、木下敬夫教諭（53）が近寄った。言葉をかみ砕いて説明すると、女の子が小さくうなずく。その間、担任は教壇で説明を続けていた。町は小中各1校に日本語指導専門の教員を、定員とは別枠で加配している。木下教諭はその一人で、外国籍などの在校生11人をサポートしている。

1980年代、中国残留邦人の帰国が続き、町にある県営団地にも入居が相次いだ。そこで町は、特別に予算を組むなどして受け入れ態勢を整えてきた。木下教諭は「日常会話ができると、学習でつまずいても言葉の問題だと気付かない場合もある。見逃さずに支えたい」と力を込める。

ただ、憲法が教育を受ける権利を保障しているのは「国民」であり、外国籍は対象外。支援は自治体の裁量によるところが大きい。

頭の中で言葉が転換できず、相手の気持ちが分からない。休み時間は机に突っ伏してやり過ごした。「何も考えられなかったから、あまり覚えていない」。熊本県八代市の専門学校生、魏秋鋆（ウェチュジョン）さん（18）は小中学校時代をそう振り返る。

小学４年まで中国で育った。親が離婚し、日本の飲食店で働くことにした母親と来日。中学に入る直前にいったん帰国し、２年後に再び来日した。

通った学校に日本語指導教員はいなかった。ひとり親で働きづめの母とは会話の時間も少なく、中国語も小学生レベルのまま。孤立しかけていたところを、NPO法人「外国から来た子ども支援ネットくまもと」に救われた。

「地方にも外国人が増え、母国語も日本語もうまく話せないまま成長する子が目立ってきた」。法人の竹村朋子理事長は心配する。

インターナショナルスクールか、英語で受験できる私立か、公立か。福岡市に住むシェリー・アサディーさん（38）は今春、

日本語が苦手な児童をサポートする木下敬夫教諭（右）（熊本県菊陽町の武蔵ケ丘小）

娘の小学校入学を前に悩んだ。8年前に夫婦でイランから来日し、夫は九州大学で地球物理学を教えている。

将来、日本を離れることも考えれば英語を学ばせたい。でも結局、学費と通学時間を考えて自宅に近い公立を選んだ。市は一部の学校に教員を加配し、放課後には外国籍の子を集めた日本語指導にも取り組んでいる。「意外と伸び伸び過ごしていて安心した。英語は私が教えるから大丈夫」。今のところ不満はない。

住む場所で子どもの未来が左右されていないか。国連人種差別撤廃委員会は日本政府に対し「教育を受ける権利が人種、皮膚の色、民族的・種族的出身で区別なく保障されるように」と勧告した。もう16年も前のことだ。

6 イスラムの「顔」見えた

「イスラム」と口にした途端、相手の声色が変わった。熊本市に住むインドネシア人のマーロ・スイスワヒュさん(41)は2016年4月、熊本地震に遭遇した。その衝撃もさることながら、仲間が避難所に電話したときのショックも大きかった。

イスラム教の礼拝堂「モスク」。市内には1カ所あり、代表を務める。地震直後、全国の教徒から支援物資が続々と寄せられた。県内に３００人ほどいる教徒には十分すぎる。そこで避難所への提供を申し出た。

数カ所に電話し、全て断られた。「イスラムのせいだったのだろうと思うと、すごく悲しかった」。試しに「外国人コミュニティーですが」と名乗ると、すんなり受け入れられた。複雑な思いを抱えながらも連日、手分けして物資を運んだ。カレーの炊き出しにも取り組んだ。

10日ほどたったころだった。「イスラム」と口にしても相手の顔色が変わらなくなった。顔の見える関係の大切さを改めて実感した。

＊

顔の見えない関係の住民たちが、また遠ざかってしまう。福岡市東区のモスクで運営委員を務める公務員の山根郷史さん（42）は、世界でテロが繰り返されるたびにやるせなくなる。

この地にモスクが建ったのは２００９年。２００１年の米中枢同時テロから風当たりは強まり、当時も住民に建設反対の動きがあった。町内会と十数回の協議を重ね、３年かけて建設にたどり着いた。その後も定期的に交流し、戒律に従って豚肉などを使わないハラール料理の体験会を催した。直後の31日、２０１７年５月にもアフガニスタンで90人以上がテロの犠牲になった。

翌日、住民からは「福岡でもテロが起こるかもしれない」（30代女性）「過激派と教徒の違いが分からない」（40代男性）など不安の声が聞かれた。さらにテロ等準備罪を新設する改正組織犯罪

イスラム教のモスクで開かれたハラール料理を味わう会（福岡市東区）

処罰法が成立し、東京五輪が近づけば……。「また暮らしにくくなるのか」。それでも山根さんは「地道に関係を築いていくしかない」と思う。

「地域にメリットがあれば、住民に受け入れられやすくなるかもしれない」。熊本県人吉市観光振興課の井本浩司係長（51）は、市内で計画が進むハラール食品工場に期待を寄せる。

イスラム教徒は世界人口の4分の1を占めるとされる。その巨大市場を視野に入れた田中信孝前市長の提案を受け、誘致を進めてきた。地元では約50人の雇用も予定される。住民向けには、イスラム文化の理解を助けるハンドブックを作成した。イスラム圏からの観光客誘致を念頭に置く。

「知識がゼロからのスタートだったが、いくつかの約束事さえ守れば、日本人と変わらず対応できると分かってきた」。草の根とは異なるアプローチでも、市民は結果的に理解を深めている。

交流のチャンネルは多い方がいい。

7　ようこそ！　地方都市へ

奥羽山脈と北上山地に囲まれた岩手県一戸町（人口約1万3千人）。過疎化が進み、医師不足も深刻だ。ピーク時から半減した住民の命運を誰に託すのか。

「過疎地で働く意思のある日本人を待っていても来てくれない」。稲葉暉（あきら）町長は２０１１年、ベトナムへ出向いた。難関校に通う当時17歳の女子高校生、ルー・ホン・ゴックさん（23）と面会するためだった。町には県立病院があるものの、常勤医が足りず、小児科や泌尿器科は休診が続く。そこで町は、外国人も利用できる奨学金制度を創設。医師免許を取るまでの学費や生活費約２２００万円を貸し付け、卒業後に支援期間と同じ年数、町内の医療機関に勤務すれば返済を免除することにした。

ゴックさんの祖母は町内の縫製工場で技能実習生の通訳だった。その縁で「医師志望の優秀な孫がいる」との情報をキャッチ。ゴックさんは「恵まれた機会を頂いた」と２０１３年に来日し、2年間の日本語特訓を経て秋田大学医学部に合格した。

とはいえ、ゴック医師の誕生は早くて6年後。町民からは「外国人への先行投資はリスクが大きい」と批判も聞こえる。「国が医師不足対策に本腰を入れないから、地方の医療にしわ寄せが来ている。これは賭けです」。人口減の現実を前に稲葉町長は腹を据える。

念願のマイホームを完成させた西森さん夫妻（中央）（広島県安芸高田市）

＊

市立のブラジル人高校をつくる――。広島県北部の山あいにある安芸高田市で、5年前に浮上した構想だ。

日系の2世や3世は、在留期間に限りがある技能実習生などと異なり、就労ビザで働き続けられ、家族を連れて来日できる。市人権多文化共生推進課によると「いずれ自治体間で外国人誘致の競い合いになる。教育環境が整っていれば、定住の地として選ばれる」と先手を打つ狙いだった。

ポルトガル語で指導できる教員をどう確保するか、建設や運営の費用を捻出できるのか……。検討を進めるうちに、人材や財政に限りがある地方共通の課題が立ちふさがり、庁内で慎重論が強まっていった。

「自然がいっぱい。気持ちいい」。2017年5月、山里にブラジル人夫妻がマイホームを完成させた。25年前に来日し、鶏肉加工場で働いてきた。賃貸アパートを出て永住の地に選んだ理由について、妻の西森エリアネさん（58）は「親友みたい」に相談に応じてくれる市職員の存在を挙げる。

高校構想は頓挫したものの、市は２０１３年度から5カ年の「多文化共生推進プラン」を策定し、審議会など政策決定の場への参画、医療通訳制度の創設など23の事業を進めている。この間、日系人の新築は西森夫妻で８世帯目となった。

一方で人口減のスピードは速く、今春には３万人を割り込んだ。浜田一義市長は「国の制度が変わり、実習生も定住できるようになるかもしれない。今のうちに外国人ウエルカムの雰囲気をつくっておきたい」と近未来を見据える。地方都市が先を歩く。

「言語対応困った」55％
外国人診療　福岡県内の医療機関

福岡県内で2015年度に外国人患者を受け入れた病院・診療所のうち868施設（55・5％）が「言語対応に困った」経験があることが、同県と福岡市の調査で分かった。医療関係の専門知識を備えた通訳の数自体が十分でないとみられ、こうしたボランティアの派遣事業を手掛ける県や市の取り組みも浸透していないのが実情。外国人の訪日客や在留者が増えるなか、改善が求められそうだ。

調査は外国人向けの医療態勢を探る目的で2016年7月、県内の病院・診療所計5052施設を対象にアンケート形式で実施。2280施設から回答を得た。

2015年度に外国人患者を受け入れた1563施設のうち、診察で困ったことが「ある」と答えたのは881施設。具体的な内容を複数回答で聞いたところ「言語対応」（通訳）が最も多く、「生活習慣の違い」が100施設（6・4％）、未払いなど「医療費の支払い」が95施設（6・1％）だった。調査に回答した市内のある病院は取材に「中国人の患者で休日、日本語なら10分で終わる診察に1時間かかった」、同じく別の歯科医は「通訳アプリを使ったが、診断や薬の処方内容を本当に理解しているか不安だった」という。

回答があった全施設のうち、外国人患者に対応する専門スタッフを置いているのは47施設のみ。約半数に当たる1128施設が「医療通訳サービスが必要」とし、「必要な言語」は中国語、英語、韓国語――などの順だった。

県と市は通訳ボランティアを派遣する「福岡アジ

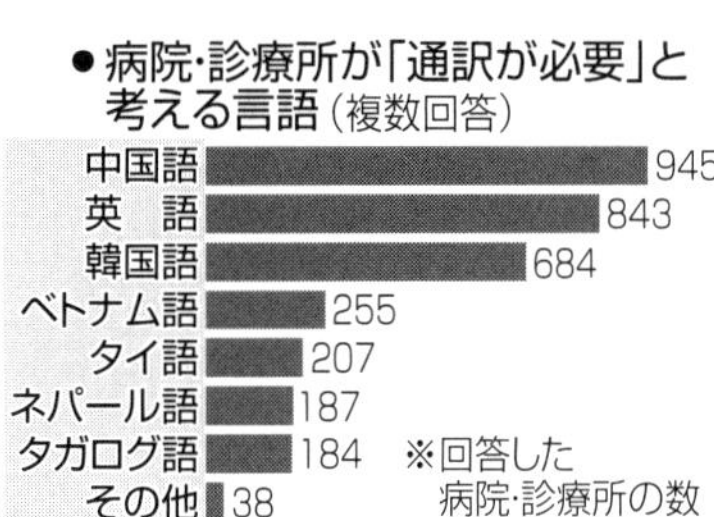

Column

ア医療サポートセンター」を設置、JTB九州（同市）に運営を委託しているが、その認知度は、名前しか知らない施設も含めて4割程度にとどまる。県は「利用方法も含め、周知に努めたい」としている。

外国人SOS　多言語で対応
119番同時通訳　拡充へ

外国人労働者や訪日旅行客が急増する中、日本語での119番通報が困難な人に多言語で24時間対応できる「3者間同時通訳システム」を導入する市町村が、2017年度に全国で1・3倍、九州7県で1・5倍に増える見通しであることが総務省消防庁の調査で分かった。外国人と消防本部の指令員のやりとりを、民間オペレーターが3者間通話で同時通訳する。消防庁は2020年までに国内全域での導入を目指しており、2017年度から市町村の財政支援に乗り出した。

消防庁によると、2016年11月に初めて調査したところ、同システムを導入済みだったのは全国1690市町村のうち306（18％）で、九州7県は233市町村のうち福岡市や長崎市など39（17％）。「来年度に導入予定」と回答した市町村を加えると、2017年度中には全国で409（24％）、九州は57（24％）に増える見通しという。

同システムは電話の3者間通話機能を利用。外国

3者間通話による119番の多言語対応

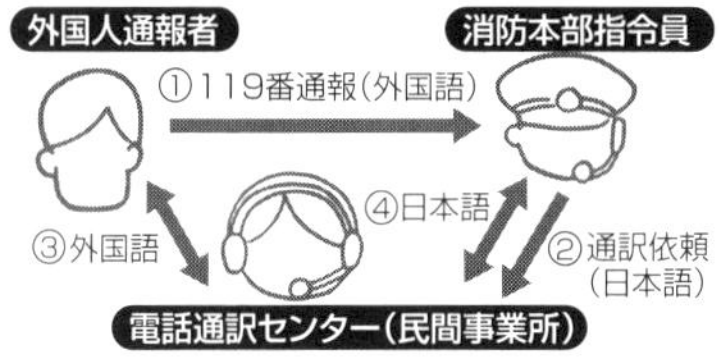

3者間通話による119番の多言語対応システム導入状況（市町村数）

県	2016年度	17年度（予定）
福岡	1（2%）	5（8%）
佐賀	12（60%）	12（60%）
長崎	4（19%）	15（71%）
熊本	6（13%）	12（27%）
大分	0	0
宮崎	7（27%）	7（27%）
鹿児島	9（21%）	6（14%）
九州	39（17%）	57（24%）
全国	306（18%）	409（24%）

※総務省消防庁調べ。カッコ内は全自治体数に占める割合

語で119番通報が入った場合、消防本部の指令員が民間の電話通訳センターのオペレーターにつなぎ、消防側と外国人のやりとりを同時通訳してもらう。

災害や事故などの現場では、通報した外国人と、駆け付けた消防・救急隊員の会話を携帯電話などを通じて通訳する。交通事故などで外国人とトラブルになった日本人にも役に立ちそうだ。

対応言語は地域で異なるが、英語、中国語、韓国語、スペイン語、ポルトガル語の5カ国語に対応する消防本部が多い。年間の運営費は数十万円という。

米軍基地を抱える長崎県佐世保市は「米軍関係の119番通報は基地経由で通訳してもらってきたが、外国人観光客が増えている」として2017年5月から導入。北九州市も「導入する自治体が増えれば多言語対応が標準的な住民サービスになり、外国語での119番通報が今まで以上に増える可能性がある」と2017年6月から導入した。

消防庁は「東京五輪・パラリンピックが開かれる2020年までに、全国すべての自治体で3者間同時通訳による119番の多言語対応を目指す」(消防・救急課)としている。2017年度政府予算案に、人口10万人規模の自治体で年37万7千円の地方交付税(普通交付税)措置を盛り込んだ。

災害時の安心 多言語で
熊本地震教訓 外国人向け冊子増加

外国人に防災の知識や情報を周知する多言語の冊子を新たに作成したり、言語や内容を追加したりする動きが九州各地で広がっている。2016年4月の熊本地震でも外国人支援が大きな課題となった。在留者が増え、国籍も多様化する中、各自治体が対応を進めている。

熊本市国際交流振興事業団によると、熊本地震の際には避難所の存在すら知らず、多くの外国人が地域で孤立した。そもそも発生したのが地震かどうか認識できていなかった人もおり、当時、福岡市で震度4を経験したネパール人クリシュナ・カンデルさ

Column

ん（38）も来日2年目で「こんなに揺れるのかと驚いた。どこへ逃げればいいか分からなかった」と振り返る。

福岡県は2017年3月、東日本大震災を教訓として2012年に作成した「外国人のための防災ハンドブック」を改訂した。これまでの英語、中国語、韓国語、タガログ語に加え、ネパール語とベトナム語でも説明。担当者は「知識がなくて命を落とすこともある」と活用を呼び掛ける。

福岡県が改訂した「外国人のための防災ハンドブック」

佐賀県は、県国際交流協会が2012年に作成した日英中韓の定住外国人向け「生活ガイド」に「指さし会話」を加えることにした。例えば「連れていってください」の項目を指さし、その下に病院や避難所など5カ所の行き先を表示して選べるようにした。インドネシア語など4言語を追加し、4月中に完成させるという。

長崎市は2016年10月、4言語を併記した「外国人住民のための生活ガイド」を新たに作成した。防災知識に加え、119番の通報の仕方も盛り込んだ。

冊子はいずれも、役所の窓口で手続きに来た外国人に渡したり、外国人が多い施設に置いたりする。外国人の被災者支援に詳しい新潟県柏崎地域国際化協会の清水由美子理事は「日本人には当然の防災知識でも、知らない外国人は少なくない。一方で災害への危機感が薄く、冊子を読まない人がおり、手渡す際に説明して必要性を認識してもらうなど工夫が大切だ」と話している。

日本語指導が必要な子ども4万4千人 過去最多　九州では938人

公立の小、中、高校などに在籍する児童生徒のうち、外国にルーツがあることなどから日本語指導が必要な子どもが2016年5月1日時点で4万3947人になり、1991年の調査開始以来、最多となったことが文部科学省のまとめで分かった。前回調査の2014年度より6852人増。九州7県全体では前回より27人増え、計938人だった。

日本語指導が必要な全国の4万3947人のうち、外国籍の子どもは5137人増（前回比17・6％増）の3万4335人。日本国籍の子どもは1715人増（同21・7％増）の9612人。日本国籍でも、海外から帰国したり、国際結婚後に離婚した外国人の親に育てられたりして、日本語指導が必要な子どもの増加が目立っている。

都道府県別では、自動車産業など大企業の工場がある地域での増加が目立ち、最多は愛知の9275人（同1464人増）。神奈川5149人（同848人増）、東京4017人（同697人増）――と続いた。愛知県によると、工場がある地域以外に外国人が広がって暮らす「散在化」が進んでおり「多くが永住、定住を希望している。その子どもたちが日本で育ち、日本語指導が必要な人数が増えている」と説明する。

九州では熊本県が前回調査より43人増え144人。鹿児島53人（同7人増）▽長崎49人（同8人増）▽宮崎44人（同2人増）。減っている県もあり、福岡558人（同21人減）▽大分53人（同9人減）▽佐賀37人（同3人減）――だった。

大分県人権・同和教育課の担当者は「日本語指導が必要な子どもの数は、指導が必要と考えるか、現場の個々教師の判断に左右される部分がある」と指摘。「子どもの支援に向け、教諭向けの日本語教育の研修を深めていきたい」としている。

Column

日本語指導　行き届かず
公立小中高で担当教員やノウハウ不足

外国にルーツを持ち、日本語指導が必要な児童生徒4万３９４７人のうち、文部科学省の調査では23％に当たる約1万４００人が学校教育の中で指導を受けられないままになっている。指導者の不在やノウハウがないことが主な理由。日本語指導にたけた教諭もほとんどおらず、現場は対応に苦慮している。

＊

福岡県八女市の山あいにある黒木小には、外国にルーツのある15人が通う。農家などの男性と、フィリピンやベトナム出身の女性の国際結婚で生まれた子どもが多い。

日本語指導を担当する高田香代美教諭は「話す機会が多い母親は日本語が不自由で、子どもも語彙が少ない。こいのぼりや田んぼといった言葉を知らない子もいる」。正方形や面積など学習用語になると一層遅れが目立つという。

黒木小は必要に応じて個別の教育計画を作り、別教室で一対一となる「取り出し授業」も行う。予習や漢字の読み書きのほか、着物や畳といった生活知識も教えている。児童の一人は「みんなで受ける授業は難しい」と話した。

ただ、高田教諭は日本語教育が専門ではない。外国ルーツの児童に対応するため、２０１３年に教員が追加配置され、担当を任された。「最初は手探りだった」と振り返る。

日本語指導が必要な児童生徒がいても、「通常の指導で対応できている」として特別措置をしていない学校もある。指導が必要な子が少ない学校では教員の追加配置すらない。福岡県教育委員会によると「人手が足りず、校長ら管理職が対応している学校もある」。文科省の調査では、日本語指導ができない理由として「指導教材がない」「時間や教室の確保が困難」も挙がる。

こうした中、ＮＰＯ法人「外国から来た子ども支援ネットくまもと」は、日本語指導員の派遣事業に取り組む。熊本県内の9市町村から委託を受け、計34人の児童に放課後などを使って指導。ただ、予算が足りず、契約を結べない自治体もあるという。

NPO法人「青少年自立援助センター」（東京）の田中宝紀さんは「熱心な教諭がいるかどうかや、自治体の予算で格差が生まれている。国が責任を持って教育環境を整備するべきだ」と指摘する。

夜間中学、外国人8割　九州に公設ゼロ「マナビタイ」変わる教室

戦後の混乱期、学校に通えなかった人のために設けられた各地の夜間中学で、外国人の利用が増えている。公立の夜間中学を対象にした国の調査では、利用者の8割を外国人が占め、近年は日本語の学習を必要とする外国人労働者やその家族らの受け皿に。公設がピーク時の3分の1に減る中、公設ゼロの九州ではボランティアが善意の教室を運営している。

＊

福岡市博多区の千代中。明かりがともった夜の教室で、外国人の「生徒」たちが机に小学生用の国語や社会の教科書を広げる。指導役は退職した教員や大学生。「地図のここにあるのが東京都。日本の中心なんですよ」「知らなかったー」

週2回開く「よみかき教室」は、教職員有志が中心となって1997年に始めた。生徒25人のうち8割が韓国、中国、ベトナム、ペルー出身者。年配の在日韓国・朝鮮人が目立つが、福岡で学ぶ留学生や技能実習生も増えつつあるという。

教室は、原則3年間通うことで卒業資格が得られる公立校とは違い、誰でも好きな期間、無料で学べる。知人の紹介で2016年10月から通い始めた40代の中国人女性は「こんないい場所があるとは知らなかった。日本人と結婚し、約20年暮らしているのに、いまだに話したいことを日本語で表現するのが難しい。しっかり勉強し、仕事にも就きたい」と話した。約30人のボランティアで運営しているが、市など

Column

からの補助は年間計50万円にとどまる。指導する元中学教諭の赤松けい子さん（78）は「教材はほぼスタッフの自腹で大学生への交通費も千円から500円に切り下げている状況。今後に不安もある」と声を落とす。

一方、北九州市は2016年度、民間の夜間中学2校に各250万円の助成金を提供している。同市小倉南区で夜間中学を運営する川村公子代表（67）は「教材費や交通費の心配がなくなり助かっている」と話した。

文部科学省によると、1954年当時、全国に89校あった公立の夜間中学は、8都道府県31校（2016年度）まで減少。一方、民間による自主運営は14年の調査時点で、全国に307カ所あり、うち九州は11カ所となっている。文科省は、在日外国人の増加や学び直し希望者のニーズを受け、47都道府県に少なくとも公立校1校の設置を目標に掲げるが、今のところ九州で新設の動きはないという。

早稲田大学大学院の宮崎里司教授（言語政策）は「進学や就職に困っている外国人もおり、夜間中学は受け皿となっている。一部のボランティアに頼るのは限界があり、学びたい外国人に誰がどのような責任を持って応えるか、真剣に考える時期にきている」と語った。

多くの外国人がボランティアによる個別指導を受ける千代中の「よみかき」教室（福岡市博多区）

Interview

NPO責任者
田中宝紀氏

▶たなか・いき　NPO法人青少年自立援助センター定住外国人子弟支援事業部責任者。これまで20カ国、500人を超える子ども、若者の日本語教育、就労を支援している。

外国にルーツを持ち、日本語の指導が必要な子どもは全国で増え、文部科学省の統計で約4万4千人。全国の自治体の5割に居住している。だが、来日の時期や国籍、地域など事情はさまざまで、効果的な対策を取りづらい状況にある。

公立の小中学校では2014年から、日本語教育を「特別の教育課程」で扱うことができるようになったが、対象者の2割しか受けられていない。外国人が多く暮らし、もともと支援の土台がある愛知県などの「集住地域」でしか導入できていないからだ。

居住自治体の半数以上は各学校に1～2人しかいない「散在地域」。人材も予算もない中、公教育ですぐに対応するのは難しい。

「勝手に外国人がやって来た」「企業が呼んで子どもがくっついてきた」「地域ごとにニー

Interview

教育の整備　最優先に

ズが異なるから、地域でやるべきだ」という発想はずれており、国の責任を明確にする段階に入っている。外国人労働者の受け入れにかじを切っている以上、その家族の暮らしや教育の整備は最優先でやるべきだ。

支援を受けられず、就学できていない子どもも少なくない。子どもたちの国籍は100を超えており、自治体に通訳の登録制度はあっても、支援が必要な子どもの母語を話せる通訳がおらず、「学校には日本語ができるようになってから来てください」と言われるケースもある。

自治体や学校はいつ、どんな子どもが来ても、ある程度は対応できる準備が必要だ。そのための支援ツール、支援プログラムはインターネット上にたくさんある。例えば、支援ツールでは入学の手続きや修学旅行費の積み立てなどに関する翻訳、日本語の支援担当者が使える教材を集めたサイトがある。これらをフルに使えば、入学時の障害は乗り越えられる。

それ以降はITの活用が効果的だ。集住地域では、初期の3カ月間、集中して日本語を教える「プレスクール」を自治体で開いているところがあり、これらの授業をインターネットで散在地域にも配信するなど、距離を超えた支援は十分に可能だ。

国が今一番求めている高度人材の子どもに対する教育機関も不足している。インターナショナルスクールがある地域は大都市に限られており、学費も高い。日本で長く暮らしてもらいたいと思っているのであれば、公立の学校の中で支援を充実させていくしかない。

西日本新聞のキャンペーン報道「新 移民時代」の公開シンポジウム「フクオカ円卓会議」が２０１７年６月17日、福岡市の九州大西新プラザであった。急増する外国人労働者との共生の道を探ろうと、西日本新聞と一般財団法人「未来を創る財団」が共催し、同財団会長で元警察庁長官の國松孝次氏が基調講演した。外国人や支援者、日本語教育関係者らパネリスト12人が冒頭で現場からの報告や問題提起をした後、「労働者」「生活者」としての外国人をテーマに討議。会議は会場全体を円卓に見立てており、参加者約１８０人全員が当事者として議論を深めた。

基調講演

國松孝次氏

▶くにまつ・たかじ　1937年浜松市生まれ。東京大学法学部卒業後、警察庁に入庁。同庁長官を経て、1999〜2002年に駐スイス大使を務めた。13年から、外国人政策などを提言する一般財団法人「未来を創る財団」会長。

今、日本は大変な人口減少社会だ。推計では2053年に1億人を切る。労働人口も減っていく。生産性の効率化や女性、高齢者の活用が話題になるが、経済の根っこは人口。国内的な措置だけでは間に合わず、外国人に来てもらうという話にならないとおかしい。しかし、政府は「移民政策は取らない」としている。簡単には進まないが、議論は始めないといけない。

厚生労働省の統計では、2016年10月末時点の外国人労働者は約108万人。1年間で約20%増えた。中でも増えているのが留学生の資格外活動と、技能実習だ。留学生が制限を超えて働き、技能実習生が制度通り帰国しない実態がある。

ただ、最も多いのは永住者や定住者など「身分に基づく在留資格」で41万人いる。その労

人口減少踏まえ議論を

働実態は分かっておらず、掘り下げてみる必要がある。

日本政府の（外国人労働者に対する）基本方針は、専門的・技術的な分野と、それ以外の一般労働者と二元管理だ。専門的・技術的な「高度人材」は積極的に受け入れようと、永住権取得までの期間を短くしたり、グローバル企業が外国人社員を働かせる際の手続きを簡素化したりしている。

問題は、その他の労働者。政府方針は「真に必要な分野に着目しつつ、総合的かつ具体的な検討を進める」「移民政策と誤解されないような仕組みや国民的なコンセンサス形成の在り方などを含めた必要事項の調査・検討を進めていく」とある。意味不明で、具体性がない。ではどうするのか。技能実習制度や留学生の資格外活動は、実態をよく把握して制度の本旨に沿った運用ができる仕組みを整えるべきだ。現状は「安い労働力を日本に入れるための抜け道だ」という指摘があり、実際そうだと思う。

必要な分野では「国家戦略特区」制度を活用し、一般外国人労働者をきちんと受け入れていくべきだ。移民は否定しつつ労働力は欲しいという「建前と本音」の正常化が必要だ。

生活者として外国人を処遇する理念の明確化も大事だ。現在、国政レベルの議論はゼロ。欧米諸国は政府の方針が出ている。4人に1人が外国人のスイスでは「外国人法」があり、語学教育や文化教育をして社会に溶け込ませようと努力している。国際化が進む中、日本は外国人をどう受け入れるのか。国民的な議論が進むことを期待したい。

パネリスト冒頭発言

福岡日本語学校校長　永田大樹氏（40）

外国人行政では制度と実態に乖離がある。こうした矛盾を、現場は「本音と建前」を駆使し支えてきた。日本語学校では「あいうえお」より先に、何を学びたいのか調査し、ニーズに沿ったカリキュラムを作成する。学習者に合わない内容のカリキュラムでは、学ぶ意欲は生まれない。外国人行政も、来日ニーズを把握し、来日する人が自己実現できるような環境整備を進めなければならない。

鹿児島女子短期大学講師　岩切朋彦氏（40）

文化人類学が専門だが大学の就職が難しく、２０１４年に日本語教師を始めた。日本語学校に行くと、生徒は全員がネパール人で、驚いた。しかも高いお金を払っているのに勉強しない。不思議に思って1人ずつインタビューし論文にまとめた。彼らは基本的に自宅とバイト先の往復の日々。職場では貴重な戦力になっている。こうした事実が、新聞記事を通じて

やっと知られることになった。

やさしい日本語ツーリズム事務局長　吉開　章氏（50）

出身地の福岡県柳川市で、「やさしい日本語」に取り組んでいる。国内に住む外国人は、英語より日本語を話せる人が多い。それならば、日本語で話そう、それも私たちがコントロールした日本語を話そうという提案だ。「電車がフツウです」と言うと「普通に動いている」と誤解されかねないので、「電車が動いていません」と言う。多文化共生を進めるために、私たちが今日からできることだ。

株式会社タケノ社長　竹野　孔氏（62）

福岡を中心に居酒屋「竹乃屋」などを展開している。社員・アルバイト600人以上のうち、外国人は50人近く。ベトナム23人、中国16人、ネパール6人などだ。10～15年前は、外国人を断っていたが、人手不足が顕著になってきてかじを切った。正社員は4人おり、いずれも中国人。かなり優秀で、上海の店を任せている。今はベトナムからの留学生に学費を貸与し、働いてもらっている。

福岡市南区役所企画振興課長　副島信次氏（56）

福岡市南区の人口は約25万7千人。外国人が増え、5千人弱が住んでいる。特にネパール、ベトナムが急増し、各千人を超えている。ここ5年でそれぞれ2倍と、5倍になっている。こうした状況に対応しようと、2015年から「地域と外国人学生の縁むすび事業」を実施。区内の日本語学校に協力してもらってごみ出しの冊子を作ったり、地域の方との交流会を開いたりしている。

福岡徳洲会病院医師　陳（チン）維嘉（ユイカ）氏（46）

整形外科医をしている。父が大阪市立大で研究していた縁があり、1989年に中国から来日した。米国にも留学したが日本が好きで、日本の臨床の現場で働くことを選んだ。中国では自分のやりたいことがなかなか実現できないのではないかという思いもあった。中国の医師に、日本の医療を勉強しに来てもらいたい。また、中国の患者に、日本でより良い医療を受けてもらいたいと思っている。

女性エンパワーメントセンター福岡代表　松崎百合子氏（58）

日本人がアジアに買春観光に行く問題が起き、1980年からアジアの女性問題を追っている。移民問題はジェンダー問題そのものだ。国際結婚などで来日した女性たちは、周辺部などに散らばり何も支援されてこなかった。20年前に、家庭内暴力に苦しむ外国人女性と子どもを保護するシェルターを立ち上げた。今、センターは外国人女性を支援するため、県内10カ所に日本語教室を開いている。

東京工業大学准教授　佐藤由利子氏（59）

外国人材を受け入れた社会を研究している。外国人の受け入れには良しあしある。良い点は違う能力を持った人々が集まり、新しい価値を生み出せること。留学生の比率が日本一の大分県別府市では旅館に就職した留学生が外国人客の応対で活躍し、互いにハッピーだ。一方、異文化の人々といるとストレスもある。だが、一緒に働き経済的、社会的な価値を得ていけば負の面も解消されていくだろう。

福岡ネパール・ソサエティー元代表　シェルスタ・ラム・クリシュナ氏（34）

ネパールには若者が働く場がなく、欧州や日本に出掛けていく。私もその一人で2007年に大分市の日本語学校に留学し、今は日本で働いている。来日当初は時間の感覚の違いやごみ出しの習慣に戸惑った。入学後6カ月間の寮生活を終えると、自分でアパートを探さなければならなかった。保証人が必要で、これは大きな問題だった。留学生が苦労していることを知ってほしい。

西日本新聞東京報道部　古川幸太郎記者（37）

ネパールで取材し、日本語学校のビジネスが一大産業化していたことに驚いた。片言の日本語しか話せない教師もいた。送り出す環境が整っているとは言い難く、日本側が労働力を補う「調整弁」として留学生を扱っているひずみを感じた。日本で就職できずに帰国した元留学生たちがたくさんいた。このままの日本でいいのか。企業の受け入れ体制も含め、日本は瀬戸際に立たされている。

未来を創る財団　定住外国人政策研究会メンバー　戸田佑也氏（30）

自治体の国際化プランの策定や留学生と地域の協働ボランティアなどに関わっている。留学生を労働者として受け入れている状態はいびつだ。「玄関」ではなく「勝手口」から入ってもらっている形で、国は政策を変える必要がある。法的整備は時間がかかるので、民間ベースで課題の解決を図ることも必要。留学予定の外国人に良い企業や日本語学校の情報を日本から届けることも重要だ。

日本国際交流センター執行理事　毛受敏浩氏（62）

毎年25万人程度の人口が減っている。２０３０年代には８２０万人減少し、「九州」が消えるほどのインパクトだ。今後、農林水産業やサービス業に携わる日本の若者が大きく増えることはあり得ない。外国人が定住して働き、税金や年金を納め、日本を一緒につくっていく社会にしないと先細りするだけだ。逆に日本の若い人が移民として出て行くことになる。全国的に運動を広げていきたい。

1 受け入れ 環境整備を

進行は遠矢浩司・西日本新聞社取締役編集局長（当時）

■労働 就労制限は是か 留学生頼り問題

遠矢　人口減社会の中で、留学生や技能実習生という立場の外国人を労働力として使っている実情がある。週28時間以内という留学生の就労時間の制約をどう考えるか。

岩切　いま、私たちの社会は留学生がいないとコンビニ弁当も食べられない。日本語学校で教えていた時、アルバイトの時間が長い学生が不真面目というわけでもなかった。今の状態を続けるならば、労働時間を延ばす方向でやっていけばいい。

佐藤　留学生の就労制限は、韓国が週25時間、オーストラリアが2週40時間で、諸外国で比べると日本は長い。本来の留学生という立場を守るため週28時間以内にして、そうではない労働者の受け入れ窓口を開けるべきだ。外国人が〝表玄関〟から入る制度ができれば、留学生のアルバイトや技能実習生を労働力として使っているゆがみが一つ解消されると思う。

陳　週28時間以上働いていいと思う。留学生の立場で考えると、日本は物価が高く、生活費を稼がないといけない。家に仕送りしたいというのも当然のこと。だからといって、勉強しないというのは相関しない。たとえ28時間以内に制限しても、みんなが勉強するとも限らない。

竹野　留学生のアルバイトと正社員でも考え方が違う。外国人が働くには就労ビザがいるが、（外食産業のフロアの仕事などでは）下りない。うちは、海外展開に必要だからと申請して何とかなったが……。日本の制度を変えないと難しい。

永田　留学生は「成功するため」に日本に来ている。成功に至るプロセスとして勉強が必要なら勉強し、時給を稼ぐことが必要ならアルバイトをする。そういった現場で留学生が日本語を覚えることもあ

パネリストも会場も意見を出し合った「フクオカ円卓会議」（福岡市早良区）

る。アルバイト先が第二の教室になっている実態もある。

ラム　留学生は、スキルがないと日本企業に就職できない。きちんとした教育をする日本語学校の留学生を増やしてもらい、アルバイト先でも日本語を話して上達しながら、数年がかりでスキルアップできるようにする。留学生を増やしたら、将来、就職して戦力になる。

佐藤　日本語学校は教育行政の下になく、支援もないし、管理もない。いい日本語学校に補助金を出すなどの政策がないのが大きな問題だ。

毛受　労働市場の観点から考えると、日本の若者が減る中で外国人に働いてもらわざるを得ない。留学生はあくまで勉学が目的で、その人たちに労働力を依存するというのはおかしい。本来は外国人が大手を振って働き、定住できるシステムが必要だ。

松崎　ブラック労働やブラックバイトと言われるように、日本人でさえも低賃金で、人格や生活を奪われるような過酷な労働もある。外国人はもっと力が弱く、言語的なハンディもある。正規の労働者として受け入れるためには、労働者としての権利を考えないといけない。

戸田　留学生の就労制限や技能実習生の実習期間を延長するというその場しのぎでなく、純粋にきちんとした制度をつくって受け入れる必要がある。経済界も市民も外国人も、それを求めていると現場から発信することが大切だ。

2　働く外国人　どう共生

■生活　多言語支援急務　地域交流の場を

遠矢　外国人に定住してもらう場合、さまざまな問題がある。

松崎　日本に来た外国人には言葉、心、制度の「三つの壁」がある。多言語の相談窓口の設置と情報提供は必要だ。海外では多文化家族支援法など、さまざまな形の支援がされているが、日本では生活者の外国人が〝見えない存在〟にされ、何の支援もない。行政はきちんと目を向けて支援していくべきだ。

副島　福岡市の相談窓口では市国際会館（旧レインボープラザ）がある。福祉の相談などは、後で行政の窓口につないだり、民間と連携したりして対応している。南区では、ごみ出しルールについて、英・中・韓に加え、ベトナムとネパール語のリーフレットや分別の看板を作ったことで苦情が半減した。また、外国人と地域住民との交流事業にも取り組んでいる。

毛受　外国人が住んでいたら、オリエンテーションが必要。ドイツでは移民に対し、ドイツ語の学習600時間を施し、文化、法律、生活習慣について学ぶ時間も100時間ある。外国人に日本の仕組みをきちんと教えないといけない。（認知症の人や家族、住民らの交流を目的とし、政府が設置を推進する）認知症カフェにならい、各地に異文化交流カフェのようなものをつくったり、ボランティアを育成したりしていけば、何も恐れることはない。

陳　日本語学校でも文化や、健康保険のことなど、日本の制度を教えてほしい。

ラム　家族で暮らしている。子どもが日本の学校に入ったが、日本語と勉強がまったく分からず大変だった。いじめもあった。今、日本語はうまくなったが、まだ差別はある。学校でも外国人の数は増えていく。国際交流の授業を入れた方がいい。

吉開　日本語学校の遠足でネパール人とベトナム人を連れて福岡県の柳川市に観光に行った。柳川では駅員など、みんな「やさしい日本語」の教育を受けている。実際に、川下りの船頭さんが「どこから来ましたか」と彼らに聞いてくれて、「ネパールから来ました」と返す会話があった。こうした日常的な接触を広げ、日本語で通じる機会をつくることが大切だ。

永田　「見えない文化」が難しい。日本語学校の寮ではよく小銭が落ちている。リュックサックに詰めて放置している子もいた。「一円を笑う者は一円に泣く」と言うが直らない。ある時、この子たちの国には紙幣しかないことに気づいた。教えなければならないのは硬貨の使い方だった。こういう異文化理解は、日本人側からもアプローチする必要がある。

岩切　留学生は将来やって来る「移民」とのブリッジ人材（架け橋）になりうる貴重な存在。日本のルールを教えていくことが大切だ。

永田　文化の理解には、日本人側も外国人側も大きな葛藤を乗り越えなければいけない。負担に感じる場合もあると思うが、乗り越えられるまで努力することが大事だ。私たちが海外に行っても同じだ。

松崎　私たちは循環型の支援として、13言語でのホットラインを開設している。相談員は海外からの移住女性たちで、苦労を知っていて役立ちたいという人も多い。また、地域にも外国人と触れ合いたいという方は多い。地域住民と出会い、交流する場をつくっていくことが大切だろう。

3　会場から多様な意見

■「ビザ取得要件見直せ」「行政が指導力発揮を」

福岡県福津市の行政書士の男性（51）は、就労ビザを取得するためのハードルが高すぎると指摘。「四年制大学を卒業した留学生には就労を認めるか、

「円卓会議」では、会場からの発言も相次いだ

研修ビザのようなものを出してはどうか」と話した。

アルバイトをしながら同県内の大学院に通う韓国人留学生の女性（26）は「週28時間の制限は経済的に厳しいが、働いている事業所が、手当を付けてくれたり研修に出してくれたり支援してくれる。事業所の理解が大切だ」などと語った。

日本語学校を運営する同県宗像市の男性（38）は、専門学校や大学の中には、入学しても就職のサポートがない学校があり、多くの外国人が苦労していると語り、「法務省や県は留学生を受け入れる学校について、きちんと教育をしているか、抜き打ちで検査するべきだ」と訴えた。

神戸大学で教える女性は、納税者としての外国人という視点から受け入れを前向きに考えられないかと質問。毛受氏が「定住者は納税者としてだけでなく、消費者にもなる」と賛同した。福岡県大木町の会社社長の男性（61）は、空き室となっている市営住宅などを活用し外国人と共生できるのではと提案し、「行政は遅れている。きちんとリーダーシップをとってほしい」と注文した。

■ワードBOX　外国人の就労

外国人が日本で働くには在留資格が必要となる。その種類は(1)永住者や日本人の配偶者など日本人と同じように就く仕事に制限がないグループ(2)外交官や芸能人、医師、技能実習生など定められた範囲、職種で就労が認められるグループ――に大別される。留学生は原則就労できないが、入管難民法は、資格外活動の許可を得た場合、「週28時間」を限度に働くことを認めている。九州7県と熊本市は、現行の週28時間から週36時間への就労制限緩和を柱とした「外国人材の活用促進」国家戦略特区を内閣府に共同提案している。

参加者アンケート

真の隣人へ「壁」払え 言葉、心、就職、政治……

2016年12月に始めた西日本新聞のキャンペーン報道「新 移民時代」の一環で、福岡市で2017年6月17日に開いた公開シンポジウム「フクオカ円卓会議」。参加者に実施した日本の移民政策についてのアンケートからは、定住外国人との共生を妨げる「壁」の存在が浮かんだ。

＊

西日本新聞は、外国人労働力に頼るコンビニや製造工場、農場、建設現場などをルポし、仕事に明け暮れる「出稼ぎ留学生」や技能実習生の実態を報道。

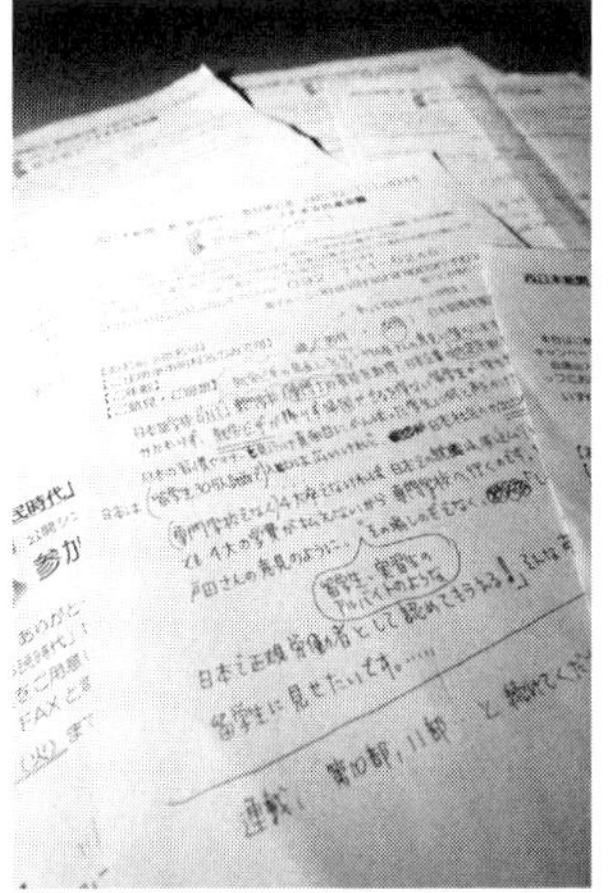

「新 移民時代」公開シンポジウム参加者から寄せられた意見や感想

シンポジウム冒頭で取材班は、留学生と実習生が国内の外国人労働者108万人の4割を占め、日本経済を下支えしている現状を報告した。

アンケートで指摘が多かったのは「言葉の壁」。福岡県久留米市の男性（60）は「交通機関や商業施設の案内表示から、行政窓口や金融機関の文書、法律の条文まで多言語化を早急に進めるべきだ」との意見だ。

「外国人は怖い。いや怖くない……。なかなか一歩進めない」と自身の「心の壁」を告白した女性

（50）は「日本語が少ししゃべれるとか、大学で勉強しているといった情報があれば安心できるかも」とつづった。

同県朝倉市の男性（48）は「『外国人アレルギー』があるのは事実だが、日本は既に自国の問題を日本人だけで解決できない。アジア各国で人材獲得競争が始まる中、日本が見放されるのは時間の問題ではないか」と危機感をにじませた。

日本語教育関係者の女性は「就職の壁」を問題視し、「企業の内定が出ても就労ビザを取得できず帰国を余儀なくされる留学生は多い」。福岡市の男性（42）は「就職の認定試験制度などを設け、チャンスを広げて」と提言した。

政府は専門性が高い「高度人材」に限って優遇措置を打ち出しているが、同県福津市の男性（51）は「既に完成された優秀な人材を呼び込むという考えは現実離れしている。留学生を入学から就職後までフォローし、育成する制度の構築が必要だ」と主張した。

報道を受け、入国管理局が留学生の審査を厳格化し、文化庁が日本語教育機関のチェックを開始。議員連盟が日本語教育の基本法制定を目指すなど、中央の政界や省庁も変わり始めた。

しかし、同県春日市の女性（57）は「法務省と文部科学省など行政の横のつながりがないのが問題」と「省庁間の壁」に言及。同県大木町の男性（61）は「政治家が有効な対策を講じないのは、選挙対策的な発想しかないからだ。労働力が確保できなければ地方創生も美辞麗句でしかない」と「政治の壁」に苦言を呈した。同県宗像市の女性（49）は「国として正面から移民政策を議論すべき時期が来ている」と記した。

「壁」を取り払うにはどうすればいいのか。佐賀県の男性（53）は「われわれ自身が外国人について学び、理解し、高齢者や障害者などの支援と同じく地域コミュニティーで包み込むように受け入れる必要がある」と訴えた。

外国人労働者受け入れへの一大転換

2018年、入管難民法改正　拭えない懸念

改正出入国管理及び難民認定法（入管難民法）が2018年12月8日に成立し、2019年4月1日に施行された。少子高齢化や人口減などによる人手不足に対処するため、新たな在留資格「特定技能1号」「同2号」が柱として設けられた。一定の技能が必要な業務に就く1号は、在留期限が通算5年で、家族帯同は認められない。熟練した技能が必要な業務に就く2号は在留期限を更新でき、配偶者と子どもの帯同も可能。法改正に伴う政省令で、この資格で働く外国人の報酬額を「日本人と同等以上」とすることや、悪質ブローカーを仲介させないことを受け入れ先に求めている。

技能実習経験がなく、海外から新規で来日する外国人が特定技能1号の資格で働くためには、技能試験と日本語の試験にそれぞれ合格する必要がある。

技能試験の内容は就労を希望する業種によって異なり、日本語で実施されるものや、現地の言語で実施されるものがある。学科や実技のテストを課して、一定の技能水準を満たしているか確認する。

日本語は日常会話ができる程度の力が求められており、新設の国際交流基金日本語基礎テストに

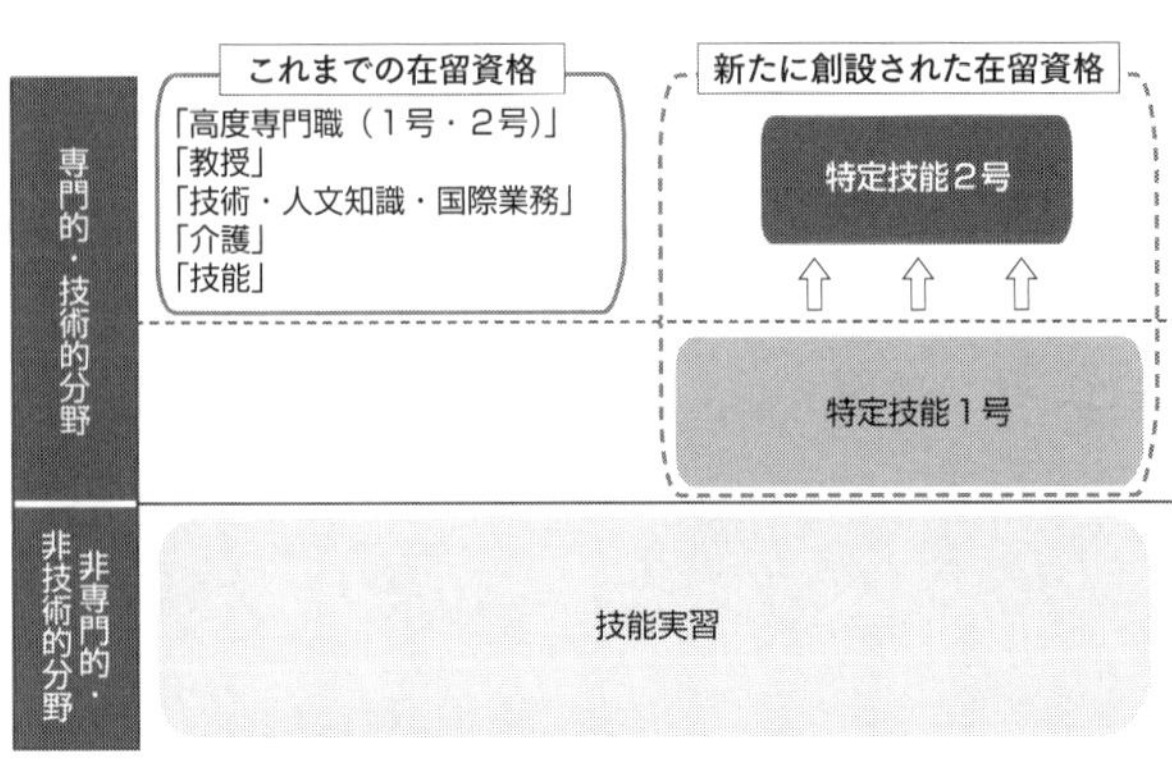

合格するか、既存の日本語能力試験でＮ４以上の認定が必要とされる。

日本国内にいる留学生も、新たに来日する外国人と同様に技能試験と日本語の試験に合格しなければならない。

一方で、３年以上の経験を持つ技能実習生が同様の業種で働きたい場合は、既に必要な水準を身に付けているとみなされ、技能、日本語ともに試験が免除される。

試験に合格したか、技能実習生としての要件を満たした外国人は、日本の企業などの求人募集に直接申し込むか、民間の職業紹介業者からのあっせんを受けるなどして、受け入れ先と雇用契約を結ぶ。

雇用契約を結んで来日することになった外国人は、各地方の出入国在留管理局（２０１９年４月に出入国在留管理庁が法務省の外局として設けられ、地方出入国在留管理局は全国に８カ所設けられた）に、新在留資格の認定証明書の交付を申請しなければならない。ただ、海外からの申請は手続きが煩雑なため、受け入れ先が代理で申請することも認められている。すでに日本国内にいる留学生や技能実

分野別運用方針

	見込み（人）	従事する主な業務	雇用形態
介護	6万	身体介護など	直　接
ビルクリーニング	3万7000	建築物内部の清掃	直　接
素形材産業	2万1500	鋳造、鍛造、金属プレスなど	直　接
産業機械製造業	5250	金属プレス、溶接など	直　接
電気・電子情報関連産業	4700	電子機器組み立てなど	直　接
建設業	4万	型枠、左官、鉄筋など	直　接
造船・舶用工業	1万3000	溶接、塗装、機械加工など	直　接
自動車整備業	7000	点検整備、分解整備	直　接
航空業	2200	手荷物・貨物取り扱い、整備など	直　接
宿泊業	2万2000	フロント、企画広報、接客など	直　接
農業	3万6500	栽培、飼養管理、集出荷など	派遣も可
漁業	9000	漁業全般、養殖業全般	派遣も可
飲食料品製造業	3万4000	製造加工、安全衛生	直　接
外食業	5万3000	調理、接客、店舗管理	直　接

※各業種で技能試験を課す。国際交流基金日本語基礎テストまたは現行の日本語能力試験を通過する必要もある。介護業では介護日本語評価試験も課す。

習生については、原則として自分自身で在留資格の変更許可申請をする必要がある。

出入国在留管理局はこれらの申請に基づいて、①本人が18歳以上であること、②健康状態、③試験に合格しているかどうか、④悪質ブローカーが介在していないか――などを審査。問題がないと判断すれば、受け入れ先に認定証明書を交付したり、留学生らに新たな在留カードを交付したりする。

その後、受け入れ先が認定証明書を、本人がいる国の在外公館へ提出。在外公館が査証を発給し、日本に入国できる。

入国後は、受け入れ先が実施

する日常生活のオリエンテーションを受けるほか、住民登録や住宅確保、給与口座の開設といった準備を済ませてから、受け入れ先で就労ができる。留学生や技能実習生は、変更された在留カードの交付を受けた後、新たな職場で働くことができる。

*

改正入管難民法に基づく新制度について、特に大きな懸念が二つある。

一つが外国人との共生を目指す「総合的対応策」。開始時期や財政措置が曖昧なものが多く、単なる掛け声に終わってしまう恐れがある。

計126項目の支援メニューが決まったのは、改正法施行まで3カ月しか準備期間がない2018年12月下旬。そもそも4月までに自治体が準備できるのかと「新 移民時代」取材班が法務省に聞いたところ、担当者は「4月からできるところと、そうでないところがある」と説明した。それでは自治体間の格差が生まれてしまうと、さらに問うと「現実問題そうだ」とあっさり認めた。

既に外国人支援は地域間格差が広がり始めている。

在留外国人が多い自治体は支援策が充実し「そこに住んでいない近隣の外国人が行政サービスを利用するケースが少なくない」という。

一方で多文化共生に関する予算が削減されている自治体もある。日本語教育や生活相談など多くが民間ボランティア頼みのところも少なくない。ある福岡県内の自治体は「法律のハコだけ審議され、国、県、市町村の役割分担は不明。どの施策に注力し、どう優先順位を付けたらいいのか」と頭を抱える。

２０１９年春の閉会中審査を聞く限り、そんな自治体の不安は解消されていない。

１２６の施策のうち、地方自治体が担う数と、総額２１１億円の予算の負担割合について聞かれ

「外国人材の受入れ・共生のための総合的対応策」（計126項目）の主な内容（2018年12月）

生活支援	●多文化共生総合相談ワンストップセンターを全国約100カ所に整備 ●生活と就労のガイドブック作成 ●地域の基幹的医療機関に医療通訳配置 ●金融機関の口座開設の環境整備 ●外国人の入居可能な賃貸住宅の情報提供
日本語教育	●日本語教師の能力を測る資格を創設 ●日本語学校の審査の厳格化 ●外国人児童生徒の支援体制整備
受け入れ在留管理	●二国間の政府間文書の作成（9カ国） ●悪質な仲介業者（ブローカー）の排除 ●出入国在留管理庁の創設 ●不法滞在者の排除の徹底 ●失踪した技能実習生の調査

「外国人材の受入れ・共生のための総合的対応策の充実について」の主な内容（2019年6月）

適正な受入れの促進	●就労を希望する外国人材と地域の企業とのマッチング支援
受入れ環境の整備	●「外国人共生センター（仮称）」〔※2020年、「外国人在留支援センター」と呼称〕の設置
生活支援	●「やさしい日本語」の活用 ●全国調査による外国人の子供の就学状況の把握

た山下貴司法相は「積算はしていない。地方自治体としっかり協議しながら実現に努めていきたい」と述べるにとどめた（なお、「総合的対応策」は改訂が加えられ、２０２０年７月現在、計１９１項目に拡大している）。

やはり受け入れ拡大は共生と車の両輪だ。その最前線に立つ自治体には予算措置を含めて国の責任を明記する必要がある。

もう一つが、賃金の高い都市圏に外国人労働者が集中してしまう懸念だ。

技能実習生１４０人を約60社

の建設会社に送り出している福岡県内の監理団体によると、ベトナム側に人材供給を要請しても「九州には行けない。建設なら東京、大阪がいい」と渋られるという。

理由は賃金の差。同団体は「実習生は自分の労働力をどれだけ高く買ってくれるかを見極めている」と言う。

実際、2019年度の最低賃金は最高の東京都が1013円。最低の青森、岩手、秋田、山形、鳥取、島根、愛媛、高知、佐賀、長崎、熊本、大分、宮崎、鹿児島、沖縄の15県は790円。途上国の物価水準を考えれば、こうした時給の差は日本人の想像以上に大きい。

政府は都市圏偏在を防ぐため、業界、官庁などで作る協議会を通じて、事業者に対し、受け入れ自粛を要請する対応を取ることを明らかにしている。

だが、既に九州では都市圏の事業者からより高い賃金を提示され、外国人労働者を引き抜かれるケースが起きている。

厚生労働省の調査によると、日本で働く外国人165万8千人（2019年10月末時点）のうち、半数近くが東京都、愛知県、大阪府、神奈川県、埼玉県の計5都市に集中している。

ベトナムから受け入れる予定だった実習生を、関西の施設に引き抜かれた九州の介護施設は「日本人と同等か、それ以上の時給を出すつもりでも、大都市や体力のある事業者に人材が流れる」と嘆く。

外国人を地方につなぎとめることは容易ではない。どこの企業も、人手不足に悩んでいる。要請があったとしても、都市圏の企業が自粛要請をすんなりと受け入れる保証はない。

政府は「看過しがたい偏在」があるとしているが、あくまでも努力規定にとどまっており、実効性のある対策は打ち出しきれていない。

人手不足は地方の方が深刻だ。安倍晋三首相は国会審議などで「人手不足は喫緊の課題」と説いたが、地方に人材が集まらなければ、皮肉にもその前提、改正の根本が揺らぐことにつながりかねない。

＊

2019年の通常国会の施政方針演説で、安倍首相はこう宣言した。

「多くの優秀な方々に来ていただき、経済を担う一員になっていただくことで、新たな成長につなげます」。外国人の受け入れについて触れたのは、30ページ余りある演説のなかでわずか2行だった。

技能実習生や留学生アルバイト頼みではなく、単純労働を含む分野にきちんと就労目的の在留資格を設け、外国人労働者の永住に新たな道を開く。それが改正入管難民法の狙いだったはずが、肩すかしに終わった。自民党のベテラン議員は思わずこう本音を漏らした。「この問題は議論したらキリがない。いくらでも問題点が出てくるのだから」。

政府が労働開国にカジを切ったきっかけは、2017年6月の首相の号令だ。

未来投資会議で外国人労働者の受け入れ検討を表明し、2018年2月の経済財政諮問会議で具体的な制度設計を指示した。

だが、山下法相は国会で「その前からある程度は検討していた」と強調し、法務省幹部も「首相指示が全てではない。平成の初めから考えを温めてきた」と明かす。

その強気の言葉とは裏腹に、制度は政省令任せだった。受け入れ分野、見込み数、技能レベルなど、根幹は先送り。先述したとおり、改正法施行と新制度開始が目前に迫った2019年春の閉会中審査でも依然、政府の説明は具体性を欠き、突貫工事が露呈した。

受け入れたら「終わり」ではない。仮に5年、10年という期間になるかもしれないが、外国人労働者も日本で暮らす住民だ。人口減にあえぐ地方ほど自治体の体力は細っており、外国人労働者を生活者として受け入れる態勢づくりには時間がかかる。

支援のノウハウは地方自治体にある。それを活用するためにも、国は予算と人員を配置する必要がある。いくら労働力として受け入れても、やってくるのは人間だ。大切なのは、受け入れる外国人の身になった受け入れ体制づくりだ。

政策の大転換を行った今こそ、真正面から移民を論じる時が来ている。その議論は、合わせ鏡のように人口減時代の日本社会のあり方を考えることにつながるのだから。

第9章 共生へ最前線から

共に生きる「隣人」として外国人を受け入れる準備は整ったか。改正入管難民法の2019年4月施行を前に、最前線の現場から報告する。

全国の自治体や病院などから通訳依頼が舞い込む「多言語コールセンター」。スタッフの9割が外国人（東京都港区）［本書 267〜268 頁］

1　窓口　民間に経験とノウハウ

多文化共生の最前線、東京。184カ国・地域の55万人の外国人が暮らす都内で、人知れず悩みを抱える中国籍の40代男性がいた。

日本語は話せない。日本人の妻とは別居中で、小学校入学前の子ども2人は妻の元にいる。だが精神状態が不安定な妻は子どもに会わせてくれない。育児放棄を心配した。

都や区の相談会を何度も訪ねた。通訳を介しても真意が伝わらないのか、具体的な助言が得られない。紹介されて昨年末にたどり着いたのが、都内のNPO法人「国際活動市民中心（CINGA）」だった。

弁護士、医師、税理士、日本語教師ら約200人が名を連ねる。動きは早かった。翌春の入学予定者にその子の名前があるか、区役所の担当課に問い合わせた。入学前健診が未受診と分かり、フォローしてくれることになった。

男性が最初に行政窓口を頼ってから1年近く。コーディネーターの新居みどりさん（42）は

「相談窓口があり、言葉が通じるだけでは解決できない。専門家につなぐネットワークが必要だ」と言う。

２０１９年4月からの外国人労働者受け入れ拡大に向け、政府は２０１８年末、都道府県や政令市など全国１１１自治体に在留外国人の一元的な相談窓口の整備を求めた。だが窓口設置や拡充を支援する新たな交付金制度に手を挙げたのは37自治体だけ。法務省によると、約1割は4月に窓口が整わない。地方の自治体には「窓口を設けるつもりはない」「相談に来られても対応できない」と腰を引くところもある。

先進地でも模索が続く。住民の８人に１人が外国人という東京都新宿区の窓口「多文化共生プラザ」には、年間5千件の相談が寄せられる。都内でも窓口に翻訳タブレットを置くだけの自治体がある中で、隣には入国管理局スタッフも常駐。生活相談から在留資格まで、一元的に相談に応じる窓口のモデルとされる。それでも区関係者は「ワンストップでの解決は無理だ」と打ち明ける。

＊

24時間３６５日。ひっきりなしに電話が鳴る。

都内にある「多言語コールセンター」。多言語サービスを提供する民間企業が２０１１年に設置した。自治体、鉄道、銀行、病院、法テラスなどと契約し、月４千件の通訳をこなす。

13言語に対応するスタッフ40人は9割が外国人。救急医療、児童虐待、離婚……。1〜2時間話し込むこともある。来日16年のペルー人のモンテス・フランコさん（32）は「地方には窓口もなく相談に行けない外国人がいる。ここはいつでも力になれる」。

経験やノウハウに乏しい自治体も、民間や専門家との連携で「隣人」との共生に踏み出せないか——。

約6千人の外国人がいる佐賀県は、2016年前から通訳相談や日本語教室のボランティアを育成。地元の弁護士会や行政書士会との連携も深まってきた。多文化共生コーディネーターに任命された北御門織絵さん（42）は確信する。

「共生って外国人の支援だけではない。日本人も地域も、変わるチャンスになる」

2　教育　学ぶ場も支援も足りぬ

授業は廊下で行われていた。算数の文章問題に、3年の女の子が首をかしげる。隣の男の子がポルトガル語で話し掛けると、すぐに納得したような表情に変わった。

島根県出雲市の塩冶小。全校児童865人のうち、外国にルーツがあり日本語の指導が必要な児童は53人に上る。この5年間で5倍超。市内の電子部品工場の雇用増で、そこで働く日系ブラジル人世帯の子どもが一気に増えた。

国語、算数、社会の授業になると、在籍するクラスから日本語に自信がない子を切り離す。12人いる日本語指導専門の教員が指導するが、教室が足りない。杉谷学校長（58）は「何とか回しているが、手いっぱい。高学年の編入も増え、追い付かない」。

市教育委員会によると、市内への外国籍の小中学生の転入は本年度だけで50人を超えた。日本語指導が必要な子どもは19校に１６５人。日本語指導の加配教員は34人になり、５年前の６倍近いという。

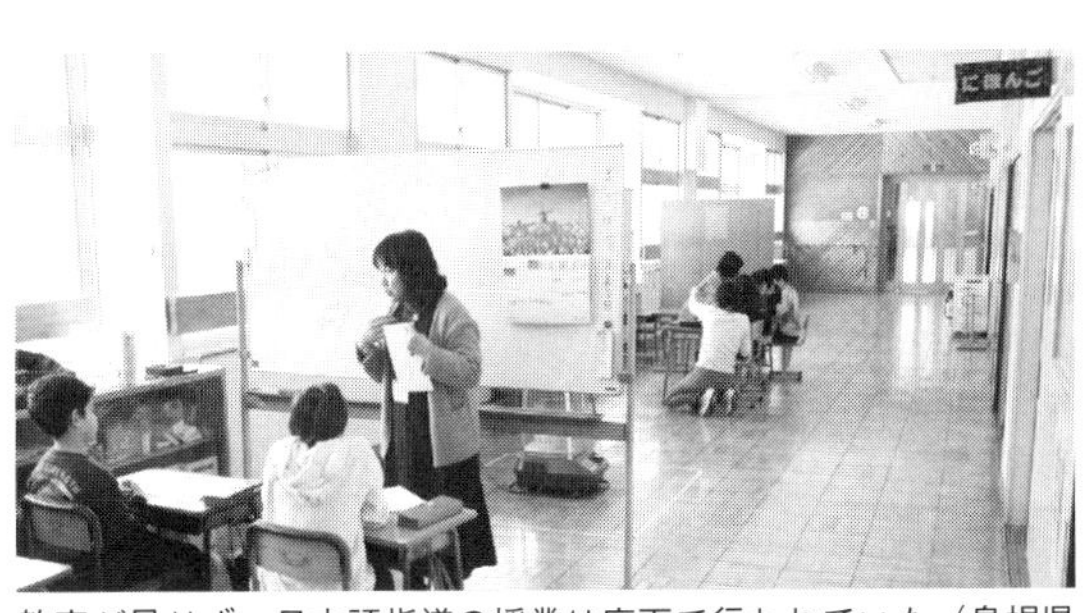

教室が足りず、日本語指導の授業は廊下で行われていた（島根県出雲市の塩冶小）

＊

推計「８千人」を超える恐れがある。

学校に通っていない外国籍の「就学不明児」について、文部科学省は２０１９年4月から初の全国調査に乗り出した。外国籍の子どもは憲法上の就学義務がない。戸別訪問などの対応は自治体や学校任せで、地域による支援の落差が指摘される。

4月からの外国人労働者受け入れ拡大で、日系人と同様に家族帯同が認められる在留資格ができた。出雲市のような「集住地」になり、外国人の子どもが急増する可能性は、どの自治体にもある。

愛知淑徳大の小島祥美准教授（45）は2003年、日系人が多い岐阜県可児市で「不就学」の実態を明らかにした。300人超の全世帯を調査。15歳以下で就労や妊娠している子もいた。市は学習指導などを強化し、2006年に「不就学ゼロ」を達成したが、小島さんの懸念は消えない。「現状でも対応できていない。これから外国人が地方に散在するようになれば、子どもの実態はさらに見えにくくなる」

課題は幾重にも横たわる。来日する子どもが学齢期を過ぎていれば、中学への編入はできない。NPO法人「多文化共生センター東京」（東京都荒川区）は、そんな若者たちの受け皿だ。中国やベトナムなどの中学を卒業した15〜20歳の57人が、このフリースクールから高校進学を目指す。だが、公立の全日制高校で外国籍の入学枠を設けているのは全国で16自治体だけ。試験時間の延長や辞書持ち込みを認めるのも23自治体にとどまる。進学できずアルバイト生活を送る子、進学してもなじめずに中退する子もいる。

2019年3月16日の修了式。「日本で働けばお金があります」「生活できるようになった」。生徒たちの感謝の言葉が涙と笑いを誘う。フィリピン育ちの双子の姉妹、宮内カオリさん（16）、クリシャさん（16）は高校進学が決まった。「ここがあったから希望がみえた」

子どもたちが日本社会で生きる力を身につける「学びの場」は、まだ数えるほどしかない。

3　災害「情報難民」なくせるか

「何が起きているのか全然分からない」「チケットはキャンセルできる？」

2018年9月4日深夜、フェニックステレビ（香港）東京支局長、李淼（リーミャオ）さんのブログに中国語のメッセージが立て続けに届いた。台風21号の高潮で大阪湾に浮かぶ関西空港は各所が水没。連絡橋にはタンカーが衝突し、通行不能になっていた。李さんはスマートフォンで返信し続けた。

関空に閉じ込められた利用客は約3千人。3分の1が中国人だった。案内所スタッフで中国語を話せるのは4人だけ。館内放送は中断し、薄暗いロビーは「情報難民」であふれた。

同21日、政府が開いた緊急会議に呼ばれた李さんは、多言語で情報発信する体制整備を訴えた。1週間後、多言語での24時間相談窓口などの対応策がまとまったが、会員制交流サイト（SNS）の中国語での発信は「英語と比べて経験や蓄積があまりない」（日本政府観光局）との理由で、まだ体制が整わない。

李さんは嘆く。「もてなしの国というイメージがあるのにもったいない」

2003年に500万人だった訪日外国人旅行者数は2018年、初の3千万人を突破した。災害時の情報発信をどうするか、自治体も動きだした。

神戸市は昨年秋、短文投稿サイト「ツイッター」に英語、中国語、韓国語、ベトナム語で発信

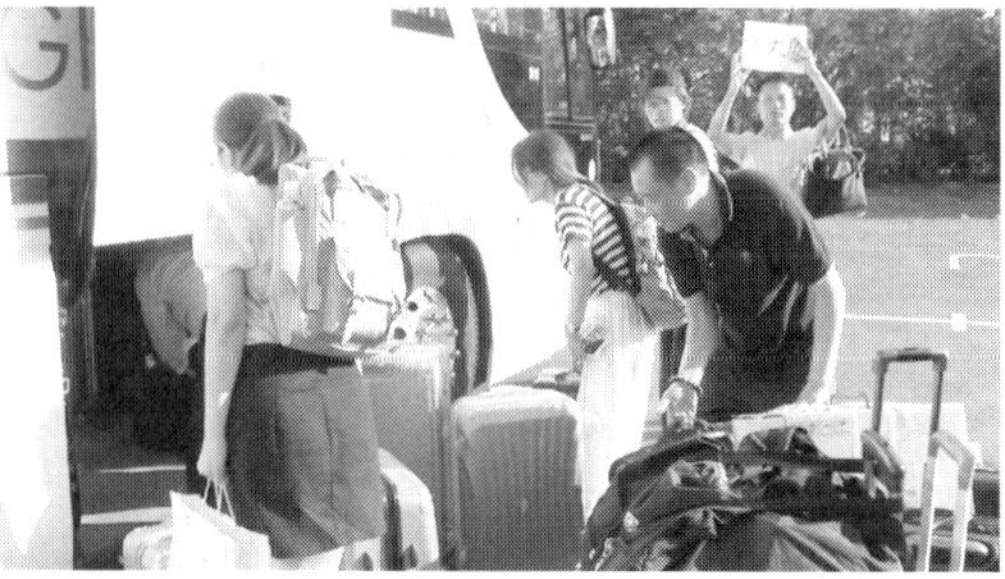

関西空港から脱出し、中国領事館が用意したバスに乗り込む中国人観光客（大阪府泉佐野市、李淼さん提供）

するプロジェクトを打ち出した。避難情報や交通状況を伝える4カ国語の広報文を11通り作成し、発生時に震度などを加えて即座に発信するという。

ただ、ツイッターが一般的なのは英語圏などで、中国人が使うのは「微博（ウェイボ）」だ。市はテレビ局と連携し、スマホで情報を入手できるQRコードを放送時に画面表示してもらう考えだが「手間をかけてそれを使う外国人がどれだけいるか」（市担当者）。

福岡市は2014年末、災害発生をスマホに通知し、英、中、韓3カ国語の防災ページに移る仕組みを整えた。ただこれも、スマホを市の公衆無線LAN（Wi-Fi）に接続していないと情報は届かない。担当者は「技術の進歩を見極めながら試行錯誤するしかない」と頭を悩ませる。

＊

情報は届かなければ意味がない。東日本大震災を経験した仙台市。英、中、韓3カ国語でラジオにも情報発信できる「災害多言語支援センター」があるが、それだけではない。

「災害時言語ボランティア」。市在住の外国人らが橋渡し役になり、避難所の外国人に直接情報を届け、通訳もこなす。約70人が登録している。

ネパール人のドゥワディ・アルンさん（39）が加わったのは2年前。きっかけは震災時、家族と避難所で2日間過ごした体験だった。「炊き出し」「物資」など聞き慣れない言葉が飛び交い、不安になった。「自国語を聞いた時はものすごくほっとしたんだ」

市はアルンさんのような外国人コミュニティーのキーマンに、ボランティア登録を呼び掛ける。もし旅先で災害に巻き込まれても、そこに暮らす母国の「先輩」が駆け付けてくれる――。インバウンド時代の地域づくりが進む。

4　業界　人材確保、競争早くも

２０１９年3月13日、まだ一面に雪が残る北海道北部。東川町の旭川福祉専門学校では卒業生のお別れ会が開かれていた。学生の輪の中に、ベトナム出身のド・ディン・フィさん（24）がいた。４月から町内の福祉施設に勤務することになっていた。「ずっとここで働いて町に恩返ししたい」

介護福祉士として巣立つ留学生は5人。だが4月に入学したのは26人に増えた。町や周辺自治体、福祉施設が昨年末につくった協議会が4月、1人当たり年間250万円の奨学金制度を始めるからだ。卒業後、協議会加盟施設で3~5年働けば返済不要――。好条件にひかれ、東京や大阪の日本語学校で学ぶ留学生も応募してきた。80人の定員を留学生で埋めることもできそうだが、同校の平戸繁事務局長は「日本人に交じって学ぶことで留学生の能力は向上する」とバランスを重視する。

都会の誘惑がない環境で勉強に打ち込んだ学生の評価は高く、協議会に入る福祉施設の責任者は「安心して採用できる」と話す。

懸念は地域で育てた人材の流出。「将来、賃金の高い都市部に出ていかないか……」。危機感は強い。

2019年4月から福祉施設に就職したベトナム人のド・ディン・フィさん（中央）。将来もこの地域で働くつもりだという（北海道東川町）

＊

横浜市の老人ホーム。2人のベトナム人が、慣れない手つきとたどたどしい日本語で高齢者の食事の世話を手伝っていた。

市は2018年夏、介護人材受け入れの協定をベトナムの3都市などと締結。ダナン市にある大学看護学部4年生の2人は、その枠組みによる実習生第1号として2019年3月6日に来日した。9カ月間、日本語と介護技能を学びながら働き、家賃などは市と施設が支援する。「卒業したら横浜に戻って働きたい」と2人は声をそろえる。

入管難民法の改正で2019年4月に在留資格「特定技能」が新設され、介護人材への門戸は広がる。「早いうちに優秀な人材を確保したい」と市担当者。年間20人程度を受け入れ、市内の施設の人手不足を補いたい考えだ。

横浜市に負けじと、首都圏の自治体も外国人介護人材の確保につなげる支援策を次々に打ち出している。ある県の担当者は言う。「これからは競争。人の奪い合いですよ」

＊

特定技能の対象業界では、4月を前に急ピッチで受け入れ準備が進む。

「イラッシャイマセ」。3月12日夜、都内のビル。ロイヤルホールディングス（福岡市）子会社で「天丼てんや」を展開するテンコーポレーションは、外国人従業員向けの研修会を開いた。同社ではパート・アルバイトの2割弱が外国人で、都心では7～8割の店もある。マーケティング・商品部の松永美紀担当課長は「彼らなしに店は回せない。だからこそ質の高いサービスを習得してもらう」と話す。

技能実習制度がなかった外食業は人手不足が顕著で、2017年度の飲食店主・店長の有効求人倍率は12・68倍。法改正を機に、業界では外国人を「短時間労働者」ではなく、店長などの「主力人材」と期待する傾向が強まっており、4月には特定技能の資格取得試験を先行実施する。現在は外国人正社員がほとんどいないリンガーハット(長崎市)も「当然、今後は受け入れを進めていく」(佐々野諸延社長)として、新制度の活用法を模索中だ。

外国人材の獲得に向けた戦いは、業種や地域を超えて熱を帯び始めている。

5 監視 人権保護の態勢見えず

法務省が2019年3月11日、外国人労働者の受け入れを希望する企業・団体を対象に横浜市で開いた特定技能制度の説明会。午前、午後とも満員の計430人が参加。応募は800人を超えたといい、参加者の関心は高い。だが客席はやがて、もどかしさで満たされていく。

「その件は現在調整中です」「今後公表するガイドラインを待ってください」……。外国人労働者への待遇などを問う参加者に、要領を得ない回答を繰り返す入国管理局職員。ただはっきりしたことは、改正入管難民法の施行を4月に控えたこの期に及んでもなお、新制度の細部が詰まっていないということだ。参加した介護業の人事担当者(49)は「詳細を早く知りたかったのだが」とがっかり顔だった。

そのガイドラインが公表されたのは3月20日。新制度に関する具体的記述は確かにあるが、まだ十分とは言い難い。例えば、新制度のポイントである外国人労働者に対する「日本人と同等以上の賃金」。昇給や賞与も同等にすべきなのかなど数々の疑問点が残る。

外国人労働者の受け入れを希望する神奈川県内の企業や団体を対象に、法務省が開いた特定技能制度の説明会（横浜市）

＊

受け入れ拡大に備え政府は法務省入国管理局を改組し、4月に出入国在留管理庁を発足させる。入国審査官のほか、不法滞在者を摘発する入国警備官を増やして監視を強化。同時に、外国人労働者の人権保護や支援施策も新組織が担う。だが「今まで外国人を取り締まる側だった組織に、人権保護ができるのか」（野党議員）。疑念は尽きない。

在留と就労を許可された外国人の労働状況をチェックするのは、主として労働基準監督署の仕事だ。厚生労働省は労基署の監督官を増員するほか、企業に出向いて労働環境などを調べる「外国人労働者専門官」を増やし、外国人の受け入れ拡大に備える。ただ労基署は、4月の働き方改革関連法施行で、企業の残業規制の監督といった業務が増す。ある地方労働局の幹部は「外国人の就労状況にどこまで目を行き届かせる余裕があるか」と不安げに語る。

＊

悪質なブローカーへの対策も課題だ。これまでの技能実習制度では、実習生が失踪した場合の「保証金」などとして、仲介役のブローカーが実習生本人や親族から多額の手数料を取る事例が相次いだ。

政府も対策に動いてはいる。山下貴司法相は3月19日、フィリピンの労働雇用相と悪質ブローカー排除を目的とする協力覚書に署名。ブローカーによる保証金徴収などが発覚すれば両国で迅速に情報共有し、摘発に努めるとの条項を盛り込んだ。政府は計9カ国と同様の覚書を締結したい意向だが、進捗は遅れ気味だ。

だが、こうした取り組みに対して、外国人労働問題に詳しい指宿昭一弁護士は手厳しい。「他の名目で手数料を取るなど抜け穴はいくらでもある。送り出し国と協議するなら、渡航費用の上限を決めるなどしなければ実効性は担保されない」と批判する。

昨年から急に進んだ外国人労働者受け入れ拡大の動き。受け入れ拡大に伴って必要となる「備え」は追いついていない。ＮＰＯ法人「移住者と連帯する全国ネットワーク」（東京）の鳥井一平代表は「政府の支援策はまだ形だけに見える。外国人は使い捨ての労働力ではない。共生に正面から向き合わない限り、実のある支援にはならない」と訴えている。

ネパール再訪

外国人労働者の受け入れを拡大する改正入管難民法の2019年4月施行が迫る。名実ともに「外国人が働ける国」へ――。日本の政策転換がアジアにどんな影響を及ぼすのか。期待と不安が入り交じる「送り出し国」の一つ、ネパールの今を報告する。

1　新在留資格　日本熱再び

2019年2月初旬、ネパールの首都カトマンズ。空港から市街地に向かうタクシーで、運転手が上機嫌に話し掛けてきた。「2週間後、妹がビッグマネーを持って帰ってくる」。聞けば、妹は日本に留学し、東京のレストランに就職。近くネパールで結婚式を挙げるという。

日本から4千キロ以上も離れたこの国で「ジャパン」は特別な存在感を放つ。理由は日本への留学生の多さだ。日本国内の留学生数は中国、ベトナムに次ぎ2万人以上。就職し、蓄えた「円」を母国に持ち帰れば、価値は10倍以上に化ける。

「ジャパンマネー」の成功談が、若者を日本留学へと駆り立ててきた。２０１６年12月、「留学ビジネス」の過熱ぶりを取材した際は、学生街バグバザール周辺に五、六百校の日本語学校が乱立し、立ち並ぶビルの壁面は「ＳＴＵＤＹ　ＩＮ　ＪＡＰＡＮ」の看板で埋まっていた。

約２年が過ぎ、街の風景は変わっていた。看板から「ジャパン」が減り、代わりに「オーストラリア」が増えた。日本語学校のネパール人経営者は「日本留学は下火になってきた」と明かした。「出稼ぎ留学生」の急増で17年春から日本の入管審査が厳しくなり、日本離れを招いたのだ。

ただ、この経営者の表情は意外にも明るい。２０１８年末、日本が外国人労働者の新たな在留資格を設けることを決めて以降、日本を目指す受講生が殺到し、いったん閉じていた学校を再開させたのだ。「またチャンスが来た。お目当てはみんな労働ビザだ」。新たなバブルの気配が漂っていた。

「留学ビジネス」の中心・学生街バグバザールでは日本語学校の看板が減少。「ジャパン」の存在感は薄れ、「オーストラリア」との併記が目立った（ネパールの首都カトマンズ）

「労働ビザ」の取得を目指し、真剣なまなざしで日本語の授業を受けるネパール人女性（カトマンズ）

＊

首都カトマンズの学生街バグバザール。大通りを歩くと、「ＳＴＵＤＹ　ＩＮ　ＪＡＰＡＮ」の看板は明らかに減っていた。破れ、朽ち果てたものもあった。かつて路地裏で見かけた、「成績が悪くてもノープロブレム」と書かれた看板は跡形もなかった。

「日の丸」をモチーフにした看板の日本語学校に入ると、30代半ばの経営者シャルマさん（仮名）が日本語で応対してくれた。「留学めっちゃ減った。前は日本語できなくても、誰でも行けたでしょ、今は入管、厳しい。東京、めっちゃ悪かった」。前年（２０１８年）は特に東京入国管理局の留学ビザ交付率が低く、日本留学の希望者が減ったそうだ。「留学生１人当たり10万円」という手数料の相場も値崩れし、「今は１人３万、５万。１万とかゼロもある」と嘆いた。閑古鳥が鳴く状況に、学校は２０１８年、いったん閉鎖していたという。

だが、１本のニュースが不景気な状況を一変させた。２０１８年12月26日付の大手英字紙カトマンズポストは1面で「日本がネパール人労働者にブルーカラービザを与える」と伝えた。受講希望者が殺到し、学校を再開。受講者は２０１９年1月上旬に20人に、中旬には50人に膨れ上がった。受講料は公務員の月給に匹敵する約3万ルピー（約3万円）とかなり高額だが、教えるのは日本語だけ。留学には詳しいが、「スキル（技能）ビザ対策は、したことない。ニュースのことしか、知らない」。困った顔になった。

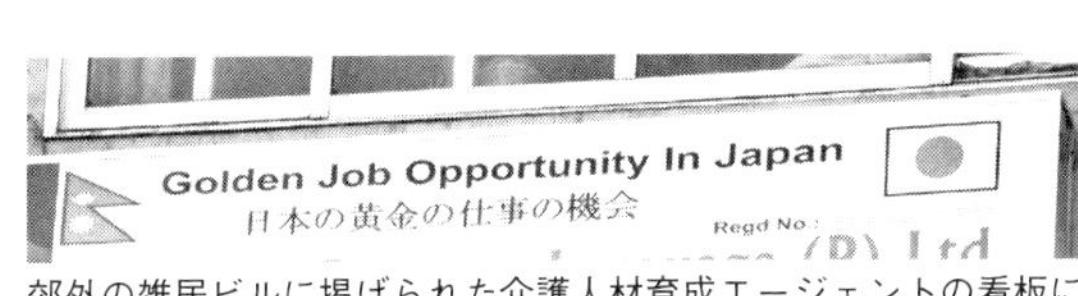

郊外の雑居ビルに掲げられた介護人材育成エージェントの看板には「日本の黄金の仕事の機会」とあった（カトマンズ。写真の一部を加工しています）

ネパール語の別の大手紙は希望的観測を含む記事を掲載していた。「留学は費用が最低１２０万ルピー（約１２０万円）かかったが、ワーキング（労働）ビザはお金を払わずに行けるようになるよう願う」「月給は15万ルピー以上になりそうだ」

１２０万ルピーもの現金を用意できるのは富裕層に限られる。中流層は借金すればなんとか工面できるが、貧困層には到底不可能だ。つまり「費用なしで公務員の5倍の月給」のニュースは、ネパールの貧困層に初めて訪れた「ジャパンドリーム」のチャンスだった。

期待を膨らませた貧困層が日本語学校に殺到し、下火の留学業界に「特需」をもたらしていた。別の学校でも、２０１８年末に約30人だった受講生が２０１９年1月には約１００人に急増。経営者は「教室が足りない。教師も増やす」。業務拡大を視野に入れ始めていた。

ネパールでは珍しい、日本語教育と職業訓練を行う業者に聞くと、受講生は既に600人。代表者は「（2019年）4月の段階で160人を送り出せる」と胸を張った。この業者の看板には日本語でこう記されていた。

「日本の黄金の仕事の機会」。郊外の雑居ビルに、若者たちが次々と吸い込まれていった。

2 「安全」「安定」の国　目指し

日本の「労働ビザ」解禁の影響は広がりを見せていた。ネパールの首都カトマンズ郊外の「世尊ジャパニーズ・ランゲージ・スクール」。教室からは、「ん」の発音を重点的に練習する声が漏れていた。

「こ、んーにちは」「こ、んーばんは」

アショックさん（21）は、側頭部を短く刈り上げた今風の青年だ。通い始めて1週間。話し掛けると「こ、んーにちは。アショックです。よろしくお願いします」と返してくれた。

家は貧しく、高校は中退。月収1万2千ネパールルピー（約1万2千円）のハウスキーパーの仕事は右手をけがして失職し、その後は仕事が見つからない。地方で仕入れた野菜を売る両親と、自作の服を売る妻の収入に頼る。

「このままネパールにいても、未来はない」。大人になり、直面した人生の行き詰まり感。労働ビザのニュースを聞き、「未来」が突然開けた気がした。「５年で数百万円ためて帰国する。家族は喜び、妹には教育も受けさせられる」

新しい在留資格「特定技能」の取得を目指し、日本語の発音を練習するアショックさん（前列中央）（カトマンズ）

国内では観光以外の産業が育たず、労働者の賃金は著しく低い。貧困から脱するには海外に出るしかない。だが、主な出稼ぎ先はドバイやカタールなどの湾岸諸国。灼熱（しゃくねつ）の現場は過酷な低賃金の重労働ばかりだ。不慮の事故で命を落とし、ひつぎに入れられて帰国するケースも後を絶たない。

新しい「希望」に胸を膨らませ、貧しい若者は日本語学校へ向かう。カトマンズの南、古都パタン。２００５年設立の実力校「朝日日本語文化センター」も今や受講生約１００人の６割が労働ビザを希望している。イッチャ理事長は「お金があれば留学。労働ビザ志願者は20～35歳の貧しい人たちだ」という。

食い入るように講師を見つめる労働ビザの希望者。「日本は安全な国だから」。一人息子と離れてでも日本行きを熱望するサパナさん（30）の動機だ。もう一つの魅力は「安定」。野菜や服の販売で生計を立てるスニルさん（31）は「日本で毎月決まった給料が欲しい」と話した。

一方、留学志願者の教室はどこか和やかな雰囲気が漂う。大学生アラティさん（22）は「進んだ国で新しい経験をし、自分を高めたい」。サルさん（22）は「仕事に縛られる労働ビザは嫌」。その場にいた全員が、費用への不安は「ない」「何とかなる」と口をそろえた。勉強そっちのけでアルバイトに明け暮れていた、かつての「出稼ぎ留学生」のしたたかさ、たくましさは感じられない。思い描く将来は良い学校、良い就職、良い人生……。

同じ学校の、隣り合った教室。薄い壁を挟み、明確な貧富の差があった。地味にも思える「安全」と「安定」が、貧困層の目にはひときわ輝いて映る。イッチャ理事長から、こんな伝言を頼まれた。「ネパールの貧しい人たちに良いチャンスを与えてくれた日本政府に、心から感謝したい」

3　夢のビザ　独り歩き

ネパールの首都カトマンズは朝から晩まで渋滞がひどい。車が巻き上げる砂ぼこりと排ガスが漂う街で、目立つのは若者たちの姿。平日の昼間にもかかわらず、散歩や立ち話を楽しんでいる。

聞けば「仕事がなく金もない。他にすることもない」からだという。

少子化が進む日本と違い、ネパールには10～30代の人口が圧倒的に多い。だが、彼らの受け皿となる産業は乏しく、若さを持て余す世代の一部が留学や出稼ぎで海外を目指す。

猛烈な砂ぼこりが巻き上がる市街地では、働き盛りの若者たちがぶらつく姿が目立った（カトマンズ）

現地で期待が高まる日本の「労働ビザ」解禁。若者への認知度は想像以上に高い。泊まったホテルの男性従業員（23）が「日本で働けるらしいですね。僕も日本語を勉強しようと思う」と話し掛けてきたほどだ。

ただし、「労働ビザ」の取得は、留学よりも難易度が高い。この事実を、ネパール人の多くは正しく認識していない。

留学の条件は、日本語能力試験で最低ランクの「N5」相当。「基本的な日本語を、ある程度理解できる」レベルだ。一方、労働ビザの条件はワンランク上、基本的な日本語を理解できる「N4」以上。「N5」に到達できない大学生も少なくない中、労働者はそのさらに上を求められる。

介護や外食、建設など受け入れ業種別の技能試験に合格する必要もあるが、試験対策に乗り出している日本語学校は極めて少数だ。

期待感だけが膨らみ、独り歩きする現状に、カトマンズの日本語学校経営、ラムさん（仮名）は強い危機感を抱く。「労働ビザは良い制度だ。ただし、日本人にとってはね」

ラムさんは、韓国が2004年に創設した外国人労働者の受け入れ制度の例を挙げ、日本の新制度を厳しく見つめる。

「同じことを繰り返すに違いない。当時は7万人が韓国語を学習したのに、実際に働けたのはわずか2千人。6万8千人の若者のお金と時間を浪費した」

企業の目で厳しく選別され、運良く働くことができても、企業の都合で切り捨てられる。そんな同胞の姿を見てきたラムさんは「人手不足ならば留学生を雇えばいいのに、立場が弱い労働者のほうが都合がいいんでしょうね。日本人は賢い。いや、ずる賢いね」

帰国便を待つカトマンズの空港。ドバイ行きの深夜便にはネパール人の長い列ができていた。過酷な出稼ぎ先に向かう暗い表情を眺めていると、「日本で働きたい」と話してくれた人たちの顔が浮かぶ。家族を養う父親、子育て中の母親、貧困から抜け出そうとあがく若者……。ふと、ある学校で出会ったネパール人女性の問い掛けを思い出した。

「私、本当に日本に行けますか？」

彼や彼女たちにも「黄金の仕事」が巡ってくるのか、ラムさんの懸念が当たってしまうのか。その答えはこれから明らかになっていく。

Column

日本語できぬ親　対応は？
人員・予算不足　教育現場、追い付かず

「子どもの同級生の親は日本語ができない。学校が配布するプリントは読めず、配慮が足りないのでは」。福岡県久留米市の女性（53）から、西日本新聞「あなたの特命取材班」にそんな声が寄せられた。改正入管難民法が２０１９年４月に施行され、外国人の就労拡大が見込まれる。家族を呼び寄せたり、日本で子どもをもうけたりするケースは今後さらに増える見通しだが、教育現場の環境整備は進んでいるのか。

＊

女性には小学３年の子どもがおり、昨秋、クラスにフィリピンから男児が転校してきた。今春、クラスのＰＴＡ役員決めの際、男児の母親が何も話せず困っているのに気付いた。「大事なことはきちんと伝えないと」と思い、母親と無料通信アプリＬＩＮＥ（ライン）の連絡先を交換した。

５月の金曜日。母親からＬＩＮＥを通じて「子どもが明日学校があると言っている。本当か」と英語で聞かれた。土曜日は授業参観の予定で、プリントで案内されていたが母親は内容を理解していなかった。以後、女性は学校から配られるお知らせをスマートフォンの翻訳アプリで英訳し、ＬＩＮＥで母親に知らせるようになった。

女性は「先生たちは忙しく、これ以上負担を増やすのは難しい」と理解を示しつつ、「振り仮名を付けるだけでは配慮になっていない。理解できていないという現状を学校現場は理解してほしい」と願う。

外国人の母親と女性のＬＩＮＥのやりとり。プリントの文面をスマホの翻訳ソフトで英訳して送っている（写真の一部を加工しています）

文部科学省によると、日本語の指導が必要な児童生徒数は２０１６年5月の調査で4万３９４７人。前回２０１４年調査から約６８００人増えた。うち福岡県は小学生４１５人、中学生１４２人、高校生ゼロだった。

女性が住む久留米市の教育委員会に聞くと、２０１９年8月14日現在、28小中学校に１４９人が在籍。10校に日本語指導担当教員13人を、地域で外国語を話せる人にサポートしてもらう非常勤の外国人児童等授業介助員も28校に配置している。

一方、日本語を話せない保護者への対応は追い付いていない。ようやく本年度から日本語指導担当教員がいる学校に翻訳機を導入し、家庭訪問の際に担任が持参している。

＊

法務省によると、２０１８年末時点の在留外国人数は過去最多の約２７３万1千人。日本語指導が必要な外国人の数はかなりの規模に上るとみられる。

吸収力の高い成長期の子どもに比べ、大人の方が語学習得に苦労しがち。保護者も含め、日本語を話せない人をどう受け入れ、意思疎通をしていくかが教育現場の課題になりつつある。

２０１９年6月、外国人への日本語教育の推進を国や自治体などの責務と位置付ける日本語教育推進法が成立した。国は今後、基本方針を取りまとめるが、本格的な検討はこれからという。

福岡県内の教育委員会関係者は言う。「都市部に比べ、地方ほど予算がなく、態勢が整わずに困惑している。外国人受け入れを国策として打ち出す以上、国が重点的に予算や人材を確保することが必要だ」

教育現場だけでなく、地域社会にとっても無視できない問題だ。近年、外国人の定住者が増えたという長野市の50代女性会社員は「子どもたちは仲良くしていても、周りの大人が外国人と距離を置く。外国人の保護者と会話をしただけで、白い目で見られた」と特命取材班に憤りの声を寄せ、こう訴えた。「これからもっと外国人は増える。閉鎖的な〝ムラ意識〟は改めないといけないのでは」

Column

「やさしい日本語」で記事発信 外国人向け 西日本新聞が業界初

「やさしい日本語」でニュースを配信している「新 移民時代」特設ページ

西日本新聞は、外国にルーツを持つ方などのため、日本語が苦手な人にも伝わりやすい「やさしい日本語」でニュースを発信する「みんなでつくる『やさしい西日本新聞』」をウェブサイトで始めた。人工知能（ＡＩ）による自動翻訳に加え、全国各地の日本語教師や定住外国人支援に取り組む方々、一般読者に協力を呼び掛けて西日本新聞の記事を「やさしい日本語」に翻訳し、順次公開する仕組み。新聞業界で初の試みとなる。

外国人労働者との共生をテーマに２０１６年12月から西日本新聞が展開してきたキャンペーン報道「新移民時代」。その特設ページ内に掲載している全ての記事の下に翻訳欄を設けており、５００字以内で誰でも自由に翻訳文を投稿することができる。

やさしい日本語は、平易な言葉で一文を短く書くことなどが特徴。このプロジェクトは、訪日外国人にも分かりやすい日本語の普及を目指す「やさしい日本語ツーリズム研究会」の協力を受けている。

日本語教師を目指す人も含め、幅広い層に参加してもらうことで、「やさしい日本語」の翻訳技術を向上させるだけでなく、日本で暮らす外国人との共生を考えるきっかけになることが願われている。

共生へ鍵は「寛容さ」「やさしい日本語」シンポジウム詳報

外国人労働者の受け入れを大幅に拡大する改正入

管難民法の施行を前にした２０１９年３月、外国人にも理解しやすい「やさしい日本語」について考えるシンポジウムが都内であった。明治大教授の山脇啓造氏▽「ＹＳＣグローバル・スクール」責任者の田中宝紀（いき）氏▽「やさしい日本語ツーリズム研究会」事務局長の吉開章氏▽西日本新聞社編集局デジタル編集チームの坂本信博デスク――が各自の取り組みを紹介。言葉を通した共生社会のあり方について意見を交わした。

シンポジウムには「やさしい日本語」に関心を持つ人が大勢参加した（都内）

外国にルーツがある子どもや若者の学習・就労支援をする田中氏は「全国の公立学校には日本語が分からずに在籍している子どもが２０１６年時点で約４万４千人いる」と指摘。その数は増えているという。

子どもたちはさまざまな言語を母語に持つため、支援活動は、やさしい日本語でのやりとりが中心。田中氏は「多様な人が暮らす中で通訳や機械翻訳には限界がある。日本社会の共通語としてやさしい日本語に注目している」と語った。

山脇氏は国の多文化共生に関する施策作りに２０００年代中頃から関わっている。「当時は『多様な言語による情報提供』という記述だったが、２０１７年にできた多文化共生の事例集では『多言語・やさしい日本語による情報提供』という表現に変わった」と述べ、裾野の広がりを紹介した。

吉開氏は福岡県柳川市で外国人観光客向けのやさしい日本語によるもてなしを行政と企画するなど、全国で普及に取り組む。「日本人には、外国人の日本語に寛容ではない気質がある」と問題提起した。

Column

「やさしい日本語の『やさしい』は易しさと優しさだが、もう一つ重要なのは『寛容さ』。さまざまな日本語に寛容な態度を持つことが大事」と主張する一方、「やさしい日本語は万能ではなく、人権問題や医療に関わる分野では各国語の専門的な通訳が必要になる」とも述べた。

西日本新聞は2016年から外国人との共生をテーマにキャンペーン報道「新 移民時代」を展開。その一環としてやさしい日本語で記事を発信する「やさしい西日本新聞」を2018年11月から西日本新聞WEBで始めた。坂本デスクは「外国人に優しい社会は他者に寛容な社会につながる。共生社会を支える報道機関としての使命を果たしたい」と意義を語った。

西日本新聞のやさしい日本語ニュースは毎週金曜日発行の「ファンファン福岡」にも掲載。2019年4月1日から九州北部のFMラジオ局「LOVE FM」でも放送が始まった。

大村入管のナイジェリア人サニーさんの死 なぜ

強制退去処分を受けた外国人を収容する西日本唯一の施設「大村入国管理センター」（長崎県大村市）で2019年6月下旬、収容中の40代のナイジェリア人男性が死亡した。男性は施設内で「サニーさん」と呼ばれ、慕われていた。収容期間は3年7カ月に及び、亡くなる前は隔離された状態で衰弱していたという。センターは死因や状況を明らかにしておらず、支援者からは第三者機関による原因究明を求める声が上がっている。

＊

「外に出られたことを神に感謝している」

2019年7月8日午後、大村市の教会を訪れたクルド人男性（30）はキリスト像を前に頭を垂れ、じっと動かなかった。2年近く収容されていた大村入国管理センターから「仮放免」が認められ、その足で向かったのが教会だった。目は落ち込み、頬は

仮放免後に訪れた教会でサニーさんのために祈りをささげるクルド人男性。「施設ではロボットのような生活だった」と振り返る（長崎県大村市）

こけていた。

男性は収容中の3月から2カ月間、仮放免の許可を求めて食事を拒むハンガーストライキをした。一時は他の外国人と隔離され、複数の部屋が並ぶ「3C」と呼ばれる居住区にいた。その隣の部屋に、サニーさんがいた。「彼は食事を取っておらず体力がなかった。『水くらいは飲んで』と伝えたんだが……」。最後に見た時はやせ細り、骨と皮ばかりになっていたという。

支援者によると、サニーさんが収容されたのは2015年11月。日本人女性との間に子どもがおり「出国すると子どもに会えなくなる」と帰国を拒んでいたという。「3C」で意識を失っているサニーさんを職員が見つけたのは6月24日午後1時すぎ。搬送先の病院で死亡が確認された。法務省によると、記録が残る07年以降、大村入国管理センターで収容中の外国人が死亡したのは初めてだった。

2日後、施設内の一室に献花台が設けられた。同じナイジェリア出身の男性は「助けてあげられなくてごめんね」と涙を浮かべた。「親切」「穏やか」。収容されている外国人はそう口をそろえ、同じ部屋で過ごしたフィリピン人男性は「兄のような存在。食事が足りない時には分けてくれた」と振り返った。

支援者や収容者によると、サニーさんはこれまで仮放免の申請を4回却下されていた。ハンストしていたとの情報もあるが明確な証言はない。その最期は覚悟の上だったのか。それとも――。

「3C」にはサニーさんや、後に仮放免されたクルド人男性など、食事を取らなかった複数の外国人が各部屋に隔離されていたという。その理由についてもセンターは「個別事案には答えられない」（総

Column

務課）と公表していない。サニーさんの死亡について、出入国在留管理庁は調査チームを設置。福岡難民弁護団は第三者機関による原因究明と調査結果の公表を求める声明を発表している。

■ハンスト後絶たず

強制退去処分を受けた外国人の収容の長期化が指摘される中、全国の入管施設では仮放免の要求や長期収容への抗議のためのハンガーストライキが後を絶たない。大村入国管理センターで外国人との面会活動を続けている牧師の柚之原寛史さん（51）によると、同センターではサニーさんの死後、ハンストがさらに広がっているといい「収容期間が長い人ほど精神的に追い詰められており、このままでは第二、第三の犠牲者が出かねない」と危機感を募らせる。

サニーさん死亡を受け、山下貴司法相は2019年7月2日の閣議後会見で「健康上の問題などで速やかな送還の見込みが立たない場合は、人道上の観点から仮放免制度を弾力的に運用する」と説明。これに対し、全国難民弁護団連絡会世話人で外国人収容問題に詳しい児玉晃一弁護士（東京）は「命を懸けたハンストが広がる背景には、理由の説明もないまま長期間収容する入管側に問題がある」と指摘。「ハンストすれば仮放免の道が開けるという情報が収容者に広がれば危険だ。難民申請中などで早期の出国が見込めないケースなどは原則として仮放免を認めるべきだ」とし、場当たり的な対応ではなく根本的な政策の見直しを訴えている。

■ワードBOX

外国人の収容

不法滞在などで強制退去処分を受けた外国人は、出国まで全国17カ所の入管施設に収容される。うち出国のめどが立たないケースは東日本入国管理センター（茨城県）か、大村入国管理センターに移送される。大村の収容者数は2018年末時点で100人。在留を特別に認める「仮放免」制度などがあるが、ここ数年は収容期間の長期化も指摘され、大村では収容者の94％が半年以上に及ぶ。法務省によると記録がある2007年以降、全国の施設で収容中に亡くなった外国人は15人。うち自殺者は5人。

Interview

一橋大学教授
庵 功雄氏

▶いおり・いさお　一橋大学国際教育交流センター教授（日本語学、日本語教育学）。著書に『やさしい日本語』（岩波新書）など。

──日本語教育の推進を「国や自治体などの責務」と定める日本語教育推進法が成立した。

「国や自治体に外国人の受け入れ施策が義務化される。その意味では非常に重要だが、これはあくまで枠組みに過ぎず、その先の具体策が肝要だ。その際に、日本語教育だけを単体で考えてもいいことはない。はっきり言えば『移民政策』をどうするか、という全体の中で日本語教育を考えないと、かえっていびつになってしまうだろう」

──具体的にどんな「いびつさ」を懸念しているか。

「今後、急に外国人が増えるというわけではなく、これまでも日本に多くの外国人が暮らしてきた。しかしその現状を政府も教育関係者も傍観していた面がある。法的に、正式に外国人を迎え入れる中で、日本語教育にだけ目が行って全体の理念が抜け落ちると取り返しがつかなくなる」

Interview

「やさしい日本語」にどう向き合う

「日本人は外国人労働者に対して依然として『使い捨て』という意識を持っていないだろうか。日本語教育についても『教えなければいけない』と思っていても、どういう形で教えるかを教育関係者が主体的に考えないと、教育内容や教員の質が吟味されないまま、短期生産で教員の数だけを増やし、質の確保が難しくなるおそれがある」

――これまでの技能実習生は滞在期間が限られていた。

「5年後は母国に帰れという受け入れ政策は『放っておけば日本に働きに来る』という30年前の発想だ。今の日本は、外国人にとってそこまで魅力があるだろうか。出稼ぎで来日する人はおそらく、何百時間もかけて日本語を勉強しない。雇う側も『最低限でいい』となる。その姿勢は、下手をすると今の非人道的な働かせ方の片棒を担ぐことになりかねない」

――どうすればいいか。

「これから日本に来る人たちに対しては、受け入れ方そのものを変えないと変わらないだろう。一方で、日本に定住して、日本社会で生きていこうと思っている外国人はすでに多くいる。まず、その人たちに十分な教育が必要だ。特に、日本でしか生きられない子どもを中心に日本語教育を考えるべきだ」

――国の施策は「つぎはぎ」的にも見える。

「ごく功利主義的に考えても、現状のままでは日本に誰も来なくなる。介護や看護の現場では、収入が少ないため資格があっても働かない日本人がたくさんいる。日本で生活しながら母国に送金する外国人はさらに厳しい。言語の習得が難しい上に社会的にも認められない日本と、もっとチャンスがある他国のどちらを選ぶだろうか。日本語教育の問題は、これからの共生社会全体に関わる重大な問題だ」

――国は今後、「やさしい日本語」の活用を進める。

「役所の言葉を書き換えるときに『こう話して、こういう文法を使おう』という考え方は大切だろう。ただ、日々の会話では、そういう細かいルールにはあまり意味がない」

「日本人はよく、西洋的な外見の人に英語で話そうとする。その人が日本語を使おうとしても英語を使う。そうではなく、1人の外国人をまず『となりに普通にいる人』ととらえてほしい。難しい言い方が伝わらなければ、簡単にする。ゆっくり話したり大きな声で話したりする。現に、お年寄りや子どもに対してはそうしているはずだ。それと同じように考えればいいだけ。結果として、『理解する』というゴールにつけばいい。「やさしい日本語」に先立つのは、まず相手を知りたい、助けたいという気持ち。手法ではない。規範を先に持ってきて『そうしないとだめ』とすることは問題だ」

――外国人店員が使う日本語をやゆする人もいる。

「会話するときに、ネイティブと同じ（レベルの）言葉である必要はない。例えば英語でも、日本人が話す英語がおかしいという意見があるが、そこには『ネイティブのように話さないと変だ』という考えが根底にある」

「英語のネイティブはとても少ない。英語のコミュニケーションの75％は非ネイティブ同士、とも言われる。だから英語が絶対にネイティブの言葉でないといけないということはない。日本語だって、日本人のネイティブと同じ必要はない」

――やさしい日本語に、どう向き合えばいいか。

「やさしい日本語は『変だ』という声はあるかもしれない。日本にはそういう『言葉狩り』が方言話者に対して差別として現れた歴史がある。高度成長期、東北から集団就職で

先立つのは相手を思う「公平な耳」

上京した人たちがなまりを笑われた。自殺した人もいる。それは今日の外国人に向けた差別に通じる。

「でも日本で、『共通語』とされる日本語を母語としている人がどれだけいるか。一橋大がある東京都の多摩地区でさえ方言圏。ほとんどの人が、何かの方言をもっていて、日本人はほとんどバイリンガルの生活をしている。単なる程度の差なのに、外国人や方言話者だとさげすむのは間違っている」

「タイから来た技術者が『私』のことを『わたチ』と言ったとする。それだけでその技術者を能力が低いと言えるのか。もし私たちが『she』と『sea』を分けて発音できないだけで、英語圏で無能扱いされたらどう思うだろう。発音に多少気になるところがあったとしても、それは日本語。重要なのは、相手が何を伝えようとしているかを理解すること。『公平な耳』を持つことが、多文化共生への第一歩だと思う」

――西日本新聞は2018年11月から「やさしい日本語」でのニュース発信に取り組んでいる。その意義と、課題をどう考えるか。

「英語を話せない外国人労働者にとって、自分が住む日本の今を知る情報源は少ない。すべての言語で報じるのは現実的に難しく、やさしい日本語のニュースは大事だ」

「日本の新聞は戸配制に立脚している。継続して購読する人を前提にした記事の書き方は、日本人の読者にも伝わりにくいスタイルだ。そして若い世代に新聞が読まれなくなってきている。どんなに素晴らしい記事でも読まれなければ意味がなく、新聞社同士の競い合いも意味がなくなる。長年続いた『型』ではなく、読み慣れない若い人にも分かりやすいやさしい日本語化の取り組みは、新聞記事のスタイルを考え直すきっかけになるだろう」

第10章
進まぬ開国
特定技能導入１年

「労働開国」とも呼ばれた特定技能の導入からまもなく1年となる2020年初春。送り出し国、受け入れ企業、地域の変化を追った。

介護老人保健施設で技能実習生として働くベトナム人女性のタオさん（右）。「介護」は新設された特定技能制度でも最も多くの受け入れが見込まれている（福岡県大川市）

1　実習生　唐突に採用辞退

「2人がコロナに感染し隔離された。もう日本には行けない」。ベトナム人技能実習生を受け入れるはずの福岡県内の建設会社社長（46）に、送り出し機関からそんな連絡があったのは2020年2月上旬のことだ。

6月には福岡市博多区の再開発関連工事を請け負う予定だった。社長は繁忙期を前に人材を求め、ハノイに飛び、実習生の採用を決めたが、唐突に立ち消えになった。

連絡があった当時、新型コロナウイルスがベトナムで流行しているという情報はなかった。2人はもともと賃金の高い都市圏で働く希望が強かった。当初から〝サクラ〟として採用面接に交じっていたのかもしれない――。社長の胸にはそんな疑念も渦巻く。

政府は2019年4月、外国人労働者の受け入れ拡大に向け、在留資格「特定技能」を人手不足が深刻な建設を含む14業種で創設した。ただ、資格を得たのは2020年3月13日時点で4738人にとどまり、最大4万7千人程度とした政府の受け入れ見込みを大きく下回る。

社長は慌ててインターネット上で面接を実施。なんとか実習生を確保したが、繁忙期に間に合うかは微妙だ。「せめて特定技能制度が使いやすければいいのだが……」。人手不足感が強まり続ける中、不満が募りつつある。

＊

技能実習の最大の送り出し国・ベトナム。特定技能の資格試験はまだ実施されず、送り出し業者が受け取る「仲介料」を巡るルールも定まっていない。ベトナム政府の当初案では、業者が受け入れ先企業から得る金額を２８００ドル（約30万円）、労働者からは給料の２カ月以下とされた。だが２０１９年10月末に公表された正式文書からは費用を巡る記載が消えた。関係機関の駆け引きが続いているとみられる。

ベトナムで「労働力輸出」は成長産業だ。人材の送り出しを担う業者は「営利目的の会社」とされ、認可業者は約３５０社。だが、名義貸しや書類の偽造が横行しており、実際は約２万社に上るとされる。

最低賃金は最も高いハノイでも月約2万円。日本からの送金は生活の支えとなる。「親が日本からの仕送りを早く得るため、早く送り出してくれる業者を選ぶという構造に変わりはない」と、ベトナムの事情に詳しい杉田昌平弁護士（35）。特定技能の労働者が支払う仲介料は50万～80万円と見込まれ、技能実習と変わらないという。

ネパールでも「日本で働ける」という期待が急速にしぼんでいる。

特定技能の資格を得るには、日本語や技能の試験がある。ネパールでは介護人材向け試験が2019年10月に始まったが、合格率は1～2割に低迷。日本語試験には1万人超の申し込みが殺到したが、介護技能、介護用語の試験は約千人にとどまっている。

ネパール政府は当初、「もっと日本語試験の枠を増やして」といった要望を日本側に伝えており「韓国のように言語試験をパスすれば日本に行けると勘違いしたようだ」（関係者）。介護分野で、日本語、介護技能、介護用語の三つの試験があることも十分に周知されていなかった。

特定技能は14の業種ごとに試験や担当省庁が異なり、日本政府と送り出し国との制度調整は遅れているのが実情。福岡市に留学後、ネパールの第2都市・ポカラで日本語学校を経営するモティさん（39）は「日本で働くことをもう諦めている学生もいる」と、ため息を漏らす。

＊

2020年2月7日、成田空港。特定技能のベトナム人、クェンさん（34）が大きな荷物を抱えて降り立った。元技能実習生のため試験は免除された。

「母国に残る子どものために頑張ろう」。採用を担当したすばるコンサルティング（東京）の中村忠雄氏（49）が笑顔で出迎え、山梨県内の農業法人まで送り届けた。

これまで採用した特定技能は計180人。介護43人、農業68人、建設52人……と業種はさまざまだ。過去10年間の外国人採用で培った送り出し業者33社との協力関係や人脈を生かしており、最近は会員制交流サイト（ＳＮＳ）の口コミから頼ってくる若者もいる。

中村氏は特定技能の見通しについてこう語る。「労働市場として成立するには5年はかかる。その間は技能実習ルートが続くだろう」

2　受け入れ先　即戦力確保に7カ月

「やすりの　めづまりを　ふせぐには　やすりに　あぶらを　ぬります」

２０２０年3月2日。北九州市若松区の鋼材加工会社、松木産業。インドネシア人のリキさん(26)が作業服姿で、後輩の技能実習生たちを指導していた。仕事の合間の30分間。先生役も板についてきた。

リキさんは2年前、3年間の技能実習期間を終えて帰国。２０１９年4月に特定技能が創設されたのを受け、松木友哉社長(45)がジャワ島を訪ねて２０２０年1月に呼び戻した。

特定技能の資格を取得するための手続きに7カ月も要した。煩雑な書類審査にてこずったためだ。受け入れ窓口となるはずだった付き合いのある監理団体に支援を断られ、登録支援機関も自分で見つけるしかなかった。

技能実習生たちの指導役を務める特定技能のインドネシア人、リキさん（右）（北九州市若松区）

思わぬ壁を乗り越えてこぎ着けたリキさんとの再会。「日本人の若者は定着しない。外国人の即戦力を確保し続ける好循環を生み出す」。松木社長は期待を膨らませる。

技能実習生は2019年10月までの1年間で7万5千人増え、38万人を超えた。在留資格別では九州6県を含む全国29道県でトップ。特定技能の低調な運用とは裏腹に、企業間で奪い合いが起きるほど存在感が高まっている。

「特定技能は仲介のうまみがない」。技能実習の受け入れ団体の関係者が明かす。受け入れ先が直接雇用できる特定技能に移行すれば、毎月数万円の「管理料」が入らなくなるからだ。

送り出す側にとっても技能実習が好都合だという。ミャンマーの送り出し機関幹部は「試験なしで送り出すことができ、安く雇える技能実習の方が働く側も雇う側も使い勝手がいい」と断言する。

ただ、新型コロナウイルスの感染拡大で、来日を見送る技能実習生も相次いでいる。国内の労働現場は「実習生なしでは成り立たない」（関係者）のが実情。人手不足が一段と深刻化する懸念が強まっている。

　昇降機製造会社の大澤工業（富山市）は、ベトナムから元技能実習生を呼び寄せ、昨年6月にいち早く特定技能として採用した。そのニュースは会員制交流サイト（SNS）を通じてアジアを駆け巡った。

「私を雇ってください」「日本に戻りたいです」――。大沢恒寛専務（46）のSNSには、ベトナムや中国の元技能実習生から採用を求める声が相次いで寄せられた。その中から新たに2人を特定技能として採用。今や30人超の従業員のうち11人を外国人が占める。

　2020年1月には、技能実習生を受け入れる組合と人材紹介会社をそれぞれ設立した。特定技能に限らず、技能実習や高度人材も含め幅広い在留資格の人材を確保し、ニーズに合わせて地域に循環させる仕組みを目指す。

　優秀な人材の争奪戦は国家間でも激化している。大沢専務は「アジアの若者から『日本もある』と選んでもらえるよう、地方に貢献したい」と夢を描く。

3　地域　定住見据え家族支援

　もうすぐ家族と一緒になれる――。日本海に面する人口1万4千人の鳥取県北栄町。インド

家族との再会を待ち望むインドネシア人のルーさん(左)とロシダさん(鳥取県倉吉市)

ネシア人の介護福祉士ロシダさん(29)と准看護師ルーさん(32)は、夫や息子たちとの再会を待ち望んでいた。

2人が働く社会医療法人、仁厚会は今回、初めて外国人を受け入れた。人手不足が深刻な介護業界では人材の争奪戦が厳しい。

そこで打ち出したのが家族の呼び寄せ支援策だった。在留資格申請、渡航費補助、家賃全額補助、夫の仕事あっせん、日本語指導、子どもの保育園……。その手厚さは「日本人と同等かそれ以上」(同会)だ。

2020年4月からは県内の医療専門学校と提携し、留学生をアルバイトとして受け入れ、介護士に育成する計画。担当者は「『数』だけなら特定技能が効率的だが、早い段階から人材を育てることで『質』をさらに高めたい」と戦略を語る。

鳥取の方言も覚え始めた2人は「まさか私たちの町より田舎だとは思わなかったけど、田舎の方が好き」と楽しげ。将来の定住も考えているという。

＊

鹿児島県北部の山あいにある人口2万人のさつま町。南米から日系人約30人が移り住み、自動車部品工場で働いている。

人材派遣会社のアバンセコーポレーション（愛知県一宮市）が就労をあっせんした。この30年で延べ6万人を全国に送り出した実績を誇る日系2世の島田英治社長（58）は「私たちは日系人のおかげで成長できた。その恩返しがしたい」と熱く語る。

同社では現地に社員を常駐させ、住宅あっせん、病院の付き添い、ごみの分別指導まで暮らしをサポートしている。日系人たちが地域に溶け込むのを後押しする狙いだ。

行政も動き始めた。さつま町は、将来の子どもの就学を見据え、日本語指導に当たる職員を小学校に配置する計画。英語やポルトガル語の防災マップも配信する。町の担当者は「まだまだこれから。定住人口を増やしたい」と意気込む。

外国人労働者を支援しようと、県境を越えた連携も始まっている。

日系人の集住地域が多い岐阜、愛知、三重の東海地方3県のNPO法人など12団体が手を結び、連絡組織「外国人支援・多文化共生ネット」を設立。名古屋出入国在留管理局も協力する全国初の取り組みだ。

「現場の声を届け、国を動かす存在になる」。ネットの代表を務めるNPO法人「愛伝舎」（三重県鈴鹿市）の坂本久海子理事長（58）は力を込める。

早速、2019年末に政策提言をまとめた。外国人の暮らしを支援する多文化共生コーディネーターの育成など14項目。縦割りで腰が重くなりがちな行政を動かしたい考えだ。

坂本氏は、外国人が生活しやすい環境を整えることの重要性を強調する。「まずは外国人が安心して働けて暮らせるセーフティーネットが必要。選ばれる地域になるのはそれからだ」

Column

特定技能　青田買い過熱
試験遅れ　受け入れは進まず

新たな在留資格「特定技能」を巡り、人手不足に直面する企業の人材獲得競争が過熱している。東南アジアを中心に教育拠点を開設したり、現地の学校と提携したりして、人材を囲い込む「青田買い」に力を入れる。ただ新制度の運用開始から半年が過ぎても、試験の遅れや出入国の準備が整わないことから、受け入れは思うように進まず、企業側には戸惑いも広がっている。

＊

外国人労働者のビザ申請を支援する「ワンビザ」（東京）は2018年9月、他社に先駆ける形でカンボジアに日本語学校を開設した。20代を中心に約250人が通う。外食業と宿泊業向けに人材を送り出す計画だ。

授業料は無料。その代わりに受け入れる企業から紹介料をもらう仕組みだ。悪質ブローカーを排除し、借金を背負わせないことを目指している。

だが、肝心の技能試験の日程が決まっておらず、「まだスタート地点にも立てない」と最高経営責任者の岡村アルベルト氏。既に語学力を身に付けた若者もいるという。

自ら積極的に人材獲得に乗り出す企業もある。モスバーガーを展開する「モスフードサービス」はベトナムの国立ダナン観光短期大と提携。外食の知識や技能を学ぶ独自の教育課程を設け、2020年からの4年間で350人の採用を見込む。日本人と同等の条件で採用する計画で、最大5年間の就労後は出店

ベトナムの国立ダナン観光短期大と提携し、人材を獲得すると発表するモスフードサービスの関係者（東京都内）

予定のベトナムで幹部に登用するという。

同短大のレ・デュク・チュン校長は「帰国後もダナンの観光産業で技術を生かせるから魅力的だ」と期待するが、ベトナムも試験日程が決まっておらず、計画通りに進むかは見通せない。

＊

いち早く介護の技能試験が実施されたフィリピンもスムーズに進んでいない。関係者によると、出入国に向けた手続きが遅れているといい、合格した数百人が国内で〝足止め〟状態になっているという。

「介護の特定技能を取得した人は要らないか」。東京都内にある介護施設には最近、フィリピンの仲介業者から営業の電話がかかってきたという。日本での受け入れ先を確保する狙いがあるとみられる。

介護分野には、経済連携協定（ＥＰＡ）や在留資格「介護」の枠組みもある。そのため、どの手段が最もメリットがあるのか、慎重に見極めている送り出し側の組織もあるという。

特定技能の介護は５年間で６万人を受け入れる計画。介護人材コンサルタントの福原亮氏は「人手不足だからと言って『数』に頼るのではなく、しっかり教育した人材の『質』を求める必要がある」と指摘する。

出入国在留管理庁によると、特定技能の資格を得たのは３７６人（２０１９年９月末）にとどまる。最大４万７千人を受け入れる初年度の計画には程遠い。

外国人政策に詳しい三菱ＵＦＪリサーチ＆コンサルティングの加藤真氏は「適正に送り出し、受け入れるルートを構築するためには、制度の立ち上げ期にしっかり取り組むことが重要だ。少数でもマッチング例をしっかり分析して、業種ごとの制度の見直しにつなげてほしい」と話す。

特定技能　４割「知らない」
周知不足　政府見込みと差

外国人労働者の就労を大幅に拡大する改正入管難

Column

民法の施行から2020年4月で1年となるのを前に、西日本新聞など全国12の地方紙は、外国人労働者300人超の声を集める協働調査を実施した。その結果、改正の目玉として新設された新在留資格「特定技能」について、4割が「知らない」と回答。特定技能に必要なビザの取得を望む人も43%にとどまり、制度の周知や準備不足の実態が浮かび上がった。

＊

調査は、西日本新聞「あなたの特命取材班」をはじめ、無料通信アプリLINEなどで読者とつながり課題解決を目指す調査報道で連携する北海道新聞▽岩手日報▽東京新聞▽新潟日報▽信濃毎日新聞▽岐阜新聞▽中日新聞東海本社▽京都新聞▽中国新聞▽徳島新聞▽琉球新報――と企画。共通のアンケート用紙で2019年12月~2020年2月、おおむね来日5年以内の技能実習生や留学生ら32カ国・地域の305人から回答を得た。

特定技能は、人手不足の介護や農業など14業種が対象。生活に支障のない日本語能力があり、省庁指定の試験を経て取得するほか、技能実習生からの移行も含め、政府は初年度だけで最大4万7千人の受け入れを見込んでいた。実際は2019年末現在で1621人と伸び悩み、協働調査でも制度の存在そのものを知らない人が41%に上った。

一方、現在の賃金に納得している人は62%。職場環境には85%が「満足」と答えた。

生活実態も尋ねた。ほとんどが「日本が好き」「日本に来てよかった」と答える一方、33%が「親しい日本人はいない」。困っていることは、①言葉が通じない②物価が高い③文化や習慣が違う④趣味や遊びの時間・場所がない⑤医療・法律・税金――の順だった。

生活に必要な手助けは、①日本語の勉強②日本人と仲良くなる行事③分かりやすい日本語ニュース④災害時の多言語情報⑤日本人の

■仲がいい、親しい日本人はいるか

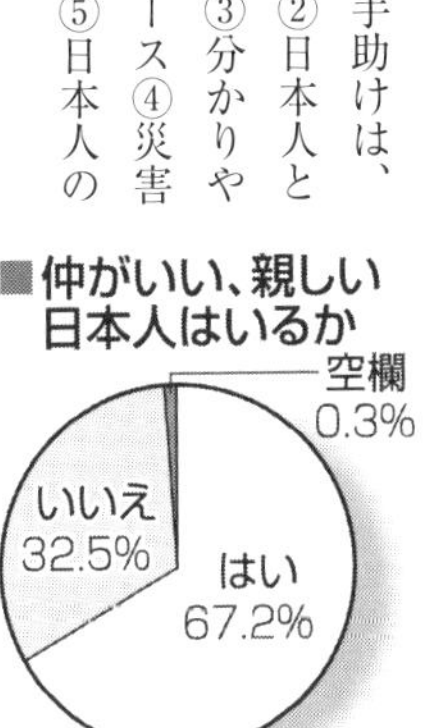

■どんな助けがあれば、もっと生活しやすくなるか
（複数回答）

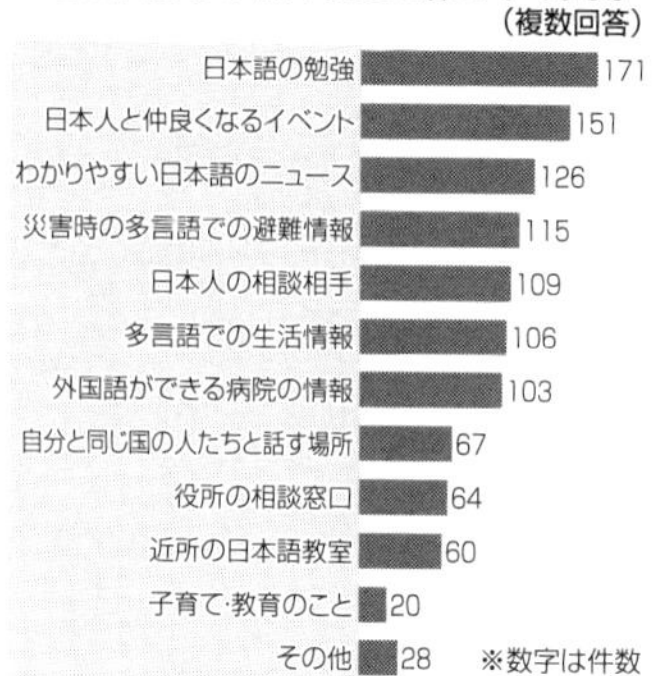

※数字は件数

■日本での生活で困っていることは
（複数回答）

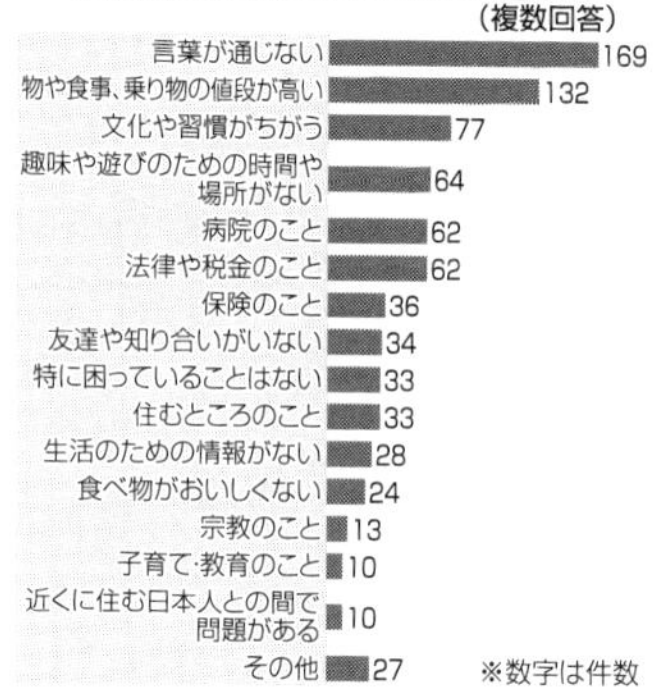

※数字は件数

相談相手——など。

必要な情報としては「普段の生活のルール」も多数挙がった。騒音やごみ出しを巡る住民とのトラブルが全国各地で報告される中、外国人側も地域のルールを知りたがっている傾向がうかがえた。

永住希望はほぼ半数。日本に家族を連れてきたい人も約6割いた。

三菱UFJリサーチ&コンサルティングの加藤真研究員は「特定技能の制度を、もっと分かりやすい形に改善する必要がある」と指摘。「今回の調査から、多くの人が日本語習得に最も課題を抱え、支援を必要としている実態が分かった。日本語習得を本人や受け入れ企業だけの責任とせず、国や地域全体で対応していくべきだ」と話した。

■技能実習生　特定技能「望む」7割

入管難民法改正で新設された在留資格「特定技能」について、政府は技能実習生と留学生からの移行を見込んでいる。協働調査データのうち、技能実習生（125人）と留学生（113人）の回答を抜き出して比較した。両者には「特定技能への期待」と「日本人の友人数」で大きな差があることが分かった。

特定技能については、在留資格の切り替えを望んでいるか尋ねた。「望んでいる」と答えたのは、技能実習生は72％で、留学生は半分以下の32％。分析に協力した東京工業大の佐藤由利子准教授（留学生

Column

政策）は「留学生にとっては、他の就労資格に比べて、5年という期限のある特定技能の魅力が低い。技能実習生は日本に残る選択肢が他にない人が多いから」とみる。日本への永住希望者の割合は、留学生が53％で、技能実習生の37％を上回った。

日本人に親しい友人がいるかの問いには、技能実習生の46％が「いない」と回答し、職場と宿舎の往復のみで社会とのつながりが希薄な傾向がうかがえる。留学生の72％は友人がいると回答した。ただ、ほとんどは学校とアルバイト先の知り合いだった。

佐藤准教授は技能実習生と留学生の双方について「日本が好きな人たちが来日しているにもかかわらず、言葉が通じず、相談相手が少なく孤立しがちな状況にあることが鮮明に出ている」と指摘した。

特に技能実習生については「日本人との交流機会を増やすことが重要」。留学生についても「学校やアルバイト先で不当に扱われていても、公的な相談窓口が整備されていないという課題がある。外国人労働者が電話やメールでも気軽に相談できるようなホットラインの整備が必要だ」と強調した。

■最多更新１６５万人

厚生労働省によると、外国人労働者数は２０１９年10月末時点で、１６５万８８０４人で、２００７年に届け出が義務化されて以降、過去最多を更新した。人口に占める割合が最も多い都道府県は東京で、愛知、群馬、岐阜、静岡の順。２０１４年10月末時点は78万７６２７人だったので、5年間で2・11倍に増えたことになる。２０１９年と比較し最も増加率が大きいのは沖縄（3・04倍）で、福島（2・82倍）、熊本（2・80倍）、青森（2・74倍）、宮崎（2・67倍）、福岡（2・65倍）と続き、東北、九州

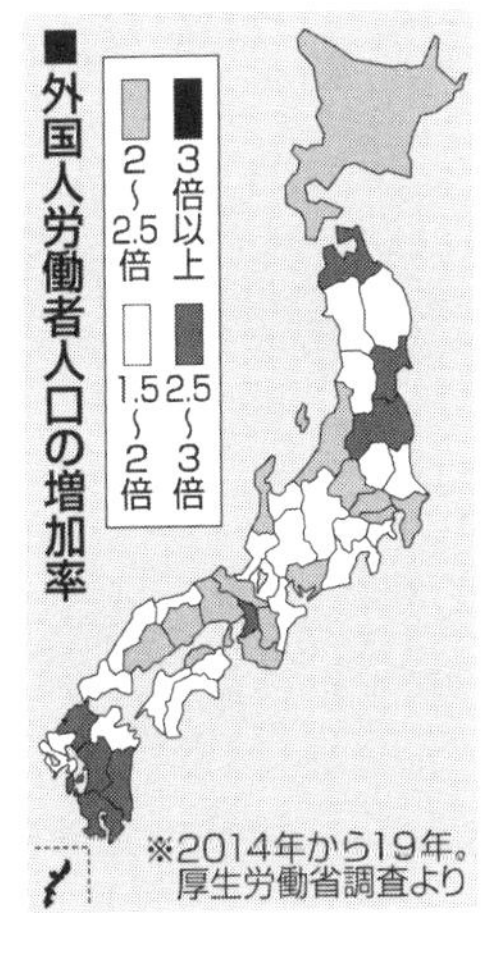

の伸びが目立つ。

受診、相談　日本語の壁
コロナ苦境　外国人留学生にも

2020年4月、新型コロナウイルス特措法に基づく緊急事態宣言が出ている福岡県で、外国人留学生たちが苦境に立たされた。収入源のアルバイト先は軒並み休業。帰国もできない上に日本語の壁が立ちはだかり「命の危険を感じる」という声も。影響が広範囲に及ぶ市民生活の陰で、留学生を含む外国人労働者の存在は見過ごされかねず、支援者は焦りを募らせた。

＊

「5月までぎりぎり頑張れます。その先は……分かりません」。春に福岡大大学院に進学したばかりの福岡市のベトナム人留学生ファム・ティ・ニャット・ザンさん（24）はため息をつく。

2年半前に来日。生活費などを稼ぐため、喫茶店で入管難民法が定める就労上限の週28時間アルバイトしていたが、コロナ禍で勤務は減少。2020年4月7日の緊急事態宣言後はゼロになった。

日本人学生の中には実家に帰った人もいるという。しかしザンさんはベトナムに帰る航空便も途絶えており、貯金を取り崩すしかない。「家賃や生活費に充てれば、あと1カ月くらいは生活できると思います」

医療面も不安だ。この月、ザンさんは発熱やせきの症状が出た。コロナ感染を疑い、福岡県外国人相談センターに連絡したが、病院に行くか電話するよう勧められただけ。ベトナム語が通じる医療機関は少なく、悩んだ末に自宅で静養。症状は治まったが「受診費用などの具体的な情報がほしい」と訴える。留学生の間では、政府が打ち出した「全国民に一律10万円給付」も話題という。

2020年3月に福岡市内の専門学校を卒業し、就労ビザ取得を目指して就職活動をしていたスリランカ人、チャーマラ・セナウィラタナさん（26）は

Column

合同説明会が相次いで中止になったあおりを受けた。必要な情報を企業に直接問い合わせるしかなくなり「自力で企業にメールや電話をするのは大変です」。卒業後は留学生ではないためアルバイトは認められず、収入はない。

留学生の就職をサポートする団体「YOU MAKE IT」（同市中央区）は3月中旬、臨時の電話相談窓口を開設。「家賃や学費が払えない」「母国はロックダウン（封鎖）。命の危険を感じる」――。楳木（うめき）健司代表（36）には1日5件前後、相談が寄せられている。

福岡県によると、県内の留学生は約2万人（2018年）で年々増加。査証（ビザ）延長申請など相談に応じているがビザの条件によっては対応できず「国に意見を伝えていきたい」（国際政策課）としている。

楳木さんや母校の支援もあり、チャーマラさんは4月14日、熊本市内のタイヤ販売店に内定した。しかしチャーマラさんは「ほとんどの留学生は困り果てている」と笑顔は半分。楳木さんは「立場の弱い留学生は、最初に生活が立ち行かなくなってしまう」と早急な支援を求めた。

留学生の就職活動支援団体「You Make It」が2020年1月に開いた説明イベントに参加した留学生たち（福岡市）

外国人「コロナ切り」続出
解雇、雇い止め　相談2000件超

2020年の新型コロナウイルス禍で、外国人労

働者の解雇や雇い止めが全国で相次いだ。新型コロナの感染拡大に伴い、外国人労働者の電話相談に応じる専用窓口「コロナホットライン」を設けた労働組合・全国一般東京ゼネラルユニオン（東ゼン）には2020年2月末以降、2千件を超す相談が寄せられた。九州の労働局への相談も約50件に上る。

東ゼンによると、コロナ禍を理由とした解雇や雇い止めなど「コロナ切り」の相談は3月中旬から急増。3人態勢で対応するが、会員制交流サイト（SNS）も含めて毎日100件近く寄せられ「パンク寸前」（奥貫妃文執行委員長）だ。「自宅待機を命じられたが、給料を払ってくれない」「3月末が契約更新時期だったが自宅待機となり、更新できるか不安だ」「仕事もなく、貯金が底を突き、生活が成り立たない」といった悲痛な声が多い。

福岡労働局でも2020年3月以降、英語や中国語で相談に応じるハローワークの「福岡外国人雇用サービスセンター」に約30件、同局の外国人労働者相談コーナーに約20件の相談が寄せられた。内容は「突然解雇された。雇用契約に明記された3カ月前の予告や手当の支払いもなかった」（旅行業）「勤め先の中華料理店が休業したが、手当が支払われていない」（飲食業）など。中国籍の人が目立つという。鹿児島労働局にも相談が1件あった。

東ゼンによると、多くは非正規雇用。母国の家族に仕送りするため無理をして働きがちで、体調が悪くても出勤し、感染を広げる恐れもある。

奥貫委員長は「仕事が不安定で先が見えず、航空便の運休で帰国もできない。不安を打ち明ける相手もなく、精神的に追い込まれている。国策として外国人労働者を受け入れた以上、日本人と同様に安心して休めるだけの生活保障を講じる責任が政府にはある」と話した。

実習先など経営難「このままだと帰国」福岡県内の留学生らも困窮

新型コロナウイルスの感染拡大の影響で、多数の

Column

留学生や技能実習生を受け入れている福岡県では、外国人の生活も脅かされている。アルバイト先や実習先の経営が悪化して収入が減り、学費や家賃の支払いに苦しむ。周囲のサポートも受けながらその日暮らしを続けているが、先行きは見通せない。

＊

「福岡はコロナが広がっていて感染が怖いから、しばらくは来ないでほしい」。福岡市南区の「福岡日本語学校」に通うネパール人留学生のモドゥバリ・カンチャンさん(22)は、アルバイト先の佐賀県の弁当工場からこう告げられ、２０２０年4月下旬以降、収入がほぼゼロになった。貯金は底を突き、家賃が払えず友人から借金をしている。

来春から専門学校に進学したいと考えてきた。だが、入学のための日本語の勉強が進まず、入学金も払えそうにない。カンチャンさんは「このままだと帰国しないといけない」と疲れた表情でつぶやいた。

政府は、困窮する学生らに最大20万円を給付する支援策を打ち出したが、外国人留学生にだけ「成績上位」などの要件を設定。カンチャンさんが在籍する日本語学校では、１００人超の生徒のうち給付が受けられる枠は10人だけ。永田大樹校長は「途上国の生徒が多く、みんな生活に困っている。学校の責任で給付対象者を選ぶのは難しい」と頭を悩ませる。

＊

同市博多区の専門学校が6月6日、食事に困っている外国人留学生に支援米を配った。会場には留学生が次々と訪れ「福岡空港の機内清掃の仕事を解雇された」「アルバイト先のファミリーレストランが休業している」などと口々に苦境を打ち明けた。ベトナム人のジュン・ヨクさん(28)は

日本語学校の職員からのサポートを受けながら、特別定額給付金の申請書を記入する留学生たち（福岡市南区）

「日本の会社に就職して、ベトナムと橋渡しをするような仕事がしたい。早く経済が回復してほしい」と願う。

＊

言葉の壁に苦しむ人もいる。ネパール出身で日本国籍を取得し、約20年間、同市中央区でネパール料理店を経営している小高志也武（コダカシヤム）さん（57）は、漢字の読み書きができず、国や自治体からどのような支援金が得られるのか理解できていないという。

1日に30人ほどだった客は、1～2人に激減。家賃の支払いも難しくなった。小高さんは「日本語が分かる人だけがお金を受け取れるのは不平等。このままだと店を閉めないといけない」と訴えた。

＊

技能実習生にも不安が広がっている。

約1300人を受け入れている監理団体「福岡情報ビジネス」（同市中央区）では、実習先の一部の製造業が生産調整を実施。実習生は社員寮などに待機して休業手当を受け取りながら生活しているという。

同団体は、実習生たちにマスクを配布し、母国語ができるスタッフがビデオ通話で相談に応じている。実習生が妊娠したり病気になったりした際には、チャーター便に搭乗して帰国できるようにサポートした。担当者は「こういうときこそ、少しでも不安を解消できるように寄り添いたい」と話した。

▼東京工業大の佐藤由利子准教授（留学生政策）の話

新型コロナの感染拡大の影響で、大勢の外国人が行き場を失っている。特に途上国出身の留学生にとっては、アルバイトで得られる収入がなければ生活ができない。労働者としての権利を理解できていないケースも多く、雇用主にとっては切り捨てやすい存在になってしまっている。日本社会は、少子高齢化が進んで労働力不足がさらに深刻になれば、外国人材がますます不可欠な存在になる。経済が悪化したからといって切り捨てるのではなく、国や企業、自治体、学校などが連携して支援に努めるべきだ。

おわりに

2016年4月の熊本地震直後、食料不足が懸念される中でコンビニ弁当のフル生産を支えたのは外国人労働者たちだった。レジで外国人が働く光景はいまや当たり前となっている。もし外国人労働者がいなくなれば、24時間営業を続けることができるコンビニは全国でどれくらいあるだろうか。

私たちの便利(コンビニエンス)な生活はもはや外国人なしでは成り立たない。だが、宅配業者の配送センターで、ビルの工事現場で、レストランの厨房で、額に汗して働く彼らの存在を私たち日本人は直視しているだろうか。

外国人労働者の受け入れは是か非か。移民政策をどうするのか――。その議論を本格的に始めるには、まず彼らを知る必要がある。外国人労働者は「数」ではなく、人間である。そのことから議論を始めない限り、「移民は否定しつつ、労働力はほしいという建前と本音の正常化」(國松孝次元警察庁長官）はできない。

どこから来たのか。日本で何をしているのか。どんな生活を送り、異国の地でどんな喜怒哀楽があるのか——。取材班は九州を中心に全国各地、さらにネパールやベトナムまで飛び、彼らの実像を追った。「出稼ぎ留学生」や「留学ビジネス」の章では、過熱する留学ビジネスの実態や、希望を持って日本へ来た若い外国人留学生たちを食い物にする悪質な日本語学校の存在を暴いた。「働けど実習生」では、外国人技能実習制度の矛盾点を突いた。気がつけば、お隣さんは外国人。そんな時代の地域の様子を「ともに生きる」で描いた。

かつて特派員として米国で暮らした。子どもを現地の公立小学校に入学させるため、日本の教育委員会のような郡（カウンティー）施設に出向いた時の光景を忘れられない。面接官の背後には「日の丸」を含め、あらゆる国の国旗がずらりと並んでいた。英語が母国語ではない子どもに、一定レベルに達するまで英語を教える「ＥＳＯＬ（English for Speakers of Other Languages）」というプログラムもある。外国人の子どもが入学するのは「当たり前」のことなのだ。

トランプ大統領が「移民排斥」の方針を打ち出した時、シリコンバレーの経営者たちがこぞって反対したのは記憶に新しい。「移民大国」の米国は、「異民」が切磋琢磨し、その才能を成長のエンジンにするところに強みがある。ひるがえって日本は、トランプ大統領の方針を批判する資格がない、と自省する声が聞かれた。少なくとも先進国で、日本ほど移民に厳しい国は見当たらない。米国で移民排斥を訴える「極右」のリーダーにインタビューした時、「私たちの理想は日本だ」と真顔で言われたこともある。

日本の人口は２０５０年前後に１億人を割り込み、50年後には８０００万人台まで減ると予想されている。人口減はまさに「国難」といえる。もちろん、この減少分を「移民」で補うことは現実的でない。ただ、今のように事実上の「鎖国」を続けていけば、国力の衰退は免れない。多くの識者が指摘しているように、日本の為政者は「移民政策」を正面から語り、定住型の外国人労働者受け入れに大きく舵を切る政治決断が迫られている。大方針を決め、移民を受け入れるための社会制度設計に着手する時である。

＊

本書は２０１６年12月から西日本新聞で展開してきたキャンペーン報道「新 移民時代」を再構成し、まとめた。

一連のシリーズは２０１７年11月、第17回「石橋湛山記念 早稲田ジャーナリズム大賞」草の根民主主義部門の大賞を受賞した。選考委員を務めた日本ペンクラブ会長でノンフィクション作家の吉岡忍氏は授賞理由として次のコメントを発表し、高く評価してくださった。

コンビニ、飲食店、語学学校、工場に外国人がいる。漁港や畑や介護施設にもいる。私たちのまわりに若い外国人の姿が増えたことは、誰もが気づいている。だが、彼や彼女たちはどこから、どんな経緯できたのか、日本でどういう暮らしをしているのか、私たちはほとんど知らない。本作品は彼らが学び、働き、暮らしている現場だけでなく、出身国の送り出し機関まで取材し、その荒んだ実情を次々に明らかにしていく。根本にあるのは、異文化に不寛容なまま、3K仕事の人手不足を補うため、「留学生30万人」のかけ声の下、低賃金労働力だけを集めようとする日本政府の政策である。「労働力を受け入れたつもりだったが、来たのは人間だった」。私たちの側には、彼らを人間として見、人間としてつきあう準備がまったくできていない。そして、この多様性を拒絶し、周縁に押しやって、見て見ぬ振りをする姿勢自体が、この国の経済や政治や文化が活力を取りもどす機会を失わせているのではないか、という指摘は鋭い。

デスクは社会部の助清文昭、堺成司、相本倫子、宮崎昌治、国際部の小山田昌生、経済部の久永健志、都市圏総局の植田祐一が担当。取材は社会部の坂本信博、下崎千加、塩入雄一郎、古川努、鶴加寿子、山下真、金澤皓介、吉田真紀、久知邦、御厨尚陽、本田彩子、岩佐遼介、徳増瑛子、丸田みずほ、都市圏総局の上野洋光、吉田修平、丹村智子、四宮淳平、経済部の田中良治、石田剛、井上直樹、東京報道部の古川幸太郎、宮崎拓朗、バンコク支局の浜田耕治、台北支局の中川博之、中国総局の相本康一、ワシントン支局の田中伸幸、釜山駐在の竹次稔の各記者（肩書は当時）たちが当たった。本書の出版に当たっては明石書店編集部の遠藤隆郎さんに大変お世話になった。

本書を読者とともに、今年9月、不慮の事故で亡くなった台北支局の中川君に捧げる。

2017年11月

西日本新聞編集局社会部長　宮崎昌治

増補版「おわりに」に代えて――「やさしい日本語」の挑戦

西日本新聞の社説に、次のようなくだりがある。〈日本語がほとんどできない外国人の子どもの教育を、いつまでも学校指導や一部のボランティアに任せきりでは問題だ〉

もう一つ、別の社説にはこうある。〈外国籍の子どもの就学を後押しするためにも、官民が力を合わせ、家族全体を支援する取り組みを広げたい〉

前者は１９９２年4月18日付。後者はその28年後の２０２０年2月20日付のもの。もちろんこの間、日本語に暮らす外国籍の子どもを取り巻く環境は改善されてきた。だが、まだ決して十分ではないことがうかがえる。

西日本新聞のキャンペーン報道「新 移民時代」が始まった２０１６年12月末時点の全国の在留外国人は２３８万２８２２人。それが２０１９年12月末時点で２９３万３１３７人に増えた。その数約55万人。大分市や長崎市をしのぐ規模の人口が増えたことになる。

＊

取材を続ける中で、記者たちは定住外国人との共生を妨げる「壁」をいくつも感じた。一つは「就職の壁」。企業の内定が出ても就労ビザを取得できず帰国を余儀なくされる留学生は多い。新型コロナウイルス禍では、その面接すら満足にできないという新たな困難も生まれた。

次は「政治の壁」。これまで、外国人に対しては「住民」という視点で政策がとられることが少なかった。彼らが有権者ではなく、票にならないことを考えれば無理もないかもしれない。

そして、そういった壁の共通の土台になっているのが「言葉の壁」だった。

課題を指摘するだけではなく、新聞そのものが解決の一助になれないか――。自分たちにできることを探し、始めたのが新聞業界初の「やさしい日本語」による報道だった。

日本語が苦手な外国人や、子ども、障害がある方にも分かりやすい「やさしい日本語」。1995年の阪神淡路大震災を経て提唱された取り組みだが、まだ広く認知されているとはいえなかった。行政情報の提供は一部で始まっていたが、報道ではNHKの「NEWS WEB EASY」以外にはなく、多くの留学生や技能実習生が暮らす地域に特化した「やさしい日本語」のローカルニュースは見当たらなかった。

取材班は、福岡の留学生らにヒアリングを実施した。主に知りたいのは①防災に関すること、②入管行政のこと、③仕事のこと、④地域のこと、⑤日本人との交流のこと――の五つ。ある留学生は「この街が好きでもっと知りたいけど、何が起きているのか分からない」と言った。

さらに印象深かったのが「新聞を読みたいけど、何が書いてあるのか全く理解できない」という言葉。単に漢字や文法が難しいからだろうと思っていた。それを簡単にさえすればいい、と思っていた。

日本語教師の監修を受けながら2018年11月に「やさしい西日本新聞」がスタートした。1日1本、記事を西日本新聞のウェブサイトで公開する。取り組みを始めてまもなく、新聞記事が「やさしくない」ことに気づいた。

例えば、これまで「七五三の準備ピーク」という記事に疑問の余地はなかった。秋の風物詩だからだ。しかしその前提がない人には「七五三」から説明しないといけない。さて七五三とはそもそも……といざ自問すると自信が持てず、「分かったつもり」だったことに気付かされる。記事の書き方にしても、従来の新聞と同様に最初に大事なことを言う「リード」から始めると、「話が行ったり来たりして混乱する」と指摘された。

あるベテラン日本語教師の言葉が刺さった。「あなたは、国語は学んだかもしれないけれど、日本語は学んでいない」。そしてこう続けた「私たちは日々使う日本語の文法や日本の文化を『分かっている』のが前提。外国人が増えると、それが揺らぐ。外国人が日本語を勉強するのはもちろん、私たちも彼らに伝わる日本語を意識しないと」。試行錯誤を重ねながら約420本超（2020年7月現在）の記事を同僚や元記者の仲間たちと〝翻訳〟してきた。

かつて、プロ野球のニュースでは盛んに「助っ人外人」という言葉が使われた。チームメイトには変わりないが、日本人選手とは一線を画した異なる存在であることを、私は子どもながらに意識していた。

一方、2019年秋に日本で開催されたラグビーW杯。31人中15人が海外6カ国の出身・国籍だったことに違和感を訴える反応はほとんどなかった。今、スポーツで「助っ人外人」という言葉を聞くことはほぼない。国籍がどこであれ、協力して目標に向かう姿はごく自然のものになった。だが、労働の現場ではどうか。まだ私たちは、技能実習生や留学生を「助っ人外人」と考えてはいないか。

2020年2月、西日本新聞など12の地方紙で連携し、主に来日5年以内の労働者305人に全国的なアンケートをした。「言われて嫌だった言葉」を尋ねると一番多いのは「ばか」で、一番嬉しかった言葉は「ありがとう」。日本語が苦手でも、暮らしのルールがまだ分からなくても、私たちと何も変わらない。

「新 移民時代」で試されるのは、相手のことを考える想像力。取材班はこれからも、そのアンテナを張り続ける。そして地域の現場を歩き、ときに「やさしい日本語」も駆使して書き続ける。

＊

＊

キャンペーン報道「新移民時代」のデスクは社会部の助清文昭、堺成司、相本倫子、宮崎昌治、国際部の小山田昌生、経済部の久永健志、都市圏総局の植田祐一が担当。取材は社会部の坂本信博、下崎千加、塩入雄一郎、古川努、鶴加寿子、山下真、金澤皓介、吉田真紀、久知邦、御厨尚陽、本田彩子、岩佐遼介、徳増瑛子、丸田みずほ、玉置采也加、松永圭造ウィリアム、都市圏総局の上野洋光、吉田修平、丹村智子、四宮淳平、大坪拓也、経済部の田中良治、石田剛、井上直樹、山本諒、岡部由佳里、東京報道部の古川幸太郎、宮崎拓朗、飯田崇雄、森井徹、バンコク支局の浜田耕治、台北支局の中川博之、中国総局の相本康一、ワシントン支局の田中伸幸、釜山駐在の竹次稔、クロスメディア報道部の福間慎一、押川知美、黒田加那、宮崎真理子、北九州本社の井崎圭、山下航、長崎総局の西田昌矢の各記者（肩書は当時）たちが当たった。

増補版の出版に当たっては、初刊本に引き続き、明石書店編集部の遠藤隆郎さんに大変お世話になった。西日本新聞のキャンペーン報道が外国人就労拡大への転換に影響を与えたとすれば、書籍化の賜物であり、あらためて感謝を申し上げたい。

2020年8月

西日本新聞編集局クロスメディア報道部　福間慎一

【編者紹介】

西日本新聞社（にしにっぽんしんぶんしゃ）

九州5県で朝刊約50万部、福岡県内で夕刊約5万部を発行するブロック紙。1877（明治10）年、国内最後の内戦となった西南戦争の戦況を報じた「筑紫新聞」を源流に、「めさまし新聞」「筑紫新報」を経て1880（明治13）年に「福岡日日新聞」を設立。1942（昭和17）年に「九州日報」と合併して「西日本新聞」となった。2017年に創刊140周年を迎えた。福岡と北九州に本社、東京と大阪に支社、取材拠点となる総支局・通信部は国内45カ所、海外5カ所（駐在含む）にある。本書の基となったキャンペーン報道「新 移民時代」の取材班は、本社社会部、政経部（旧都市圏総局、経済部）、東京支社などの記者や海外特派員たちで編成。写真デザイン部（旧写真部、デザイン部）も携わった。一連の連載は2017年11月、第17回「石橋湛山記念早稲田ジャーナリズム大賞」草の根民主主義部門で大賞を受賞。2018年1月には第22回新聞労連ジャーナリズム大賞優秀賞を受賞した。

【増補】新 移民時代
——外国人労働者と共に生きる社会へ

2017年11月30日 初 版第1刷発行
2020年 8月31日 増補版第1刷発行

編 者 西日本新聞社
発行者 大江 道雅
発行所 株式会社 明石書店
〒101-0021 東京都千代田区外神田6-9-5
電話 03（5818）1171
FAX 03（5818）1174
振替 00100-7-24505
http://www.akashi.co.jp/
装幀 上野かおる
印刷／製本 モリモト印刷株式会社

（定価はカバーに表示してあります） ISBN978-4-7503-5069-1